池田大作先生の指導選集［上］

幸福への指針

聖教新聞社

序文──「共《とも》に励《はげ》まし　共々《ともども》に征《ゆ》かなむ」

恩師《おんし》・戸田城聖《じょうせい》先生と初めてお会いした日の語らいが、今も蘇《よみがえ》ります。

「先生！　教えていただきたいことがあるのですが……」

「何かね……なんでも聞いてあげるよ」

「先生、正しい人生とは、いったい、どういう人生をいうのでしょうか」

第二次世界大戦《だいにじせかいたいせん》が終わって二年目の夏──。混乱《こんらん》の世《よ》に道を求《もと》めていた十九歳《さい》の一青年《いちせいねん》の率直《そっちょく》な問《と》いかけを、恩師《おんし》は慈父《じふ》の如《ごと》く大きく温かく受け止めてくださいました。青年の学びの心を何よりも大《たい》切《せつ》にされる先生でした。そして、大確信《だいかくしん》に満《み》ちて日蓮大聖人の生命哲理《せいめいてつり》を示《しめ》され、青年《せいねん》らしく探究《たんきゅう》し、実践《じっせん》することを促《うなが》してくださったのです。

以来《いらい》、人生の師匠《ししょう》、広宣流布《こうせんるふ》の永遠《えいえん》の師匠と定《さだ》めた戸田先生に、一つ、また一つ、「教えてください」と体当《たいあ》たりでぶつかりながら、師弟《してい》の道を走り抜いてきました。

アメリカの名門《めいもん》・コロンビア大学の講演《こうえん》でも申《もう》し上《あ》げた通《とお》り、私の九十八パーセントは「戸田大学」で学んだものにほかなりません。

希有《けう》の人間教育者《きょういくしゃ》にして、民衆指導者《みんしゅうしどうしゃ》であられた恩師《おんし》・戸田先生にとって、「教育」とは、また「指導」とは、「励《はげ》まし」そのものでありました。

それは、殉教《じゅんきょう》の先師《せんし》・牧口常三郎《つねさぶろう》先生から流《なが》れ通《かよ》う誉《ほま》れの伝統《でんとう》であるといってよいでありましょう。

日蓮大聖人が「一切衆生《いっさいしゅじょう》・皆成仏道《かいじょうぶつどう》の教《おしえ》」（御書四六四ページ）と宣言《せんげん》された通《とお》り、「太陽《たいよう》の仏法《ぶっぽう》」は全《ぜん》人類《じんるい》を赫々《かっかく》と照《て》らし晴《は》らす慈悲《じひ》と英知《えいち》の陽光《ようこう》であります。

「御義口伝《おんぎくでん》」には、「始《はじ》めて我心本来《わがこころほんらい》の仏《ほとけ》なりと知るを即《すなわ》ち大歓喜と名《なづ》く所謂《いわゆる》南無妙法蓮華経は歓喜の中の大歓喜なり」（御書七八八ページ）と仰《おお》せです。

この妙法《みょうほう》の光《ひかり》を、一人、また一人に惜《お》しみなく注《そそ》ぎながら、仏《ほとけ》の生命《せいめい》を呼《よ》び覚《さ》まし、本源《ほんげん》から蘇生《そせい》させていくのが、創価の励《はげ》ましなのです。

どんな深い悲《かな》しみの淵《ふち》に追《お》いやられた友《とも》にも、どんな暗《くら》い絶望《ぜつぼう》の闇《やみ》に閉《と》ざされた友にも、どんな厚《あつ》い宿命《しゅくめい》の壁《かべ》に打《う》ちひしがれた友にも、学会家族《がっかいかぞく》は、「絶対《ぜったい》に乗《の》り越《こ》えられる」「断《だん》じて打開《だかい》できる」「必《かなら》ず幸福になれる」と励《はげ》ましを送《おく》り、手を差《さ》し伸《の》べ、一緒《いっしょ》に立ち上《あ》がってきました。

いかなる外的《がいてき》な圧迫《あっぱく》にも屈《くっ》することなく、生命《せいめい》の内《うち》なる力《ちから》を解《と》き放《はな》って、「桜梅桃李《おうばいとうり》」さながらに多彩《たさい》な人華《にんげ》を育《そだ》て、「人間革命《かくめい》」の勝利《しょうり》の花を結実《けつじつ》させていく、この草《くさ》の根《ね》の大地《だいち》は、今、世界五大《せかいごだい》州《しゅう》に広がっております。

揺《ゆ》るぎない哲理《てつり》と麗《うるわ》しき団結《だんけつ》で創《つく》り上《あ》げてきた、民衆《みんしゅう》の民衆による民衆のための「エンパワーメント」（内発的《ないはつてき》な力《ちから》の開花《かいか》）は、まさに地球社会《ちきゅうしゃかい》の希望《きぼう》といっても過言《かごん》ではありません。

自然災害《しぜんさいがい》や感染症《かんせんしょう》など、世界《せかい》の各地《かくち》に試練《しれん》が打《う》ち続《つづ》く中、地域《ちいき》の共同体《きょうどうたい》の絆《きずな》を一段と堅固《けんご》にし、「レジリエンス」（困難《こんなん》を乗《の》り越《こ》える力《ちから》）を強めていくのも、励《はげ》ましの言葉《ことば》でありましょう。

仏法《ぶっぽう》では、理想《りそう》の指導者像《しどうしゃぞう》を「転輪聖王《てんりんじょうおう》」として示《しめ》し、この王が世《よ》を治《おさ》める武器《ぶき》を「輪宝《りんぽう》」（車輪《しゃりん》をかたどった宝器《ほうき》）と説《と》きます。

大聖人は、その意義《いぎ》について、「三世常恒《さんぜじょうごう》に生死《しょうじ》・生死とめぐるを転輪聖王《てんりんじょうおう》と云《い》うなり、此《こ》の転輪聖王出現《しゅつげん》の時《とき》の輪宝《りんぽう》とは我等《われら》が吐《は》く所《ところ》の言語音声《ごんごおんじょう》なり此《こ》の音声の輪宝とは南無妙法蓮華経なり爰《ここ》を以《もっ》て平等大慧《びょうどうだいえ》とは云うなり」（御書七三三ページ）と明《あ》かされました。

私たちは妙法《みょうほう》を唱《とな》えに唱えながら、「生老病死《しょうろうびょうし》」の苦悩《くのう》に自他共《じたとも》に立ち向《む》かい、悪意《あくい》や虚偽《きょぎ》の言説《げんせつ》に打《う》ち勝《か》つ信念《しんねん》と誠実《せいじつ》の励《はげ》ましの言論《げんろん》を、「輪宝《りんぽう》」の如《ごと》く世界中《せかいじゅう》にめぐらせています。そして、この人間主義《しゅぎ》の大回転《だいかいてん》は、創価の若《わか》き世界市民《しみん》たちに受《う》け継《つ》がれ、今、「誰《だれ》も置《お》き去《ざ》りにしない」を根《こん》本理念《ぽんりねん》とする国連《こくれん》のＳＤＧｓ（持続可能《じぞくかのう》な開発目標《かいはつもくひょう》）の達成《たっせい》への挑戦《ちょうせん》にも力強《ちからづよ》く連動《れんどう》しているのであります。

広布《こうふ》と人生、仏法《ぶっぽう》と社会《しゃかい》、生命《せいめい》と平和《へいわ》、青年《せいねん》と未来等々をめぐり、語《かた》り、訴《うった》え、書《か》き、綴《つづ》る私の胸《きょう》奥《おう》には、恩師《おんし》が離《はな》れることはありません。

師弟一体《していいったい》の言論戦《げんろんせん》で留《とど》め残《のこ》してきた著作《ちょさく》やスピーチ、講義《こうぎ》や対談《たいだん》、詩歌《しいか》などは、百五十巻《かん》の全集《ぜんしゅう》に収録《しゅうろく》されています。

全集《ぜんしゅう》が完結《かんけつ》に近《ちか》づいた頃《ころ》、若《わか》き英才《えいさい》たちから、この集大成《しゅうたいせい》を踏《ふ》まえて、世界広宣流布《せかいこうせんるふ》の新時代《しんじだい》に呼《こ》応《おう》した「指導選集《しどうせんしゅう》」を編纂《へんさん》させてほしいとの要望《ようぼう》が寄《よ》せられました。「幸福と平和《へいわ》を創《つく》る智慧《ちえ》」という主題のもと、多岐《たき》にわたるテーマごとに抜粋《ばっすい》すると同時《どうじ》に、翻訳《ほんやく》を推進《すいしん》し、世界の地涌《じゆ》の友《とも》が共通《きょうつう》して学び合える教材《きょうざい》に、との自発《じはつ》の熱誠《ねっせい》であります。

求道《きゅうどう》の同志《どうし》のため、世界広布《せかいこうふ》の異体同心《いたいどうしん》の前進《ぜんしん》のため、そして未来《みらい》の若人《わこうど》の研鑽《けんさん》のために、労苦《ろうく》をいとわず、尊《とうと》い難事業《なんじぎょう》を志願《しがん》してくれた心《こころ》を、私は嬉《うれ》しく受《う》け止《と》めました。

編集委員会《へんしゅういいんかい》の真摯《しんし》な労作業《ろうさぎょう》は、毎月の「大白蓮華《だいびゃくれんげ》」に掲載《けいさい》の運《はこ》びとなり、私も、一回一回、届《とど》けられるゲラを通《とお》し、愛弟子《まなでし》たちと新《あら》たな対話《たいわ》を交《か》わす思《おも》いで見守《みまも》ってきました。それは足《あし》かけ四年にわたる連載《れんさい》となって、日本の読者《どくしゃ》の手元《てもと》に届《とど》けられるとともに、丹精込《たんせいこ》めて翻訳《ほんやく》され、世界《せかい》へ発信《はっしん》されていったのです。

その連載《れんさい》に、さらに新《あら》しく編纂《へんさん》された内容《ないよう》も加《くわ》わり、ここに発刊《はっかん》の運《はこ》びとなりました。編集委員《へんしゅういいん》の奮闘《ふんとう》に感謝《かんしゃ》は尽《つ》きません。

私は、本書《ほんしょ》を「師弟不二《していふに》の励《はげ》ましの選集《せんしゅう》」として、先師《せんし》・牧口先生、恩師《おんし》・戸田先生に謹《つつし》んで捧《ささ》げるとともに、後継《こうけい》の宝友《ほうゆう》に託《たく》させていただきたいのであります。

御聖訓《ごせいくん》には、「師弟感応《していかんのう》して受《う》け取《と》る時如我等無異《ときにょがとうむい》と悟《さと》るを悟仏知見《ごぶっちけん》と云《い》うなり」(御書七一七ジペー)と仰《おお》せです。

地涌《じゆ》の誓願《せいがん》に立つ我《われ》ら師弟《してい》は、いついずこにあっても、「随縁真如《ずいえんしんにょ》の智《ち》」を発揮《はっき》しながら、恩師《おんし》が詠《よ》まれた如《ごと》く「妙法《みょうほう》の広布《こうふ》の旅《たび》」を、末法万年尽未来際《まっぽうまんねんじんみらいさい》へ、共《とも》に励《はげ》まし、共々《ともども》に進《すす》み征《ゆ》くのであります。

この一書《いっしょ》が、その前進《ぜんしん》の糧《かて》となれば、これほどの喜《よろこ》びはありません。

二〇二〇年八月十四日
師弟《してい》の広布旅《こうふたび》を開始《かいし》して七十三年の日に

池田大作

目次

第六章　桜梅桃李《おうばいとうり》

第七章　自他共に幸福に

池田大作先生の指導選集［中］

池田大作先生の指導選集［下］

一、本書は、第一部「幸福への指針」、第二部「人間革命の実践」、第三部「広宣流布と世界平和」の三つの柱で構成され、全三十一章にわたり、池田大作先生の重要な指針が収録されている。

第一部「幸福への指針」では、創価学会が目指す絶対的幸福とは仏の生命を開くことであるとして、そのための具体的な実践が示されており、さらに生老病死とどう向き合うかが論じられている。

第二部「人間革命の実践」では、池田先生の根幹の思想ともいうべき「人間革命」をテーマに、勇気と智慧と慈悲を輝かせていく仏法者の生き方が、さまざまに語られている。

さらに第三部「広宣流布と世界平和」では、「広宣流布」即「世界平和」という日蓮仏法の社会的目的に光を当てて、創価学会の理念と運動、人間主義の組織やリーダーのあり方、創価学会の柱として三代の会長が示した師弟不二の精神など、重要な内容が展開されている。

一、それぞれの指針について、ポイントがより明瞭に伝わるよう、冒頭に簡単な説明文を付した。また、スピーチは会合の名称・日時・場所を明記するなど、それぞれ出典を明示した。その際、単行本は原則として書名のみとした。また、『人間革命』『新・人間革命』は巻数・章名を入れた。なお、会話文の個所は同書の山本伸一の発言からの引用となっている。

なお、世界の読者に、よりわかりやすく、より正確に伝わるよう、著者である池田先生の了承を得て、部分的に省略するなど必要最小限の編集作業を施した。対談の場合は、読みやすさを考慮し、対談相手の発言を略して、池田先生の一連の文章としてまとめた。

また、語句の簡単な説明などを添える場合は、（＝　）で挿入した。

一、『新編　日蓮大聖人御書全集』（創価学会版、第二七八刷）からの引用は（御書〇〇ジペー）で示した。

一、『妙法蓮華経並開結』（創価学会版、第二版）からの引用は（法華経〇〇ジペー）で示した。

一、肩書、名称、時節等については、掲載時のままとした。

第一部　幸福への指針

第一章　真の幸福とは？

1-1 人生の目的《もくてき》は幸福

池田先生の幸福論は、苦悩《くのう》に沈《しず》む人に勇気《ゆうき》を与《あた》え、悲嘆《ひたん》に暮《く》れる人に希望《きぼう》を贈《おく》る、万人《ばんにん》への励《はげ》ましの指針《ししん》といえます。第一章では、その大いなる幸福論を紹介《しょうかい》します。

ここでは、タイの会員に対して、人生の目的《もくてき》とは何か、人間はどう生きるべきかを、わかりやすく語っています。

池田先生の指針

「タイ総会」（一九九四年二月六日、タイ）

「人生、いかに生きていくか」「どうすれば、いちばんいい人生が生きられるか」――これこそ、万人《ばんにん》にとっての根本問題《こんぽんもんだい》である。生まれてきた以《い》上《じょう》、この課題《かだい》を避《さ》けられない。

これを追究《ついきゅう》したのが多くの哲学《てつがく》であり、思想《しそう》であり、宗教《しゅうきょう》である。また、政治《せいじ》や経済《けいざい》、科学《かがく》なども、根底《こんてい》は、この課題《かだい》と切《き》り離《はな》せない。全部《ぜんぶ》、人間がいちばん幸福に生きるための手段《しゅだん》のはずである。

しかし、これらのすべてが、「何が最高《さいこう》の人生か」に答えられない。明確《めいかく》な結論《けつろん》がない。誰人《たれびと》も納得《なっとく》できる道理のうえでの答えがない。

これに、明快《めいかい》に答えたのが仏教《ぶっきょう》である。釈尊《しゃくそん》であり、天台大師《てんだいだいし》であり、日蓮大聖人であられる。釈尊の結論《けつろん》と、大聖人の結論は、まったく同じなのである。

そのうえで、日蓮大聖人は、その結論に基《もと》づいて、万人《ばんにん》が幸福になるための具体的《ぐたいてき》な〝機械《きかい》〟を残《のこ》してくださった。戸田先生（＝戸田城聖《じょうせい》・創価学会第二代会長）が「幸福製造機《せいぞうき》」とたとえられた御本尊を、全世界の民衆《みんしゅう》に与《あた》えてくださったのである。

人間、何が幸せか。

タイのことわざに、こうある。

「偽物《にせもの》の幸福は人を図《ず》に乗らせ、醜《みにく》く高慢《こうまん》にしてしまう。真実の幸福は人を歓喜《かんき》させ、知恵《ちえ》と慈《じ》悲《ひ》で満《み》たしていく」

お金があるから幸福といえるか――。お金のために人生を狂《くる》わしていく人もあまりに多い。

戸田先生は、「相対的幸福《そうたいてきこうふく》」に対して、「絶対的《ぜったいてき》幸福」を説《と》かれた。

人と比較《ひかく》してどうとか、また時とともに消え去るような、はかない幻《まぼろし》の幸福ではない。どんな時でも、「生きていること自体が楽しい」という境《きょう》涯《がい》を開いていく――そのために信心するのだと教えられたのである。

そうなれば、「真実の幸福は人を歓喜《かんき》させ、知《ち》恵《え》と慈悲《じひ》で満《み》たしていく」とあるように、最高《さいこう》の歓喜と知恵と慈悲がわいてくる。

御書には「自他共《じたとも》に智慧《ちえ》と慈悲《じひ》と有《あ》るを喜《き》とは云《い》うなり」（七六一ジ）――自他ともに「智慧」と「慈悲」があるのを「喜」（喜《よろこ》び）というのである――と仰《おお》せである。

自分も人も「絶対的幸福《ぜったいてきこうふく》」をつかんでいくた

めの信心であり、広布の組織《そしき》なのである。

人生、いろいろなことがある。悲しみがあり、苦しみがある。毎日、いやなこともある。夫婦《ふうふ》げんかもあれば、仲《なか》が良《よ》くても、子どもが病気になることもある。自分が病《や》むこともある。ありとあらゆる悩《なや》みがある。生きていくことが、どれほどたいへんなことか——。

その人生を「生きて生き抜《ぬ》く」ためのエンジンが信仰《しんこう》である。ロケットのように、悩《なや》みの雲を突《つ》き抜けて、ぐんぐん上昇《じょうしょう》していく。生き生きと、限《かぎ》りなく向上していく。幸福の大空を遊戯《ゆうげ》していく。そのための噴射力《ふんしゃりょく》が信心である。

南無妙法蓮華経と唱《とな》えれば、「生《い》き抜《ぬ》く力《ちから》」がわいてくる。「希望《きぼう》」がわいてくる。煩悩即菩提《ぼんのうそくぼだい》で、悩《なや》みを喜《よろこ》びに、苦しみを楽しみに、不安《ふあん》を希望に、心配を安心に、マイナスをプラスに、すべて変《か》えながら生き抜いていける。絶対《ぜったい》に行き詰《づ》まりがない。

大聖人は「妙《みょう》とは蘇生《そせい》の義《ぎ》なり蘇生と申《もう》すはよみがへる義なり」（御書九四七㌻）——妙とは蘇生の義である。蘇生とは蘇《よみがえ》るということである——と仰《おお》せである。

個人《こじん》も、団体《だんたい》も、社会・国家も、すべてに「生きゆく活力《かつりょく》」を与《あた》え、みずみずしく蘇生《そせい》させていく。それが妙法の偉大《いだい》なる力《ちから》である。

人間には、宿命もある。

「自分は、もっとお金持ちの家に生まれたかった」——しかし生まれてこなかった。

その他、宿命的な、いろいろな課題《かだい》がある。これは根本的《こんぽんてき》には、三世《さんぜ》という生命観から見なければ、わからない。厳然《げんぜん》と前世《ぜんせ》があり、因果《いんが》がある。

前世《ぜんせ》に、地球にいたとはかぎらない。天文学でも今や、莫大《ばくだい》な数の星がある宇宙《うちゅう》には、人間のような知的生物《ちてきせいぶつ》がいると考えられている。

そして今、私どもは、ここに、現実《げんじつ》に生まれてきた。これは厳粛《げんしゅく》な事実である。この自分自身をどうするか。どう宿命を転換《てんかん》し、すばらしき最高《さいこう》の人生を創《つく》っていくか。

結論《けつろん》していえば、信心こそが、すべての宿命を転換《てんかん》できる。自分のいる、その場を、そのまま幸福の寂光土《じゃっこうど》にしていける。

そして「現当二世《げんとうにせ》」と教えられているように、つねに、今から未来《みらい》へ、今から未来へと、どんどん人生を開いていける。来世《らいせ》も、また次の来世も、無限《むげん》に開ききっていける。無量《むりょう》の「宝《たから》」をわが身に開き、わが身に満《み》たして輝《かがや》いていける。これが私どもの「信心」である。

1-2 「絶対的幸福《ぜったいてきこうふく》」と「相対的幸福《そうたいてきこうふく》」

生老病死《しょうろうびょうし》の苦難《くなん》と向き合う人生を、どう力強《ちからづよ》く所願満足《しょがんまんぞく》に生き抜《いぬ》いていくか。強い生命力《せいめいりょく》と豊《ゆた》かな知恵《ちえ》をもって「絶対《ぜったい》的幸福《てき》」を目指していく、無限《むげん》の価値創造《かちそうぞう》の生き方を教えています。

池田先生の指針

「リオデジャネイロ総会」

（一九九三年二月十三日、ブラジル）

人生の目的《もくてき》は何か。幸福である。仏法の目的も、信心の目的も、幸福になることである。

大聖人は、「一切衆生《いっさいしゅじょう》・南無妙法蓮華経と唱《とな》うるより外《ほか》の遊楽《ゆうらく》なきなり経《きょう》に云《いわ》く『衆生所遊楽《しゅじょうしょゆうらく》』云云《うんぬん》」（御書一一四三ジ）――一切の衆生にとって、南無妙法蓮華経と唱えるより外に、遊楽はないのである。経（法華経）には「衆生の遊楽する所《ところ》」とある――と仰《おお》せである。

あえて分ければ、「遊《ゆう》」とは、人生を自在《じざい》に生きていくこと、「楽《らく》」とは、人生を心から楽しむこと、といえるかもしれない。

強い生命力《せいめいりょく》と、豊《ゆた》かな知恵《ちえ》があれば、ちょうど、波があるから〝波乗《なみの》り〟が楽しめるように、険《けわ》しい山があるから〝山登り〟が楽しめるように、あらゆる人生の苦難《くなん》も、楽しみながら乗り越《こ》えていける。

その生命力《せいめいりょく》と知恵《ちえ》の源泉《げんせん》が妙法であるがゆえに、「南無妙法蓮華経と唱《とな》えるより外《ほか》に、遊楽《ゆうらく》はない」と仰《おお》せなのである。

現実《げんじつ》は厳《きび》しい。その厳しさに堂々《どうどう》と挑戦《ちょうせん》し、生活のうえでも、職場《しょくば》、学校のうえでも、家庭においても、堂々とすべてを勝っていく。さらに勝っていく。その「無限《むげん》の向上」の原動力《げんどうりょく》が仏法であり、信心である。

信心の「知恵《ちえ》」と「生命力《せいめいりょく》」あるところ、すべてを、いよいよ明るい方向へ、いよいよ力強《ちからづよ》い方向へと向けていける。観念《かんねん》ではなく現実《げんじつ》に勝利《しょうり》また勝利できる、そういうリズムに入っていけるのが、賢明《けんめい》な真の信仰者《しんこうしゃ》である。

戸田先生は、幸福について、こう指導《しどう》されている。（一九五五年一月、西日本三支部連合総会。『戸田城聖全集4』。以下同じ）

「幸福というものについて、一言教えておきましょう。それは、幸福には、絶対的《ぜったいてき》幸福と相対的《そうたいてき》幸福という二つのものがある。絶対的幸福を成仏《じょうぶつ》というのであります」

「相対的《そうたいてき》幸福というのは、私は百万円の金がほしい、わしはああいうきれいな奥《おく》さんをもらいたい、わしはりっぱな子供《こども》をもちたい、ああいう家を建《た》てたい、こういう着物を買いたい、その願《ねが》いが、一つ一つかなっていくのを相対的幸福というのです」

「そういうような幸福は、あんまりたいしたものではない。しかし、それを幸福なものだとみな思《おも》い込《こ》んでいる。

しからば、絶対的《ぜったいてき》幸福というのは、なにものぞや。絶対的幸福というのは、生きてそこにいる、それ自体がしあわせなのです」

「絶対的《ぜったいてき》幸福というのは、金にも困《こま》らず、健康《けんこう》もじゅうぶんである。一家のなかも平和で、商売もうまくいって、心豊《こころゆた》かに、もう見るもの聞くものが、ああ、楽しいな、こう思う世界が起こってくれば、この世は、この娑婆《しゃば》世界が浄土《じょうど》であって、それを成仏《じょうぶつ》というのです」

「それは、なにものによって得《え》られるか。相対《そうたい》的《てき》幸福感から、絶対的《ぜったいてき》幸福感へといかなければならん。これは、この信心以外《いがい》には、ほかの信心では絶対できないことです。

それを教えるのに、私は大わらわになっているのだから、疑《うたが》わずに信じて、そうして、そういう生活になってもらいたいと思う」――と。

牧口先生（＝牧口常三郎《つねさぶろう》・創価学会初代会長）は、「『金をためたい、金ができた。家がほしい、家ができた。そこで酒を飲む、ぜいたくをする。もうその先はわからない』。このような種類《しゅるい》の人は、人生の目的《もくてき》を知らない人である」とよく話されていた。そして、人生の目的について、「最高《さいこう》の価《か》値《ち》を創造《そうぞう》して最大《さいだい》の幸福を獲得《かくとく》する、それが人生の目的である」と明確《めいかく》に示《しめ》されている。

「創価学会」という名称《めいしょう》は、最高《さいこう》の価値《かち》を創造《そうぞう》し、最大《さいだい》の幸福を実現《じつげん》する団体《だんたい》、という意味なのである。

人生の目的《もくてき》は、最大《さいだい》の幸福、すなわち絶対的《ぜったいてき》幸福を実現《じつげん》することである。

絶対的《ぜったいてき》幸福とは、時間がたっても変《か》わることなく、永遠《えいえん》に続《つづ》くもので、外《そと》の条件《じょうけん》に影響《えいきょう》されることがなく、生命の内からこみあげてくる幸福感といってよい。

世間的《せけんてき》な地位《ちい》や財産《ざいさん》、満足《まんぞく》等の一時的《いちじてき》なものではない。「法《ほう》」にのっとって生き、「法」のうえでいかなる位《くらい》を得《え》ていくか。その「生命の位」は、法とともに永遠《えいえん》である。私どもは永遠の「生命の王者」として生きられるのである。

「病気や貧乏《びんぼう》でも、幸せだと思えば幸せだ」という考え方もあるが、生命の奥底《おうてい》からの実感であればともかく、観念《かんねん》でそう言ってもしかたがない。

「心の財《たから》」は「身の財」「蔵《くら》の財」となって現《あらわ》れてくる。

私は日々、皆《みな》さまの「裕福《ゆうふく》」「健康《けんこう》」「長寿《ちょうじゅ》」を、一生懸命《いっしょうけんめい》、祈《いの》っている。これからも一生涯《いっしょうがい》、祈りに祈っていく。

皆さまが、「私の人生は幸福だった」「悔《く》いがなかった」「充実《じゅうじつ》していた」と「所願満足《しょがんまんぞく》」の一生を送られることが、私の心からの願《ねが》いである。

1-3 幸福は労苦《ろうく》の中で磨《みが》かれる

幸福とは恵《めぐ》まれた境遇《きょうぐう》にあることではなく、労苦《ろうく》の試練《しれん》の中でこそ真の幸福が育《はぐく》まれていくと語っています。

池田先生の指針

「全国女子部幹部会」へのメッセージ
（一九九九年六月十六日）

「幸福」という命題《めいだい》について、少々、考えてみたい。

人生の目的《もくてき》は、根本《こんぽん》は「幸福」である。信心の目的も、また同じ「幸福」である。仏法の目的も、また「幸福」である。であるならば、「幸福」とは、いかなることか。

ここに、重大《じゅうだい》な問題《もんだい》がある。古今東西《ここんとうざい》、数多《あまた》の人々が必死《ひっし》に探究《たんきゅう》し続《つづ》けながら、なお本源的《ほんげんてき》に解《かい》明《めい》されていない課題《かだい》といってよい。

いくらお金があっても、不幸《ふこう》な人はたくさんいる。意地悪《いじわる》であったり、喧嘩《けんか》ばかりの人もいる。たとえ、貧《まず》しくても、心がきれいで、万物《ばんぶつ》に美《び》を発見《はっけん》する詩人《しじん》のごとく、無量《むりょう》の幸福を味《あじ》わう人もいるかもしれない。

仮《かり》に、よく似《に》た境遇《きょうぐう》の二人がいたとしても、お互《たが》いの幸《こう》・不幸《ふこう》の感じ方は決して同じではない。人生の実像《じつぞう》は、まさに千差万別《せんさばんべつ》である。

若《わか》くして、華《はな》やかで裕福《ゆうふく》そうに見えても、結婚《けっこん》して悲惨《ひさん》な侘《わび》しい境遇《きょうぐう》になってしまう人も、無数《むすう》にいる。お雛《ひな》さまのように宮殿《きゅうでん》に入って、金の器《うつわ》でごはんを食べて、汚《よご》れのない豪華《ごうか》な服《ふく》で着飾《きかざ》っているのが、幸福なのではない。

それは、窮屈《きゅうくつ》で、退屈《たいくつ》で、幻《まぼろし》で、虚像《きょぞう》である。一番、幸福そうに見えるのに、その実体《じったい》は、見栄《みえ》であり、裏《うら》を返《かえ》せば、一番、脆弱《ぜいじゃく》で、はかない。

苦難《くなん》のなかで、人から見れば不幸《ふこう》のようでありながら、一幅《いっぷく》の名画《めいが》のごとき幸福境涯《きょうがい》を、毅然《きぜん》と築《きず》いている方も、多々おられる。

若《わか》き日の悲運《ひうん》を耐《た》え抜《ぬ》いて、人の何倍《なんばい》も苦労《くろう》を重《かさ》ねた分、人の何倍も豊《ゆた》かな人生を送《おく》ることができる。一生の総仕上《そうしあ》げの時に、偉大《いだい》な生命の力《ちから》を発揮《はっき》できる。

順調《じゅんちょう》な時ばかりでは、本当の幸福を実感《じっかん》できようはずがない。いわんや、安逸《あんいつ》のなかに幸福の宝《たから》はない。奥深《おくぶか》い山谷《さんこく》に、汗《あせ》を流《なが》して分《わ》け入《い》っていかなければ、幸福のダイヤモンドは採掘《さいくつ》できない。賑《にぎ》やかな街《まち》で遊《あそ》び、楽《らく》をしていては、決して採《と》ることはできない。

スコットランドの有名《ゆうめい》な民衆詩人《みんしゅうしじん》、ロバート・バーンズは、「幸福」についてこう謳《うた》っている。

「もし幸福《さいわい》が其《そ》の座《ざ》と中心《ちゅうしん》を
胸《むね》にもっていなかったならば、
賢《かしこ》かろうと、金持ちだろうと、偉《えら》かろうと、
到底幸福《とうていさいわい》ではあり得《え》ない。
財宝《ざいほう》も、快楽《かいらく》も、
長く私どもを幸福にはせぬ。
心こそ常《つね》に人の幸不幸《こうふこう》を
定《さだ》むる機官《きかん》だ」(『バーンズ詩集』中村為治訳、岩波文庫)

要《よう》するに、一切《いっさい》の不幸《ふこう》も、幸福も、生命のなかに全部ある。まさしく、「心こそ大切なれ」(御書一一九二ジベー)なのである。

1-4 「幸福の宮殿《きゅうでん》」は自分自身の生命に

自分の外ではなく、自身の生命の中に「幸福の宮殿《きゅうでん》」を築《きず》き、さらに、その「幸福の宮殿」を他の人々の生命にも開いていくという、仏法者《ぶっぽうしゃ》の生き方を語っています。

池田先生の指針

「長野県総会」（一九九〇年八月十二日、長野）

多くの人々が求《もと》めてやまない「幸福の宮殿《きゅうでん》」、永遠不滅《えいえんふめつ》の「幸福城《じょう》」は、どこにあるのか。どうすれば自分のものとすることができるのか——。

日蓮大聖人は「御義口伝《おんぎくでん》」で次のように仰《おお》せである。

「南無妙法蓮華経と唱《とな》え奉《たてまつ》るは自身の宮殿《きゅうでん》に入るなり」（御書七八七㌻）——南無妙法蓮華経と唱えることは、自分自身の生命の宮殿に入ることである——と。

どのような人の生命にも、仏界《ぶっかい》という金剛不壊《こんごうふえ》の生命の境涯《きょうがい》がある。それは、いわば、まばゆいばかりの無量《むりょう》の〝財宝《ざいほう》〟で飾《かざ》られた、永遠不滅《えいえんふめつ》の幸福の「宮殿《きゅうでん》」である。信心をし、題目を唱《とな》えることによって、その生命の宮殿に入っていくことができる。つまり、自分自身の生命の宮殿を、燦《さん》然《ぜん》と輝《かがや》かせていくことができると教えられているのである。

世間には、人それぞれの「宮殿《きゅうでん》」がある。財産《ざいさん》や社会的地位《しゃかいてきちい》を求《もと》める人もいる。また、名声や人気や流行などに憧《あこが》れることもある。

しかし、それらは、確固《かっこ》不動《ふどう》の大山《たいざん》のように永《えい》遠性《えんせい》のあるものではない。移《うつ》ろいゆく人生のなかで、ホタル火のごとく、美しく点滅《てんめつ》しては、いつしか消え去ってしまうものである。

はかなく消えゆく世間の栄《さか》えを求《もと》める人生も、またむなしい。いつかは無常《むじょう》に帰《き》す虚像《きょぞう》の幸福に、あれこれと心を動かすことも、またわびしい。

大聖人の仰《おお》せのごとく、自身の生命の最高《さいこう》の境《きょう》涯《がい》――それこそが、永遠《えいえん》にして不滅《ふめつ》の「宮殿《きゅうでん》」であり、「幸福城《じょう》」なのである。

どんなに立派《りっぱ》な家に住み、多くの富《とみ》に恵《めぐ》まれていても、心が卑《いや》しく、境涯《きょうがい》が低《ひく》ければ、決して幸福とはいえない。それでは、「不幸城《ふこうじょう》」に住む人となってしまう。

たとえ今は、どのような環境《かんきょう》にあっても、心美しく豊《ゆた》かで、境涯《きょうがい》の高い人は、必《かなら》ず物心《ぶっしん》ともの幸福を開き、築《きず》いていくことができる。

これは、依正不二《えしょうふに》の原理として説《と》かれているとおりである。依正不二とは簡潔《かんけつ》にいえば、依報《えほう》である環境《かんきょう》と正報《しょうほう》である主体、自分自身とが一体不《いったいふ》二《に》の関係性《かんけいせい》にあることである。

また、自分自身の生命の宮殿《きゅうでん》を開いていくことが、やがて他の人々の幸福の宮殿、社会の繁栄《はんえい》の宮殿を開いていくのである。

自身の生命の宮殿を開きながら、それが他の人の生命の宮殿を開いていくという連動性《れんどうせい》――ここに、仏法のすばらしき方程式《ほうていしき》がある。

現代《げんだい》のように複雑《ふくざつ》で、ともすれば悪の蠢動《しゅんどう》に巻《ま》き込《こ》まれがちな社会では、人生を聡明《そうめい》に生きていく知性《ちせい》が大事である。一方、信心は幸福への境涯《きょうがい》を開くものである。この信心と知性の両者を磨《みが》き深めた人こそ〝人間王者〟の姿《すがた》であり、人生の王道を歩みゆく生命の勝利者なのである。

ともあれ、信心によって、自分自身の生命の宮《きゅう》殿《でん》を三世永遠《さんぜえいえん》に輝《かがや》かせていく。その人こそ最高《さいこう》の幸福者である。

皆《みな》さま方は、広布の活動によって、日々、みずからの生命の中に幸福の「宮殿《きゅうでん》」を築《きず》き、開いておられる。

ゆえに、一生成仏《いっしょうじょうぶつ》（＝一生の間に成仏すること）は間違《まちが》いないし、必《かなら》ずや宇宙大《うちゅうだい》の生命の宮殿《きゅうでん》に住む〝幸福の王者〟となっていけるにちがいない。

どうか、その強い確信《かくしん》と誇《ほこ》りをもって、明るく、堂々《どうどう》と信心の大道を進んでいただきたい。

1-5 自由なる人生とは

池田先生は、一九八八年四月の第一回全国婦人部幹部会において、五月三日を「創価学会母の日」とすることなどを提《てい》案《あん》しました。その歴史的《れきしてき》な会合でのスピーチで、真に自由に生きるためにどうすればよいかという重要《じゅうよう》なテーマについて語っています。

池田先生の指針

「全国婦人部幹部会」（一九八八年四月二十七日、東京）

「自由」とは何か。どうすれば人間は自由を楽しみきっていけるのか。

古来《こらい》、無数《むすう》の賢人《けんじん》、哲学者《てつがくしゃ》らが、このテーマを追《お》い求《もと》めてきた。

いな、そうした理屈《りくつ》以前《いぜん》に、人間はだれしも自由にあこがれる。不自由や束縛《そくばく》を嫌《きら》い、自由に生きたいと願《ねが》うのは、人間本来《ほんらい》の欲求《よっきゅう》である。「自由とは何か」を知らなくとも、自由が幸福のためになくてはならない条件《じょうけん》であることは、だれもが知っているといってよい。

そして、あらゆる人が自由を求《もと》めながら、事実《じじつ》の自由を獲得《かくとく》する人はあまりにも少ない――。

人類《じんるい》にとって、もっとも根本的《こんぽんてき》な課題《かだい》、それは人間自身の変革《へんかく》であり、生命そのものの解決《かいけつ》である。それを実現《じつげん》するのが正しき仏法による「宗教《しゅうきょう》革命《かくめい》」である。そして皆《みな》さま方こそ、その尊《とうと》き先《せん》駆者《くしゃ》であられる。


環境《かんきょう》も大事《だいじ》である。しかし環境がすべてであり、絶対《ぜったい》なのではない。戸田先生は、牢獄《ろうごく》という、この世でもっとも不自由な環境のなかで、永《えい》遠《えん》の自由の境涯《きょうがい》を獲得《かくとく》された。

皆《みな》さま方のなかにも、お姑《しゅうとめ》さんにしばられ（笑い）、子どもにまとわりつかれ（笑い）、ご主人《しゅじん》や家事《かじ》、仕事《しごと》……すべてが、にっくき鉄《てつ》の鎖《くさり》に見えてくる（笑い）経験《けいけん》をおもちの方も少なくないと思う。

また広布の活動についても、いつしか手足をしばられているような、重苦《おもくる》しい心になることもあるかもしれない。

〝ああ、なんて私は不自由なのか〟（笑い）。〝私は夫や子どもの奴隷《どれい》ではない〟（笑い）等々――。

しかし、他の気楽そうに見える人をうらやみ、そうしたところに行っても、真の自由はない。

〝心の中の自由〟――それは決して、「ものは考えよう」などといった観念的次元《かんねんてきじげん》にとどまるものであってはならない。

「御義口伝《おんぎくでん》」には「我等《われら》が一念《いちねん》の妄心《もうしん》の外《ほか》に仏心無《ぶっしんな》し九界《きゅうかい》の生死《しょうじ》が真如《しんにょ》なれば即《すなわ》ち自在《じざい》なり所謂《いわゆる》南無妙法蓮華経と唱《とな》え奉《たてまつ》る即ち自在なり」（御書七八九ジベー）と仰《おお》せである。

――われわれ凡夫《ぼんぷ》の迷《まよ》いの生命を離《はな》れて、他のどこにも仏《ほとけ》の生命はない。煩悩《ぼんのう》や宿業《しゅくごう》、苦悩《くのう》に縛《しば》られた九界《きゅうかい》の生死《しょうじ》も、妙法に照《て》らされるとき、本来《ほんらい》ありのままの真実の姿《すがた》を顕《あらわ》し、「自在《じざい》」の生死となる。すなわち南無妙法蓮華経と唱《とな》え奉《たてまつ》ることによって、自由自在の生命活動となる――との御《ご》聖訓《せいくん》である。

不自由に見える九界《きゅうかい》の現実《げんじつ》の生活を離《はな》れて、どこか別世界《べっせかい》に自由があるのではない。現実から逃《とう》避《ひ》しても、他のどこにも真の自由はない。逃《に》げだすといっても、宇宙《うちゅう》から逃げだすわけにはいかない。何より自分の生命の外へ逃げだすことは不可能《ふかのう》である。

その自分の生命が、宿命《しゅくめい》にしばられ、自身の弱さにとらわれ、苦《くる》しみに負け、誤《あやま》った思想につなぎとめられているとしたら、いずこにいっても自由はない。

大聖人は「今度生死《こんどしょうじ》の縛《ばく》を切《き》って」（御書一一七七ジベー）と仰《おお》せである。生命をしばりつける迷《まよ》いの〝縛〟を断《た》ち切る剣《つるぎ》こそ、妙法の実践《じっせん》である。

仏界《ぶっかい》の境涯《きょうがい》にこそ、真実の自由がある。三世《さんぜ》にわたって最高《さいこう》に自在《じざい》の境涯がある。わが信心の一《いち》念《ねん》どおりに、自在に人生を開きゆく〝力《ちから》〟と〝智《ち》慧《え》〟に満《み》ちてくる。妙法こそ事実のうえに、真の「自由」を実現《じつげん》する無上《むじょう》の大法《だいほう》なのである。

ふたたび「御義口伝《おんぎくでん》」を拝《はい》せば「無作《むさ》の三身《さんじん》も如来《にょらい》の寿《じゅ》も分別功徳《ふんべつくどく》も随喜《ずいき》も我《わ》が身の上の事なり、然《しか》らば父母所生《ぶもしょしょう》の六根《ろっこん》は清浄《しょうじょう》にして自在無碍《じざいむげ》なり」（御書八〇〇ジペー）と仰《おお》せになっておられる。

――寿量品《じゅりょうほん》第十六で説《と》かれた無作《むさ》の三身《さんじん》も、如《にょ》来《らい》の永遠《えいえん》の寿命《じゅみょう》も、また分別功徳品《ふんべつくどくほん》第十七で説かれた分別功徳（＝十界《じっかい》それぞれの煩悩《ぼんのう》を即妙法《そくみょうほう》の功徳と分別すること）も、さらに随喜《ずいき》功徳品第十八の妙法の功徳への随喜も、すべて、ほかならぬわが身の上のことである――と。

仏法は一言一句《いちごんいっく》すべて現実《げんじつ》の生命、生活を離《はな》れることはない。決して抽象論《ちゅうしょうろん》、観念論《かんねんろん》ではない。

そして――したがって（いま法師功徳品《ほっしくどくほん》第十九で六根清浄《ろっこんしょうじょう》が説《と》かれている元意《がんい》をいえば）父母から受け継《つ》いだ現実《げんじつ》の色心《しきしん》にそなわる六根（眼《げん》・耳《に》・鼻《び》・舌《ぜつ》・身《しん》・意《い》）は、本来《ほんらい》、清浄であり、自由自在《じゆうじざい》にして碍《さわ》りがない――との御断言《ごだんげん》である。

この御聖訓《ごせいくん》のごとく、現実《げんじつ》の人生で「自在無碍《じざいむげ》」の境涯《きょうがい》を開ききっていくための信心であり、仏道修行《ぶつどうしゅぎょう》である。

「妙法」に生き、「妙法」にのっとり、「妙法」を勇《いさ》んで唱《とな》え弘《ひろ》めていくところにこそ、真実にして永遠《えいえん》の自由はある。

めざめた〝自由なる人間〟となり、広々と障《さわ》りなき〝自由なる生命〟と輝《かがや》き、無上《むじょう》の幸福と歓喜《かんき》を心ゆくまで満喫《まんきつ》しゆく〝自由なる人生〟の軌道《きどう》へと入っていける。ゆえに何があろうとも、絶対《ぜったい》に退転《たいてん》だけはしてはならない。

私どもの宗教革命《しゅうきょうかくめい》は、生命の永遠《えいえん》の自由への人間解放《かいほう》、民衆《みんしゅう》解放の戦いである。

自由は座《ざ》して待つものではない。戦い、勝ちとらなければならない。そのために、まずみずからの胸中《きょうちゅう》を制覇《せいは》する、お一人お一人であっていただきたい。自分自身に勝利《しょうり》した、その信心の「一念《いちねん》」を〝本《ほん》〟として、一切《いっさい》が〝末《まつ》〟となってその本末が究竟《くきょう》し、自在《じざい》なる幸福境涯《きょうがい》の生活をつくっていくからである。

1-6 幸福を開く六つのカギ

池田先生はＳＧＩ（創価学会インタナショナル）の友に、幸福を開くための六つのポイントを示《しめ》しました。そして、それらの全《すべ》てが日蓮仏法の信心に収《おさ》まっていると教えています。

池田先生の指針

「ＳＧＩ総会」（一九九六年六月二十三日、アメリカ）

日蓮大聖人は仰《おお》せである。

「一生空《いっしょうむな》しく過《すご》して万歳悔《ばんざいく》ゆること勿《なか》れ」（御書九七〇ジペー）——一生をむなしく過《す》ごして、万年の間、悔いてはならない――と。

人生いかに生きるべきか。どう生きることが、いちばん価値《かち》があるのか。

日本の著名《ちょめい》な作家の言葉に「花のいのちはみじかくて　苦しきことのみ　多かりき」（林芙美子《はやしふみこ》）とあった。花は、ぱっと咲《さ》いて、ぱっと散《ち》る。長く残《のこ》るのは苦しきことのみである――と。人生も事実、そのとおりかもしれない。

ある哲学者《てつがくしゃ》は、一生の終わりに計算してみて、楽しいことのほうが多かったか、それとも苦しみのほうが多かったか、その結果《けっか》によって幸《こう》・不幸《ふこう》を決めるしかないかもしれない、と語っている。

どんなに地位《ちい》があり、財産《ざいさん》があっても、幸福をつかめない人は多い。どんなにすばらしい結婚《けっこん》をしても、いつかは愛《あい》する人と別《わか》れなければならない。愛別離苦《あいべつりく》は避《さ》けられない。

どんなに有名人になっても、病気で苦しみきって死んでいく人は、たくさんいる。美しく生まれたために、かえって、人生を不幸《ふこう》にする人も少なくない。

いったい、幸福は、どこにあるのか。どうすれば幸福になれるのか。これが人生の根本問題であり、永遠《えいえん》に追求《ついきゅう》すべき課題《かだい》である。これを解決《かいけつ》したのが仏法であり、信心なのである。

結論的《けつろんてき》にいえば、幸福は自分自身をどう確立《かくりつ》するか、という問題である。

立派《りっぱ》な邸宅《ていたく》とか、名声といった外面的な幸せは「相対的幸福《そうたいてきこうふく》」である。揺《ゆ》るぎない「絶対的幸福《ぜったいてきこうふく》」ではない。

どんなに幸福そうな環境《かんきょう》にあっても、自分自身がむなしさを感じ、苦しみを感じていれば、不幸《ふこう》である。

最高《さいこう》に立派《りっぱ》な家の中で、けんかばかりしている人もいる。皆《みな》がうらやむ有名な会社に勤《つと》めていても、いつも上司《じょうし》から叱《しか》られ、仕事に疲《つか》れ、味けない思いをかみしめている人もいる。

幸福は〝見かけ〟のなかにはない。〝見栄《みえ》〟のなかにはない。自分自身が実際《じっさい》に何を感じているか、その生命の実感の問題である。

それを前提《ぜんてい》に申し上げれば、幸福の第一条件《じょうけん》は、「充実《じゅうじつ》」であろう。

「本当に張《は》りがある」「やりがいがある」「充実《じゅうじつ》がある」——毎日が、そのように感じられる人は、幸福である。多忙《たぼう》であっても充実感がある人のほうが、暇《ひま》でむなしさを感じている人より、幸福である。

私どもの場合、朝起きて勤行をする。いやいやの人もいるだろうが（笑い）、勤行をすること自体が偉大《いだい》である。勤行は、いわば大宇宙《だいうちゅう》を見わたし、見おろしていく荘厳《そうごん》な儀式《ぎしき》である。宇宙との対話である。

御本尊に向かって勤行・唱題することは、わが生命の夜明けであり、太陽が昇《のぼ》ることであり、このうえない生命の充実《じゅうじつ》である。この一点だけでも、私どもは幸福である。

幸せそうに見えても、朝から憂《ゆう》うつな気分で一日をスタートする人もいる。朝、奥《おく》さんに叱《しか》られ（笑い）、「何で、こんな結婚《けっこん》をしちゃったんだろう」と（笑い）、ふさぎこんで一日を出発する——これでは不幸《ふこう》である。充実《じゅうじつ》はない。

朝だけをとっても、私どもは最高《さいこう》に充実《じゅうじつ》した、価値《かち》ある人生となっている。

そのうえ、だれよりも立派《りっぱ》に仕事し、生活を勝利《しょうり》しきって、あまった時間を「法《ほう》のため」「広宣流布のため」「人のため」「社会のため」に使っている。

〝根性曲《こんじょうま》がり〟の人間が多い末法《まっぽう》にあって（笑い）、苦労《くろう》しながら、ただ相手の幸福のために、祈《いの》り、足を運び、語り、心をくだき、面倒《めんどう》をみておられる。

まさに菩薩《ぼさつ》であり、これほど偉大《いだい》な「哲学《てつがく》ある人生」はない。最高《さいこう》の哲学を実践《じっせん》し、弘《ひろ》めておられるのが皆《みな》さまである。

それだけの価値《かち》ある哲学《てつがく》をもったということ——それ自体が幸福である。幸福の第二の条件《じょうけん》は、「深き哲学をもつ」ことである。

第三に、「信念《しんねん》をもつ」ことである。

何が悪か、何が善《ぜん》か、わからない時代になってきた。これは世界的傾向《せかいてきけいこう》である。このままでは、人類《じんるい》は混乱《こんらん》と退廃《たいはい》に向かう以外《いがい》にない。そのなかにあって、皆《みな》さまは「最高善《さいこうぜん》」の仏法を奉《ほう》じ、その教えを実践《じっせん》し抜《ぬ》いておられる。

日蓮大聖人の仰《おお》せに「詮《せん》ずるところは天《てん》もすて給《たま》え諸難《しょなん》にもあえ身命《しんみょう》を期《ご》とせん」（御書二三二ページ）——結局《けっきょく》のところは、諸天《しょてん》もわれを捨《す》てたまえ。諸難にもあえ。身命をなげうとう——と。

〝日本国の支配者《しはいしゃ》の地位《ちい》をゆずろう〟というような誘惑《ゆうわく》、〝父母の頸《くび》をはねるぞ〟というような脅迫《きょうはく》にも紛動《ふんどう》されてはならない、と。

何があろうと、大聖人の言われるままに、厳然《げんぜん》と「信念《しんねん》」を貫《つらぬ》くことである。そういう「信念」のある人が、必《かなら》ず幸福になる。それが皆《みな》さまである。

第四に、「朗《ほが》らか」に、生き生きと生きることである。

「いつも文句《もんく》」「いつもグチ」——それでは自分

も周囲《しゅうい》も不幸《ふこう》である。

いつも前向きに、はつらつと生きている。人にも「あの人と会うと元気が出る」「気持ちが明るくなる」と言われる朗《ほが》らかさがある。その人は幸福である。皆《みな》にも希望《きぼう》をあたえる。

いつ会っても、つまらなそうな顔をして（笑い）、喜《よろこ》びも感激《かんげき》もない。それでは、人生は暗い。

反対に、奥《おく》さんに叱《しか》られても、「何か浪花節《なにわぶし》が聞こえるな」（笑い）。子どもの成績《せいせき》が悪くても「将来《しょうらい》、だんだんよくなる前兆《ぜんちょう》だ」（笑い）。たとえば、そういうふうに、全部、よい方向に、よい方向に、捉《とら》えていく。その強さ、賢《かしこ》さ、明るさが幸福を生む。

すべてを善意《ぜんい》で受けとめるといっても、愚《おろ》かな、お人よしになるという意味ではない。現実《げんじつ》をしっかり見つめつつ、よい方向に受けとめることによって、実際《じっさい》にその方向にもっていくという「賢明《けんめい》さ」のことである。そういう「人格《じんかく》」をつくるのが、信仰《しんこう》であり、仏法である。そういう人格を築《きず》き上《あ》げれば、いかなる財産《ざいさん》よりもすばらしい人生の宝《たから》である。

第五の条件《じょうけん》は、「勇気《ゆうき》」である。

勇気のある人は、何でも乗りきっていける。勇気のない臆病《おくびょう》な人は、人生を楽しめない。それでは不幸《ふこう》である。

第六の条件《じょうけん》は、「包容力《ほうようりょく》」である。

包容力のある人は、皆《みな》に安心感をあたえる。小さなことで人を責《せ》めたり、いちいち騒《さわ》ぎ立《た》てたり、そういう心の狭《せま》い人は、皆《みな》を疲《つか》れさせるし、怖《こわ》がらせる。

あたたかく、皆《みな》が安心して親しめる包容力《ほうようりょく》がなければならない。大海のごとく広々とした心をもつ人は、自分も幸福である。周囲《しゅうい》も幸福である。

これらのすべての条件《じょうけん》も、結局《けっきょく》は「信心」の二字に収《おさ》まっている。信心に生《い》き抜《ぬ》く人生こそが「最高《さいこう》に幸福な人生」なのである。

御聖訓《ごせいくん》に「南無妙法蓮華経は歓喜の中の大歓喜なり」（御書七八八ジペー）と。

このお言葉を、しみじみと実感し、晴れやかに証明《しょうめい》する皆《みな》さまであっていただきたい。

1-7 生老病死《しょうろうびょうし》と向き合う

生老病死《しょうろうびょうし》という誰《だれ》もが避《さ》けて通《とお》れない普遍《ふへん》の課題《かだい》に向き合っているのが、創価学会・日蓮仏法であると語り、その探究《たんきゅう》にこそ真の幸福の道が開かれていくと呼《よ》び掛《か》けています。

池田先生の指針

「アメリカSGI青年部総会」

（一九九三年三月十四日、アメリカ）

「人生の目的《もくてき》」は何か。それは「幸福」になることである。

では、本当の幸福とは何か。

どんな名声も財産《ざいさん》も地位《ちい》も、それだけで真の幸福といえるかどうか——大きい疑問《ぎもん》である。

それらだけでは、生命の奥底《おうてい》からの永遠《えいえん》の幸福はない。「生老病死《しょうろうびょうし》」という根本的な苦しみを解《かい》決《けつ》できない。

ここに日蓮大聖人の仏法が、どうしても説《と》かれねばならなかったゆえんがある。

「生《しょう》」——生まれ、生きていく苦しみ。

人生には無数《むすう》の苦しみがある。宿命《しゅくめい》もある。思うにまかせないアクシデント（事故《じこ》）もある。離《り》婚《こん》や子どもの悩《なや》み、仕事の行きづまり——その他の悩みを、すべて、どう乗《の》り越《こ》えるか、これが問《もん》題《だい》である。

「老《ろう》」——老《お》いる苦しみ。

今、皆《みな》さんは若《わか》い。健康《けんこう》であり、美《うつく》しい。しかし、いつか必《かなら》ず年をとり、おじいさん、おばあさんになっていく。この苦しみは、どんな注射《ちゅうしゃ》を打《う》っても（笑い）、どんな高い薬《くすり》を飲《の》んでも（笑い）なおらない。

「病《びょう》」——ガンで苦しむ。精神的《せいしんてき》な病《やまい》で苦しむ。人生は、さまざまな病との闘《たたか》いである。

戸田先生はよく言われていた。貧乏《びんぼう》という病気《びょうき》がある（笑い）。根性《こんじょう》が悪いという病気もある（笑い）。いつも人に嫌《きら》われたり、人生の敗北者《はいぼくしゃ》になってしまう宿命《しゅくめい》も、ひとつの病気といえよう、と。

これらの心身《しんしん》の病《やまい》を、根本的《こんぽんてき》に癒《い》やすのが妙法《みょうほう》の力《ちから》である。

「死《し》」——これは厳《きび》しい。

今ここにいる全員《ぜんいん》が、百年後には、まず、だれもいなくなっている。フランスの文豪《ぶんごう》ヴィクトル・ユゴーは「人間はみんな、いつ刑《けい》が執行《しっこう》されるかわからない、猶予《ゆうよ》づきの死刑囚《しけいしゅう》なのだ」（『死刑囚最後の日』斎藤正直訳、潮文庫）と綴《つづ》ったが、死をまぬかれる人間は一人もいない。

死《し》の姿《すがた》も、自殺《じさつ》する人、殺《ころ》される人、死を前に七転八倒《しちてんばっとう》の苦しみを示《しめ》す人、さまざまである。

この、「死《し》」という厳粛《げんしゅく》な運命《うんめい》をどう考《かんが》え、その苦しみを、どう解決《かいけつ》するのか。ここに最《もっと》も根本《こんぽん》的《てき》なテーマがある。

また死後《しご》は、いったいどうなるのか。何かがあるのか。何もないのか。どういう状態《じょうたい》なのか。凡夫《ぼんぷ》には、だれもわからない。

「生老病死《しょうろうびょうし》」は、万人《ばんにん》の普遍的《ふへんてき》な課題《かだい》である。「幸福」を求《もと》めてやまない、人類《じんるい》の根本《こんぽん》の問題《もんだい》である。にもかかわらず、ほとんどの指導者《しどうしゃ》は、この課題を避《さ》けて通《とお》っている。民衆《みんしゅう》の幸福に責任《せきにん》を感《かん》じる以上《いじょう》、避けては通れぬはずのこの問題から、ずるく目をそらしている。ここに人類の不幸《ふこう》はある。

この根本課題《こんぽんかだい》と、真《ま》っ正面《しょうめん》からぶつかっていったのが創価学会である。

この根本課題《こんぽんかだい》を完璧《かんぺき》に解決《かいけつ》する方法《ほうほう》を示《しめ》してくださったのが日蓮大聖人であられる。こうした四苦《しく》（生老病死《しょうろうびょうし》）をはじめとする無数《むすう》の苦悩《くのう》を、悠々《ゆうゆう》と乗《の》り越《こ》え、むしろ追《お》い風《かぜ》に変《か》えながら、「常楽我浄《じょうらくがじょう》」の人生を生《い》き抜《ぬ》いていける「妙法」を教えてくださったのである。

人生は戦いである。現実《げんじつ》は戦いである。大聖人は「仏法《ぶっぽう》は勝負《しょうぶ》」と教えられた。「勝《か》ちなさい」と教えられたのである。

勝《か》たねばならない。妙法を持《たも》ったことは「勝利《しょうり》の剣《つるぎ》」を手にしたことである。一切《いっさい》に堂々《どうどう》と勝っていける。勝って、楽《たの》しんでいける。信仰者《しんこうしゃ》とは勝利者の異名《いみょう》である。

そして一人残《のこ》らず、「私の人生は悔《く》いがない。私は楽《たの》しかった。大勢《おおぜい》の人を励《はげ》まし、希望《きぼう》をあたえた。本当《ほんとう》にいい人生だった」と言える一生《いっしょう》であっていただきたい。

第二章　幸福境涯《きょうがい》を築《きず》く

2-1 楽観主義《らっかんしゅぎ》に生きる

日蓮仏法《ぶっぽう》は、誰人《たれびと》の生命にも、最高《さいこう》の智慧《ちえ》と勇気《ゆうき》と慈悲《じひ》に満《み》ちた尊極《そんごく》の仏《ほとけ》の生命が具《そな》わっていると説《と》きます。その仏界《ぶっかい》の生命を開き顕《あらわ》していけば、物事《ものごと》の見方《みかた》が一変《いっぺん》し、何ものにも左右《さゆう》されない絶対《ぜったい》的《てき》幸福の境涯《きょうがい》を築《きず》いていける。

本章は、この境涯《きょうがい》革命について池田先生が示《しめ》した指導《しどう》をまとめました。

ここでは、妙法を持《たも》った人は、「生きていること自体《じたい》が楽《たの》しい」という仏《ほとけ》の境《きょう》涯《がい》に立って、楽観主義《らっかんしゅぎ》の人生を生きていけると語っています。

池田先生の指針

「カナダSGIバンクーバー総会」
（一九九三年十月一日、カナダ）

「快活《かいかつ》に生きる」。すなわち「愉快《ゆかい》に生きる」ことである。

私たちは御本尊を持《たも》っている。妙法を持っている。ということは、すなわち自分自身《じぶんじしん》が妙法の当《とう》体《たい》である。大福運《だいふくうん》の当体であり、多宝《たほう》の宝塔《ほうとう》である。ゆえに、負《ま》けるものはない。恐《おそ》れるものもない。

自分自身《じぶんじしん》が宝塔《ほうとう》である、自分自身が仏《ほとけ》の当体《とうたい》である――このことを確信《かくしん》しきるとき、わが境涯《きょうがい》は「生きていること自体《じたい》が楽《たの》しい。愉快《ゆかい》である」――こうなっていく。この大境涯を事実《じじつ》のうえで感得《かんとく》し、獲得《かくとく》するのが信心の目的《もくてき》である。

学会の、広布の世界で生き抜《いぬ》いた人は、三世永遠《さんぜえいえん》に、この境涯《きょうがい》を楽《たの》しんでいける。

楽観主義《らっかんしゅぎ》で生きるのか。

悲観主義《ひかんしゅぎ》で生きるのか。

悲観主義《ひかんしゅぎ》の人は、何でも悲《かな》しい方向《ほうこう》に、苦しく、暗《くら》い方向に考《かんが》えていく。「うちの夫《おっと》が死《し》んだら、どうしよう」「女房《にょうぼう》が病気《びょうき》になったら、どうしよう」「目標《もくひょう》が達成《たっせい》できなかったら、どうしよう」「うちの娘《むすめ》が悪《わる》い人と付《つ》き合《あ》ったら、どうしよう」等々――。

いつも悲観《ひかん》ばかりしていたら、「一念《いちねん》」自体《じたい》が悲観に染《そ》められてしまう。それでは幸福になれるはずがない。

いつもいつも「ああ、金がない」（笑い）、「ああ、また会合か」（笑い）、「今日《きょう》も奥《おく》さんに叱《しか》られるのか」（笑い）――これでは「生きること自《じ》体《たい》が苦しい」ような姿《すがた》である。（笑い）

反対《はんたい》に、何が起こっても、それを楽《たの》しんでいく。いい方向《ほうこう》、楽しい方向へ、前向《まえむ》きの方向へと受《う》けとめていく。それが楽観主義《らっかんしゅぎ》であり、その究《きゅう》極《きょく》が信仰《しんこう》である。

たとえば病気《びょうき》になっても、「ああ、いい休養《きゅうよう》ができる」（笑い）、「ゆっくり三世永遠《さんぜえいえん》のことまで思索《しさく》しよう。いいチャンスだ」と。そして希望《きぼう》をもって「こんな病気に負《ま》けてたまるか！　絶対《ぜったい》に生《い》き抜《ぬ》いてみせる！」と、病魔《びょうま》を打《う》ち破《やぶ》っていく。

このように、楽観主義《らっかんしゅぎ》の人は強い。

いい方向《ほうこう》へ、いい方向へと自分《じぶん》で捉《とら》え、自分で「そうなる」「そうなってみせる」と決めることである。

喜劇王《きげきおう》チャップリンのごとく、何があっても、愉快《ゆかい》に笑い飛《と》ばしながら、苦労《くろう》を楽《たの》しみに変《か》えながら、快活《かいかつ》に生《い》き抜《ぬ》いていただきたい。

2-2 幸福の根幹《こんかん》は心を変革《へんかく》すること

幸福とは、心がどうかで決まる。ゆえに、「心こそ大切」という哲学《てつがく》を掲《かか》げ、心の変革《へんかく》を目指しゆく創価の運動こそが、幸福の根本《こんぽん》の軌道《きどう》であると語っています。

池田先生の指針

「各部合同研修会」(二〇〇五年八月六日、長野)

人生において、さまざまな悩《なや》みにぶつかることもあるだろう。どうにもならない現実《げんじつ》に直面《ちょくめん》することもあるにちがいない。

しかし、同じ状況《じょうきょう》にあっても、ある人は、生き生きと進む。ある人は、嘆《なげ》き、悲《かな》しむ。喜《よろこ》びというのは、心が感じるものだからだ。

この人生を、喜《よろこ》んで、楽しんでいければ、その人は「勝ち」である。ゆえに、大事なのは、心を変革《へんかく》することだ。これが仏法である。

人が見て、どうかではない。皆《みな》がうらやむような境遇《きょうぐう》でも、不幸《ふこう》な人は少なくない。

心が強い人。心が賢明《けんめい》な人。心がたくましい人。心が大きい人。その人は、何があっても、へこたれない。

「心こそ大切なれ」（御書一一九二ジペー）

ここに幸福の根幹《こんかん》がある。それを打ち立てるのが妙法なのである。

大聖人は、「真実《しんじつ》に、すべての人が、身心《しんしん》の難《なん》を打《う》ち破《やぶ》る秘術《ひじゅつ》は、ただ南無妙法蓮華経なのである」（御書一一七〇ジペー、通解）と断言《だんげん》しておられる。

幸福とは、たんなる言葉ではない。物でもない。財産《ざいさん》や地位《ちい》や名声で、幸福は決まらない。まず題目をあげることだ。そうすれば、生命力《せいめいりょく》がわいてくる。

何があっても楽《たの》しい。友人と語り、心ゆくまで題目を唱《とな》えながら、日々の一つ一つのことを、うれしく感じられる——。その姿《すがた》に幸せの一実像《いちじつぞう》があるといえよう。

創価の運動は、この幸福の根本《こんぽん》の軌道《きどう》を教えているのである。

信心に生《い》き抜《ぬ》くならば、「生も歓喜《かんき》」「死も歓喜」の人生となる。いかなる山も悠々《ゆうゆう》と乗《の》り越《こ》えて、楽しく、にぎやかに進んでまいりたい。

2-3 仏法者の境涯《きょうがい》とは

境涯革命《きょうがいかくめい》について三つの角度《かくど》を示《しめ》し、何があっても恐《おそ》れず、希望《きぼう》に燃《も》えて、全《すべ》てを楽しんでいける自分自身を築《きず》いていくことを呼《よ》び掛《か》けています。

池田先生の指針

「中部代表者協議会」

（一九九七年五月二十六日、愛知）

信仰者《しんこうしゃ》の境涯《きょうがい》は、どうあるべきか。

第一に「何があっても恐《おそ》れない」ことである。心を紛動《ふんどう》されないことである。

世の中には偽《いつわ》りがある。それらに、いちいち心を動かされるのは、あまりにも愚《おろ》かである。また不幸《ふこう》である。

絶対《ぜったい》にウソがないのは妙法である。日蓮大聖人である。ゆえに、広宣流布に生ききっていく人生が、もっとも賢明《けんめい》である。

信仰《しんこう》しているゆえに、いやな思いをすることもあるにちがいない。人一倍の苦労《くろう》もある。しかし全部、自分自身の修行《しゅぎょう》である。

大聖人は「一生成仏《いっしょうじょうぶつ》」と仰《おお》せである。成仏するためには、必《かなら》ず三障四魔《さんしょうしま》（＝信心修行《しんじんしゅぎょう》を阻《はば》み、成仏を妨《さまた》げる三種の障《さわ》り〈煩悩障《ぼんのうしょう》、業障《ごうしょう》、報障《ほうしょう》〉と、四種の魔《ま》〈陰魔《おんま》、煩悩魔《ぼんのうま》、死魔《しま》、天子魔《てんしま》〉のこと）という関門《かんもん》を越《こ》えなければならない。越えれば一生成仏であり、永遠《えいえん》にわたって仏《ほとけ》の大境涯《だいきょうがい》を楽しみきっていける。

ゆえに何があろうと恐《おそ》れず、楽しく、勇《いさ》んで、前へ前へと進むことである。

第二に、「いつも希望《きぼう》を燃《も》やす」人生である。希望ほど強いものはない。妙法は「永遠《えいえん》の希望」である。何があっても希望を失《うしな》わない人こそが幸福者である。

第三に、「どんな時でも楽しめる」境涯《きょうがい》である。死んでいく時にさえ、心から笑《わら》いながら「ああ、おもしろかった。さあ、次はどこへ行こうか」と、楽しんでいける。それが信心の境涯である。

何があっても楽しめる大境涯《だいきょうがい》――信心は「歓喜の中の大歓喜」（御書七八八ジペー）なのである。

2-4 幸福は境涯《きょうがい》で決まる

幸福とは、環境《かんきょう》で決まるものではなく、一人一人の生命の境涯《きょうがい》によって創《つく》られることを示《しめ》し、その生命境涯を高める方途《ほうと》を説いたのが日蓮仏法であると語っています。

池田先生の指針

「和歌山県記念総会」

（一九八八年三月二十四日、和歌山）


「心というものは、それ自身一つの独自《どくじ》の世界なのだ、――地獄《じごく》を天国に変《か》え、天国を地獄に変えうるものなのだ」（『失楽園（上）』平井正穂訳、岩波文庫）とは、ジョン・ミルトンの言葉である。ミルトンはシェークスピアと並《なら》び称《しょう》される、十七世紀イギリスの大詩人であった。

みずからの心が、「地獄《じごく》」を「天国」に、また「天国」を「地獄」に変《か》えることができる――このミルトンの言葉は、仏法の一念三千論《いちねんさんぜんろん》（＝「一念」すなわち瞬間瞬間《しゅんかん》の生命に、「三千」すなわち全《ぜん》宇宙《うちゅう》のあらゆる現象《げんしょう》・働《はたら》きが具《そな》わるとする法理《ほうり》）にも一分通《いちぶんつう》じる、彼《かれ》の深い思索《しさく》の一つの到達《とうたつ》といってよい。

世界がどう見えるか。また人生がどのように感じられるか。それは、ひとえに一人一人の境涯《きょうがい》世界によって決まる。

御書には、「餓鬼《がき》は恒河《ごうが》を火《ひ》と見《み》る人《ひと》は水《みず》と見る天人《てんにん》は甘露《かんろ》と見る水は一なれども果報《かほう》に随《したが》って別別《べつべつ》なり」（一〇二五ジペー）と仰《おお》せである。

同じ恒河《ごうが》（ガンジス川）の水でも、餓鬼道《がきどう》の者には火と見え、人間には水、そして天人には甘露《かんろ》と見える。見る者の果報《かほう》によって、まったく見え方がちがうのである。

果報《かほう》とは、過去《かこ》の業因《ごういん》によってもたらされた、現在《げんざい》の生命境涯《きょうがい》である。その生命の在《あ》り方《かた》そのものが、外界の世界の見え方、感じ方を決めていく。

同じ境遇《きょうぐう》でも、幸福を満喫《まんきつ》する人がいる。また耐《た》えがたい不幸《ふこう》を感じる人もいる。

同じ国土にいても、すばらしき天地としてわが地域《ちいき》をこよなく愛《あい》する人もいれば、現在《げんざい》の住処《じゅうしょ》を嫌《きら》い、他土《たど》ばかりに目を向ける人もいる。

仏法は、その自身の境涯《きょうがい》世界を高めながら、確《たし》かなる幸福と社会の繁栄《はんえい》を築《きず》いていくための〝法《ほう》〟である。さらに国土自体をも、「常寂光土《じょうじゃっこうど》」

へと転換《てんかん》していける「事《じ》の一念三千《いちねんさんぜん》」の〝大法《だいほう》〟なのである。

しかも、常住《じょうじゅう》の大法《だいほう》にのっとった福徳《ふくとく》、喜《よろこ》びは、決して一時的《いちじてき》なものではない。樹木《じゅもく》が年々、着実に年輪《ねんりん》を増《ま》していくように、その福運は生命に蓄積《ちくせき》され、三世に薫《かお》りを放っていく。

反対に、世間的《せけんてき》な富《とみ》や名声、また快楽《かいらく》というものは、一時的にはいかに華々《はなばな》しくとも、はかない刹那《せつな》のものである。

2-5 足下《そっか》を掘《ほ》れ そこに泉《いずみ》あり

御聖訓《ごせいくん》を拝《はい》し、今いる場所で自分自身に生きるなかでこそ、揺《ゆ》るぎない幸福の境涯《きょうがい》が築《きず》かれることを教えています。


「大学会・豊島区合同研修会」

（一九八六年十二月七日、東京）

池田先生の指針

日蓮大聖人は、「御義口伝《おんぎくでん》」で「此人《しにん》とは法華経の行者なり、法華経を持《たも》ち奉《たてまつ》る処《ところ》を当詣道場《とうけいどうじょう》と云《い》うなり此《ここ》を去《さ》って彼《かし》こに行くには非《あら》ざるなり、道場とは十界《じっかい》の衆生《しゅじょう》の住処《じゅうしょ》を云《い》うなり、今《いま》日蓮等の類《たぐ》い南無妙法蓮華経と唱《とな》え奉る者《もの》の住処は山谷曠《せんごくこう》野《や》皆寂光土《みなじゃっこうど》なり此《こ》れを道場と云うなり」（御書七八一ページ）と仰《おお》せである。

これは、「法華経普賢品《ふげんぼん》第二十八」の、末法《まっぽう》に法華経を受持し、信行《しんぎょう》に励《はげ》む人について「此《こ》の人《ひと》は久《ひさ》しからずして、当《まさ》に道場《どうじょう》に詣《いた》りて」（法華経六七六ページ）と説《と》かれた文《もん》についての御義口伝《おんぎくでん》である。

「此《こ》の人」とは、法華経の行者《ぎょうじゃ》であり、別《べっ》しては日蓮大聖人である。総《そう》じては三大秘法《さんだいひほう》の南無妙法蓮華経を受持し、実践《じっせん》する人である。そして、この三大秘法の仏法を受持し修行《しゅぎょう》しているその場所こそ、一生成仏《いっしょうじょうぶつ》にいたる「当詣道場《とうけいどうじょう》」なのである。

この娑婆世界《しゃばせかい》を去って、極楽浄土《ごくらくじょうど》等の他土《たど》へ行くのではない。道場《どうじょう》とは十界《じっかい》の衆生《しゅじょう》の住処《じゅうしょ》をいうのである。いま、日蓮大聖人およびその門下として南無妙法蓮華経と唱《とな》える者の住処は、それが山《せん》谷曠野《ごくこうや》いずこにあっても、すべて「寂光土《じゃっこうど》」すなわち「仏国土《ぶっこくど》」なのである。これを道場といったのである、との仰《おお》せである。

その人がいる、その場所が「寂光土」になっていく。その「一念《いちねん》」の深さを示唆《しさ》された御文《ごもん》である。

人は往々《おうおう》にして、幸福を観念《かんねん》の彼方《かなた》に描《えが》きがちである。たとえば、別《べつ》の地域《ちいき》に行けば、もっと幸せになれるかもしれない。他の会社に移《うつ》れば、より豊《ゆた》かな楽しい生活があるかもしれない等々、つねに他に夢《ゆめ》を抱《いだ》き、期待を寄《よ》せようとする。若《わか》い方々は、なおさらであろう。

しかし、人それぞれに使命も、生きるべき場所も異《こと》なる。自分はここで、この世界に深く根を張《は》ろうと決め、現実《げんじつ》と格闘《かくとう》しつつ、日々忍耐強《にんたいづよ》く希《き》望《ぼう》の歩みを運んでいった人が勝利者なのである。心定まらず、浮草《うきくさ》のようなさすらいの人生であっては断《だん》じてならない。

ゆえに私は、〝足下《そっか》を掘《ほ》れ　そこに泉《いずみ》あり〟〝自己《じこ》自身《じしん》に生きよ〟と申し上げておきたい。

要《よう》するに、幸福という実感も、人生の深き満足《まんぞく》感《かん》も、自分自身の生命の中にある。その根本的《こんぽんてき》〝法《ほう》〟が妙法であり、それを自身の大原動力《だいげんどうりょく》としていけるのが信心である。

ゆえに今、信心修行《しゅぎょう》している所《ところ》が「寂光土《じゃっこうど》」であり、社会が即《そく》「寂光土」となる。また、今生きている所それ自体を、勝利と幸福の国土としていけるのである。

2-6 「仏界《ぶっかい》」とは無限《むげん》の生命力《せいめいりょく》

「十界互具《じっかいごぐ》」という仏法の生命論を踏《ふ》まえ、最極《さいごく》の生命境涯《きょうがい》である「仏界《ぶっかい》」とはどのようなものか、どうすれば「仏界」を涌現《ゆげん》させることができるかについて論じています。

池田先生の指針

『生命と仏法を語る』

瞬間《しゅんかん》、瞬間に流れゆく生命には、大きくみると十種の範疇《はんちゅう》がある。これを仏法は「十界《じっかい》」と捉《とら》えた。

具体的《ぐたいてき》に言えば、われわれの生命は「六道《ろくどう》」、つまり「地獄界《じごくかい》」「餓鬼界《がきかい》」「畜生界《ちくしょうかい》」「修羅界《しゅらかい》」「人界《にんかい》」「天界《てんかい》」という境涯《きょうがい》がある。そして「四聖《ししょう》」、「声聞《しょうもん》」「縁覚《えんがく》」「菩薩《ぼさつ》」「仏《ほとけ》」という、より高次元の境涯がある。この範疇《はんちゅう》を、厳《げん》としてもっているのが生命の実相《じっそう》である。

瞬間《しゅんかん》にあらわれる十界《じっかい》のいずれかの生命は、固《こ》定《てい》されるものではない。次の瞬間にはまた、十界のいずれかを顕現《けんげん》しゆく。この生命のダイナミズムを、仏法の直観智《ちょっかんち》が見事に捉《とら》えた法理《ほうり》が「十界《じっかい》互具《ごぐ》」である。

「観心本尊抄《かんじんのほんぞんしょう》」には、人界所具《にんかいしょぐ》の九界《きゅうかい》の姿《すがた》について、まことに簡潔《かんけつ》、明瞭《めいりょう》に述《の》べられている。

「数《しばし》ば他面《ためん》を見《み》るに或時《あるとき》は喜《よろこ》び或時は瞋《いか》り或時は平《たいらか》に或時は貪《むさぼ》り現《げん》じ或時は癡《おろか》現じ或時は諂曲《てんごく》なり、瞋るは地獄《じごく》・貪るは餓鬼《がき》・癡は畜生《ちくしょう》・諂曲なるは修羅《しゅら》・喜《よろこ》ぶは天《てん》・平《たいら》かなるは人《にん》なり」(御書二四一ジ《ペー》)と。

これらが、それぞれ顕現《けんげん》したり、冥伏《みょうぶく》したりする。これは私どもの日常生活《にちじょうせいかつ》でよくみる、またよく感じ、納得《なっとく》できる。

ここで重要《じゅうよう》なことは、仏法の探究《たんきゅう》の眼《まなこ》は、尊厳《そんげん》にして無限《むげん》の力《ちから》をもつ「仏界《ぶっかい》」という生命を、いかにして顕現《けんげん》しゆくか、というところにあった。

本来、仏道修行《ぶつどうしゅぎょう》というものは、この「仏界」を涌《ゆ》現《げん》するためになくてはならない。日蓮大聖人の大仏法は、この一点に凝結《ぎょうけつ》され、正しき「本尊《ほんぞん》」をうちたて、その現実的方途《げんじつてきほうと》を提示《ていじ》している。ゆえに、万人が正しき信心修行《しんじんしゅぎょう》をなしうるものなのである。

これまでの人類《じんるい》の歴史《れきし》の結果《けっか》は、まだまだ六道《ろくどう》輪廻《りんね》の流転《るてん》を乗《の》り越《こ》えていないといえる。

「地獄《じごく》」の「地」とは、最低《さいてい》のものに縛《しば》られるという意味である。いかなる時代になろうと、この「縛《ばく》」を切り、人間自身が上昇《じょうしょう》していくことを最《もっと》も基本《きほん》に考えねば、人間と社会の抜本的蘇生《ばっぽんてきそせい》への道はない。

仏法は、この泥沼《どろぬま》のごとき社会にあって、なおかつ「仏界《ぶっかい》」という人間生命の最極《さいごく》なる「尊厳性《そんげんせい》」の可能性《かのうせい》を見いだしている。

六道《ろくどう》に翻弄《ほんろう》されている私どもの一念《いちねん》が、正しき本尊に南無し、境智冥合《きょうちみょうごう》（＝祈《いの》りの対象《たいしょう》〈境〉と、それを観《かん》ずる智慧《ちえ》〈智〉が深く融合《ゆうごう》しあうこと）しゆくことにより、「仏界《ぶっかい》」という無限《むげん》の生命力を発動する。

言葉で表現《ひょうげん》するのはむずかしい。「仏界《ぶっかい》」というのは、他の九界《きゅうかい》のような具体的《ぐたいてき》なものではない。九界を無限《むげん》の価値《かち》の方向へと動かしゆく本源的《ほんげんてき》な生命の働《はたら》きである。

曇天《どんてん》の日がつづいても、雨の日でも、ジェット機《き》が高度一万メートルに達《たっ》すれば、煌々《こうこう》と太陽が輝《かがや》き、安定した飛行《ひこう》ができる。と同じく、現実《げんじつ》の生活が、いかに苦衷《くちゅう》にあっても、苦難《くなん》の連続《れんぞく》であっても、この胸中《きょうちゅう》の太陽を満々《まんまん》と輝《かがや》かせていけば、悠々《ゆうゆう》と乗《の》り越《こ》えていける。この太陽を、たとえて言うならば、「仏界《ぶっかい》」といえるかもしれない。

ひとつの次元から、「御義口伝《おんぎくでん》」には、「菩薩《ぼさつ》とは仏果《ぶっか》を得《う》る下地《したじ》なり」（御書七三八ページ）とおっしゃっておられる。法《ほう》のため、人のため、社会のために行動することが菩薩である。その菩薩という行動の土台なくしては仏果は得《え》られない。観念《かんねん》では仏果は得られない。万巻《ばんかん》の仏教《ぶっきょう》の書を読んでも得ることはできない。

仏果《ぶっか》を得《え》たといっても、なんら姿《すがた》が変《か》わるものでもない。六道九界《ろくどうきゅうかい》の現実社会のなかで、そのままの姿で生《い》き抜《ぬ》いていくのである。神秘的《しんぴてき》な悟《さと》りとか仏《ほとけ》というものは、真の仏法ではまったくない。

人間として大事なことは、低《ひく》き境涯《きょうがい》から、より高き境涯へ……。さらに、狭小《きょうしょう》な境涯から、無限《むげん》の広がりの境涯へと進み、広《ひろ》がりゆくことである。その最極《さいごく》の一点の境涯が、「仏界《ぶっかい》」となるわけである。

『法華経の智慧』

2-7 生命の基底部《きていぶ》を「仏界《ぶっかい》」に

日蓮仏法が目指す成仏《じょうぶつ》とは、〝死んで仏《ほとけ》になる〟のではなく、今の自分自身に仏界《ぶっかい》の生命境涯《きょうがい》を開き顕《あらわ》していくことです。その日蓮仏法の成仏観について語っています。

池田先生の指針

一個の人間が十界互具《じっかいごぐ》の当体《とうたい》であるという一つの捉《とら》え方として、生命の「基底部《きていぶ》」を考えたらどうだろう。

「基底部《きていぶ》」というのは、同じ人間でも、地獄界《じごくかい》を基調《きちょう》に生きている人もいれば、菩薩界《ぼさつかい》を基調に生きている人もいる。いわば、生命の「くせ」です。これまでの業因《ごういん》によってつくりあげてきた、その人なりの「くせ」がある。

バネが、伸《の》ばした後もまた戻《もど》るように、自分の基底部《きていぶ》に戻っていく。地獄界《じごくかい》が基底部といっても、四六時中《しろくじちゅう》、地獄界のわけではない。人界《にんかい》になったり、修羅界《しゅらかい》になったりもする。修羅界の「勝《しょう》他《た》の念《ねん》」を基底部にする人でも、ときには菩薩界《ぼさつかい》や天界《てんかい》を出すこともあるでしょう。しかし、修羅界を基底部にする人は、一時的《いちじてき》に菩薩界を現出《げんしゅつ》しても、また、すぐに修羅界に戻ってしまう。

この基底部を変《か》えるのが人間革命であり、境涯《きょうがい》革命《かくめい》です。その人の「奥底《おうてい》の一念《いちねん》」を変えると言ってもよい。

生命の基底部《きていぶ》がどこにあるかで、人生は決まってしまう。

譬《たと》えて言えば、餓鬼界《がきかい》が基底部《きていぶ》の人は、餓鬼界という船に乗っているようなものだ。餓鬼の軌道《きどう》を進みながら、その船の上で、あるときは笑《わら》い、あるときは苦しむ。さまざまな変化《へんか》はあるが、船は厳然《げんぜん》と餓鬼界の軌道を進んでいる。ゆえに、見える風景《ふうけい》も餓鬼界の色に染《そ》まっているし、死後も、宇宙《うちゅう》の餓鬼界の方向に合致《がっち》していってしまうでしょう。

この基底部《きていぶ》を仏界《ぶっかい》にしていくのが成仏《じょうぶつ》ということです。

もちろん基底部が仏界になったからといっても、九界《きゅうかい》があるのだから、悩《なや》みや苦しみがなくなるわけではない。しかし人生の根底《こんてい》が「希望《きぼう》」になっていく。「安心」と「歓喜《かんき》」のリズムになっていくのです。

戸田先生は言われた。

「たとえ病気になっても『なにだいじょうぶだ。御本尊様を拝《おが》めばなおるのだ』と、それでいいのです。そして、安心しきって生きていける境涯《きょうがい》を仏界《ぶっかい》というのではないのか。

それでいて、仏界に九界《きゅうかい》があるのだから、ときに怒《おこ》ったり困《こま》ったりもする、安心しきってるのだから怒るのはやめたとか、なんとかというのではなくて、やっぱり、心配なことは心配する。しかし、根底《こんてい》が安心しきっている、それが仏《ほとけ》なのです」

「生きてること自体が、絶対《ぜったい》に楽しいということが仏《ほとけ》ではないだろうか。これが、大聖人様のご境涯《きょうがい》を得《え》られることではないだろうか。

首斬《くびき》られるといったって平気だし。ぼくらなんかだったら、あわてる、それは。あんな佐渡《さど》へ流されて、弟子にいろいろ教えていらっしゃるし、開目抄《かいもくしょう》や観心本尊抄《かんじんのほんぞんしょう》をおしたためになったりしておられるのだから。あんな大論文は安心してなければ書けません」

（勤行・唱題は）仏《ほとけ》の生命と一体になる荘厳《そうごん》な儀式《ぎしき》です。

この勤行・唱題という仏界涌現《ぶっかいゆげん》の作業を繰《く》り返《かえ》し繰り返し、たゆみなく続《つづ》けていくことによって、我《わ》が生命の仏界は、揺《ゆ》るぎなき大地のように、踏《ふ》み固《かた》められていく。その大地の上に、瞬間《しゅんかん》瞬間、九界《きゅうかい》のドラマを自在《じざい》に演《えん》じきっていくのです。

また社会の基底《きてい》を仏界に変《か》えていくのが広宣流布の戦《たたか》いです。その根本は「同志《どうし》を増《ふ》やす」ことだ。

ともあれ、この信心を根底《こんてい》にすれば、何ひとつ無駄《むだ》にならない。

仏界《ぶっかい》が基底《きてい》の人生は、過去《かこ》・現在《げんざい》の九界《きゅうかい》の生活を全部、生かしながら、希望《きぼう》の未来《みらい》へと進める。否《いな》、むしろ九界の苦労《くろう》こそが、仏界を強めるエネルギーになっていく。

煩悩即菩提《ぼんのうそくぼだい》で、悩《なや》み（煩悩＝九界《きゅうかい》）が全部、幸福（菩提＝仏界《ぶっかい》）の薪《たきぎ》となる。身体が食物を摂《と》って消化吸収《きゅうしゅう》し、エネルギーに変《か》えるようなものです。

九界《きゅうかい》の現実《げんじつ》の苦悩《くのう》と無関係《むかんけい》な仏《ほとけ》など、真の仏ではない。十界互具《じっかいごぐ》の仏ではないのです。それが法華経の寿量品《じゅりょうほん》の心です。

ある意味で、仏界《ぶっかい》とは「あえて地獄《じごく》の苦しみを引き受けていく」生命と言ってもよい。仏界所具《しょぐ》の地獄界。それは、同苦《どうく》であり、あえて引き受けた苦悩《くのう》であり、責任感《せきにんかん》と慈悲《じひ》の発露《はつろ》です。弘教《ぐきょう》のため、同志《どうし》のために、あえて悩《なや》んでいく――その悩みが仏界を強めるのです。

十界互具《じっかいごぐ》の人生は、信心を根本に、「ありのままに生きる」ということです。

十界互具《じっかいごぐ》を説《と》かない教えでは、九界《きゅうかい》を嫌《きら》う。九界を断《た》ち切《き》って、仏界《ぶっかい》に至《いた》ろうとする。

これは、広げて言えば、人間を「刈《か》り込《こ》んでいく」生き方です。ここがいけない、あそこが悪い、と。だめだ、だめだと欠点《けってん》を否定《ひてい》していく。その究極《きゅうきょく》が「灰身滅智《けしんめっち》」（＝身《み》を焼《や》いて灰《はい》にし、心の智慧《ちえ》を滅失《めっしつ》すること）です。そういう反省も大事だろうが、へたをすると、小さく固まって、生きているのか死んでいるのか、分からないような人間になる危険もある。

「角《つの》を矯《た》めて牛を殺す」（＝少しの欠点を直そうとして全体をだめにする）ということわざがあるが、むしろ少しくらいの欠点はそのままにして、大きく希望《きぼう》を与《あた》え、目標《もくひょう》を与えて伸《の》び伸びと進ませるほうがいい場合が多い。

そうやって、はつらつと自信をもって生きていけば、自然《しぜん》のうちに欠点も隠《かく》れてしまう。たとえば「せっかちだ」という欠点が「行動力《こうどうりょく》がある」という長所《ちょうしょ》に変《か》わっていく。

自分の人生についてもそうだし、人を育てる場合もそうです。ありのままの自分で、背伸《せの》びする必要もなければ、飾《かざ》る必要もない。

人間だから、泣《な》きたいときもあるし、笑《わら》いたいときもある。怒《おこ》りたいときもある。迷《まよ》うこともあるでしょう。

そういう、ありのままの凡夫《ぼんぷ》が、奥底《おうてい》の一念《いちねん》を「広宣流布」に向けることによって、生命の基底《きてい》部《ぶ》が仏界《ぶっかい》になっていく。

そして、怒《おこ》るべきときに怒り、悩《なや》むべきときに悩み、笑《わら》うべきときに笑い、楽しむべきときに楽しみ、「苦《く》をば苦とさとり楽《らく》をば楽とひらき」（御書一一四三ページ）、活発《かっぱつ》に、生き生きと、毎日を生きながら、自分も、そして人も絶対的《ぜったいてき》な幸福に向かって突進《とっしん》していくのです。

2-8 一人一人が最高《さいこう》の仏《ほとけ》

創価学会の精神《せいしん》の正史《せいし》である小説『人間革命』『新・人間革命』に登場《とうじょう》する山《やま》本伸一《もとしんいち》は、池田先生自身がモデルとなっています。『新・人間革命』「力走《りきそう》」の章では、一九七八年四月、三重《みえ》を訪問《ほうもん》した山本伸一会長が、同志《どうし》との懇談《こんだん》のなかで、一人一人がかけがえのない最高《さいこう》の仏《ほとけ》であるという仏法の根本の哲理《てつり》を語る場《ば》面《めん》が描《えが》かれています。

池田先生の指針

『新・人間革命29』(「力走」の章)

学会の世界は、信心の世界です。信心から出発し、信心で終わる。すべてを信心の眼《まなこ》で捉《とら》えていくことが肝要《かんよう》なんです。

では、信心とは何か。

万物《ばんぶつ》の一切《いっさい》が、わが生命に、己心《こしん》に収《おさ》まっており、自分自身が妙法蓮華経の当体《とうたい》であり、仏《ほとけ》であるとの絶対《ぜったい》の確信《かくしん》に立つことです。

大聖人は「都《すべ》て一代八万《いちだいはちまん》の聖教《しょうぎょう》・三世十方《さんぜじっぽう》の諸《しょ》仏菩薩《ぶつぼさつ》も我《わ》が心の外《ほか》に有《あ》りとは・ゆめゆめ思ふべからず」(御書三八三ジー)と仰《おお》せです。

〝自分の胸中《きょうちゅう》に仏《ほとけ》の大生命が具《そな》わっていることを信じて、ひたすら唱題《しょうだい》し、自分を磨《みが》いていきなさい。それ以外《いがい》に人生の苦しみ、迷《まよ》いから離《はな》れることはできない〟というのが、大聖人の教えなんです。

皆《みな》さんが、本来《ほんらい》、仏なんですよ。その自分を信じ抜《ぬ》くんです。他人《たにん》と比《くら》べ、一喜一憂《いっきいちゆう》する必要《ひつよう》はありません。

自分の生命を磨《みが》き、わが胸中《きょうちゅう》の仏性《ぶっしょう》を涌現《ゆげん》する以外《いがい》に、崩《くず》れることのない絶対的幸福境涯《ぜったいてきこうふくきょうがい》を確立《かくりつ》する道はないんです。

しかし、自《みずか》らが妙法蓮華経の当体《とうたい》であると信じられなければ、本当の意味《いみ》での自信がもてず、自分の心の外《ほか》に幸せになる道を求《もと》めてしまう。

――すると、どうなるか。周囲《しゅうい》の評価《ひょうか》や状況《じょうきょう》に振《ふ》り回《まわ》されて、一喜一憂《いっきいちゆう》してしまう。たとえば、社会的な地位《ちい》や立場、経済力《けいざいりょく》、性格《せいかく》、容姿《ようし》など、すべて、人と比《くら》べるようになる。そして、わずかでも自分の方が勝《まさ》っていると思うと優越感《ゆうえつかん》をいだき、自己《じこ》を客観視《きゃっかんし》することなく、過剰《かじょう》に高いプライドをもつ。ところが、自分が劣《おと》っていると思うと、落胆《らくたん》し、卑屈《ひくつ》になったり、無気力《むきりょく》になってしまったりする。

さらに、人の評価《ひょうか》を強く意識《いしき》するあまり、周《まわ》りのささいな言動で、いたく傷《きず》つき、〝こんなに酷《ひど》いことを言われた〟〝あの人は私を認《みと》めていない〟〝全《まった》く慈悲《じひ》がない〟などと憎《にく》み、恨《うら》むことになる。また、策《さく》に走って歓心《かんしん》を買《か》うことに躍起《やっき》となる人もいる。

実は、怨嫉《おんしつ》を生む根本には、せっかく信心をしていながら、わが身が宝塔《ほうとう》であり、仏《ほとけ》であることが信じられず、心の外《ほか》に幸福を追《お》っているということ、生命の迷《まよ》いがある。そこに、魔《ま》が付《つ》け込《こ》むんです。

皆《みな》さん一人一人が、燦然《さんぜん》たる最高《さいこう》の仏《ほとけ》です。かけがえのない大使命《だいしめい》の人です。人と比《くら》べるのではなく、自分を大事にし、ありのままの自分を磨《みが》いていくことです。

また、自分が仏《ほとけ》であるように、周囲《しゅうい》の人もかけがえのない仏です。だから、同志《どうし》を最高《さいこう》に敬《うやま》い、大事にするんです。それが、創価学会の団結《だんけつ》の極《ごく》意《い》なんです。

第三章　生命変革《へんかく》の実践《じっせん》

3-1 御本尊の意義《いぎ》

日蓮仏法では、生命を変革《へんかく》し、仏界《ぶっかい》を涌現《ゆげん》させるための具体的《ぐたいてき》な実践《じっせん》として、御本尊を信じて、南無妙法蓮華経の題目を唱《とな》えることを教えています。

御本尊とは、南無妙法蓮華経とは、法華経とは――。本章は、仏法の根本《こんぽん》を示《しめ》した池田先生の指導《しどう》を紹介《しょうかい》します。ここでは、御本尊の意義《いぎ》を、アメリカの青年に対して、わかりやすく語っています。

池田先生の指針

「アメリカSGI青年研修会」
（一九九〇年二月二十日、アメリカ）

「本尊」には「根本尊敬《こんぽんそんぎょう》」の意義《いぎ》がある。人生、生命の根本として尊敬《そんけい》し、帰依《きえ》していく対象《たいしょう》が本尊である。ゆえに、何を本尊とするかで、人生が根底的《こんていてき》に決定されることは当然《とうぜん》である。

従来《じゅうらい》の仏教《ぶっきょう》の本尊は、ほとんどが仏像《ぶつぞう》である。また仏画《ぶつが》の場合もある。初期《しょき》の仏教には仏像はなかったが、後世《こうせい》、西方のギリシャ文化の影響《えいきょう》のもと、西北インド（ガンダーラ地方）で仏像が誕生《たんじょう》した。いわばシルクロード交流の一産物《いちさんぶつ》である。こうした仏像・仏画をとおして、「仏《ほとけ》」のイメージを民衆《みんしゅう》は受け取り、渇仰《かつごう》と信仰の心を起こしてきたわけである。

しかし日蓮大聖人の仏法の「本尊」は、文字の御本尊であられる。その意味では、イメージ・映《えい》像《ぞう》の結晶《けっしょう》というよりも、あえていえば、英知《えいち》の世界、御本仏《ごほんぶつ》の偉大《いだい》なる智慧《ちえ》の、最高《さいこう》にして尊極《そんごく》の表現《ひょうげん》と拝《はい》される。

この点からも、大聖人の仏法の「本尊」は、従《じゅう》来《らい》の仏法の本尊と根本的《こんぽんてき》に異《こと》なる。

「文字」は不思議《ふしぎ》である。文字の力《ちから》は偉大《いだい》である。

たとえば、人の名前がある。サインをする。その文字には、一応《いちおう》、その人の人格《じんかく》、立場、力、心《しん》身《しん》、歴史《れきし》、因果《いんが》、そうしたすべてが含《ふく》まれている。

それと同様に、南無妙法蓮華経の題目には、宇《う》宙《ちゅう》の森羅万象《しんらばんしょう》がすべて含《ふく》まれている。「起《き》は是《こ》れ法性《ほっしょう》の起・滅《めつ》は是れ法性の滅」(天台大師『摩訶止観』、御書一三三七ジペー)といわれるように、一切の現象《げんしょう》は妙法の表れである。

御本尊には、変転《へんてん》する大宇宙《だいうちゅう》(諸法《しょほう》)の実相《じっそう》、ありのままの姿《すがた》が完璧《かんぺき》に示《しめ》されている。この宇宙の実相とは、私ども小宇宙の場合もまったく同じである。これらは御書に仰《おお》せのとおりである。

また御本尊は、御本仏の御境涯《ごきょうがい》を示されたものであることは言うまでもない。

この意味で、大聖人の御本尊こそ、文字どおり、全人類《ぜんじんるい》が「尊敬《そんけい》」すべき宇宙《うちゅう》の「根本《こんぽん》」であり、真実の「本尊」であられる。

宇宙《うちゅう》には、善《ぜん》の力《ちから》も悪の作用もある。御本尊には、仏界《ぶっかい》の代表である釈迦如来《しゃかにょらい》、多宝《たほう》如来から、地獄界《じごくかい》の代表である提婆達多《だいばだった》まで、十界《じっかい》の代表がすべてお認《したた》めである。

そして、こうした宇宙《うちゅう》の「善《ぜん》」の力《ちから》・作用の代表も、「悪」の力・作用の代表も、少しももれなく南無妙法蓮華経の光明に照《て》らされて、「本有《ほんぬ》の尊形《そんぎょう》」すなわち、本来ありのままの尊《とうと》い姿《すがた》となって働《はたら》くと説《と》かれている。「本有の尊形」となるゆえに「本尊」というのである（御書一二四三ページ、趣意）。

すなわち、御本尊に勤行・唱題する時、私どもの生命の善悪《ぜんあく》の力《ちから》も、すべて「本有《ほんぬ》の尊形《そんぎょう》」としての働《はたら》きを始める。

「地獄界《じごくかい》」の苦しみの生命も、「餓鬼界《がきかい》」のつねにハングリーで悩《なや》んでいる生命も、「修羅界《しゅらかい》」のゆがんだ怒《いか》りの生命も、すべて自分自身の幸福と価値《かち》を創《つく》る方向に働《はたら》いていく。不幸《ふこう》へと引きずる生命が、妙法を根本にすると、反対の善《ぜん》の方向へ力《ちから》を向けていくのである。それは苦しみという薪《たきぎ》を燃料《ねんりょう》として、歓喜《かんき》と智慧《ちえ》と慈悲《じひ》の炎《ほのお》が燃《も》え上《あ》がっていくようなものである。その火をつけるのが妙法であり、信心である。

まして仏界《ぶっかい》・菩薩界《ぼさつかい》・梵天《ぼんてん》・帝釈等《たいしゃくとう》の「善《ぜん》」の生命は、唱題によってその輝《かがや》きを増《ま》し、どんどん威光勢力《いこうせいりょく》を広げていく。わが小宇宙《しょううちゅう》の中の大日天《だいにってん》も大月天《だいがってん》も、燦然《さんぜん》と大光《たいこう》を放って、生命の闇《やみ》を晴らす。

善《ぜん》も悪も、十界三千《じっかいさんぜん》のすべての働《はたら》きが、一体となってフル回転し、「幸福」へ、「常楽我浄《じょうらくがじょう》」の人生へと、私どもの生命を運んでいくのである。

人生、当然《とうぜん》、病気になる場合もある。しかし、その病気は、妙法の法理《ほうり》によって「本有《ほんぬ》の病《やまい》」と見つめられるようになる。すなわち病気に左右されて、人生を苦しみ懊悩《おうのう》していくようなことは決してない。

三世永遠《さんぜえいえん》の生命から見たならば、根本的《こんぽんてき》に、絶《ぜっ》対的幸福《たいてきこうふく》という〝大我《たいが》〟は、厳然《げんぜん》と確立《かくりつ》されていくのである。

そして人生・生活のうえの行きづまりも、必《かなら》ず打開し、次のより広々とした境涯《きょうがい》への飛躍台《ひやくだい》となる。

「生」も楽しい。また「死」も安らかで、次の楽しき「生」への荘厳《そうごん》な旅立ちとなっていく。

冬になれば、樹木《じゅもく》が花も葉も落とした姿《すがた》に、いったんはなる。しかし春とともに若葉《わかば》を芽《め》ぐみ、伸《の》ばす生命力をもっている。そうした様子にも似《に》て、またそれ以上《いじょう》に、苦痛《くつう》もなく、すぐに始まる次の使命の人生への〝生命の勢《いきお》い〟をもっての死である。

3-2 わが胸中《きょうちゅう》の御本尊を開く

ここでは、御本尊の功力《くりき》を涌現《ゆげん》させる深義《じんぎ》が示《しめ》されています。御本尊に顕《あらわ》された無量《むりょう》の生命力も無限《むげん》の智慧《ちえ》も、私たち自身の内に具《そな》わっており、信心によって、それを自在《じざい》に現《あらわ》していくことができるのです。

池田先生の指針

「各部代表懇談会」（一九九三年四月三日、東京）

どんな宗教《しゅうきょう》も「本尊」がいちばん大切である。

それでは、日蓮大聖人の仏法における「本尊」の本義《ほんぎ》はどこにあるのか。

大聖人御自身が、こう仰《おお》せである。

「此《こ》の御本尊全《ごほんぞんまった》く余所《よそ》に求《もとむ》る事《こと》なかれ・只我《ただわ》れ等衆生《らしゅじょう》の法華経《ほけきょう》を持《たも》ちて南無妙法蓮華経と唱《とな》うる胸中《きょうちゅう》の肉団《にくだん》におはしますなり」（御書一二四四ページ）

――この御本尊は、まったく、よそに求《もと》めてはならない。ただ、われわれ衆生が、法華経を持って南無妙法蓮華経と唱える胸中の肉団にいらっしゃるのである――。

この御文を拝《はい》して、戸田先生は、このように講《こう》義《ぎ》された。（一九五六年三月六日、「日女御前御返事」講義。『戸田城聖全集』第六巻）

「大御本尊様は向こうにあると思って拝《おが》んでおりますが、じつはあの三大秘法《さんだいひほう》の御本尊様を、即《そく》南無妙法蓮華経と唱《とな》え、信《しん》じたてまつるところのわれらの命のなかにお住みになっていらっしゃるのです。これはありがたい仰《おお》せです。

この信心をしない者は、仏性《ぶっしょう》がかすかにあるようにみえてひとつも働《はたら》かない、理即《りそく》（＝理の上では仏《ほとけ》であるが、仏法に無知《むち》な迷《まよ》いの位《くらい》）の凡夫《ぼんぷ》です。われわれは御本尊を拝《おが》んだのですから、名字即《みょうじそく》の位（＝教えの言葉〈名字〉を聞いて、我《わ》が身がもともと仏であることを知る位）です。名字即の位になりますと、もうこのなかに赫々《かっかく》として御本尊様が光っているのです。

ただし光り方は信心の厚薄《こうはく》による。電球と同じです。大きい電球は光るし、小さい電球はうすい。さらにこの電球の例でいえば、信心しない者は電球が線につながっていないようなもので、われわれは信心したから大御本尊という電灯《でんとう》がついている。ですから、われわれの命はこうこうと輝《かがや》いている」

信心が強いかどうかである。信心が強ければ、自分自身が功徳聚《くどくじゅ》（功徳の集まり）となっていく。大聖人は御本尊のことを「功徳聚」と仰《おお》せである。そして「此《こ》の御本尊も只信心《ただしんじん》の二字にをさまれり」（御書一二四四ジペー）――この御本尊も、ただ信心の二字に収《おさ》まっているのである――と。

ゆえに信心強き人は、絶対《ぜったい》に行きづまらない。何が起ころうと、すべてを功徳《くどく》に変《か》えていける。幸福に変えていける。

もちろん長い人生には、さまざまなことがある。悩《なや》み、苦しみがある。しかし、それらを全部、自分自身の境涯《きょうがい》を開く糧《かて》とできる。その意味で、信仰者《しんこうしゃ》にとって、根底《こんてい》は、一切が功徳《くどく》であり、幸福なのである。信心強き人に、「不幸《ふこう》」の二字はない。

日寛上人（一六六五年―一七二六年）は「観心本《かんじんのほん》尊抄文段《ぞんしょうもんだん》」の末尾《まつび》に、こう述《の》べられている。

「我等《われら》この本尊を信受《しんじゅ》し、南無妙法蓮華経と唱《とな》え奉《たてまつ》れば、我《わ》が身即《みすなわ》ち一念三千《いちねんさんぜん》の本尊、蓮祖聖人《れんそしょうにん》なり。『幼稚《ようち》の頸《くび》に懸《か》けさしめ』の意、正《まさ》しく此《ここ》に在《あ》り。故《ゆえ》に唯仏力《ただぶつりき》・法力《ほうりき》を仰《あお》ぎ、応《まさ》に信力《しんりき》・行《ぎょう》力《りき》を励《はげ》むべし。一生空《いっしょうむな》しく過《すご》して万劫悔《ばんこうく》ゆることなかれ」――われらがこの本尊を信受して、南無妙法蓮華経と唱えていくならば、わが身が、そのまま一念三千の本尊であり、蓮祖聖人（日蓮大聖人）なのである。「（仏法に無知《むち》な末法《まっぽう》の）幼稚の頸に懸けさしめ」との（観心本尊抄《かんじんのほんぞんしょう》の）御文の元意《がんい》は、まさにここにある。ゆえに、ただ仏力・法力を仰いで、信力・行力を励むべきである。一生を空しく過《す》ごして、永遠《えいえん》の悔いを残《のこ》してはならない――。

御本尊への「信心」によって、わが身が即《そく》「本尊」と顕《あらわ》れ、「蓮祖聖人《れんそしょうにん》」と顕れると明言《めいげん》しておられる。そうなれるために、大聖人は御本尊を顕してくださったのである。ここに、大聖人の仏法の極理《ごくり》がある。

信心によって、わが胸中《きょうちゅう》の御本尊を開くのである。ダイヤモンドのごとき仏《ほとけ》の生命を開き、輝《かがや》かせるのである。

本来、無量《むりょう》の生命力は、自身の内部にある。無《む》限《げん》の智慧《ちえ》の泉《いずみ》は、わが胸中《きょうちゅう》にある。それを、自在《じざい》に涌現《ゆげん》できるのが「信心」である。

戸田先生は、よく言われていた。「自分の中にあるものが出てくるのだよ。無《な》いものは出てこないぞ」と。

強く清浄《せいじょう》な仏《ほとけ》の境涯《きょうがい》も、弱く醜《みにく》い地獄《じごく》・餓鬼《がき》・畜生等《ちくしょうとう》の生命も、全部、わが生命にある。縁《えん》に触《ふ》れて現《あらわ》れてくる。

また、生命は三世《さんぜ》にわたるゆえに、過去《かこ》の宿業《しゅくごう》が、大きな悩《なや》みとして現《あらわ》れ出《で》てくる場合もある。しかし、「苦悩《くのう》」の因《いん》が「自分の中に」あるのと同じく、それをそのまま「幸福」へと転換《てんかん》しゆく力《ちから》も「自分の中に」ある。これが仏界《ぶっかい》の力である。

結局《けっきょく》、人間とは、どこまでいっても、戸田先生が言われたように、「自分の中にあるものが出てきた」ものである。それ以上《いじょう》でも、以下《いか》でもない。

だからこそ、わが生命の大地を耕《たがや》し、深く豊《ゆた》かに幸福の根を張《は》らねばならない。「胸中《きょうちゅう》の御本尊」を開き、何ものにも揺《ゆ》るがぬ大樹《たいじゅ》の自分をつくらねばならない。

それが、境涯《きょうがい》のうえでは優《すぐ》れた人間性《にんげんせい》や立派《りっぱ》な振《ふ》る舞《ま》いとなって表れ、生活のうえでは功徳《くどく》・福運となって現《あらわ》れるのである。

ゆえに大切なことは、「信心」があるか、ないかである。大聖人の「ただ心《こころ》こそ大切《たいせつ》なれ」（御書一一九二ジペー）との仰《おお》せを、絶対《ぜったい》におろそかにしてはならない。

形式ではない。地位《ちい》でも財産《ざいさん》でもない。「信心」ある人こそが、真の「幸福」の人である。

3-3 御本尊は信心の二字に

御本尊の相貌《そうみょう》の深義《じんぎ》に触《ふ》れ、仏教史《ぶっきょうし》を画《かく》する御本尊の重要性《じゅうようせい》を強調《きょうちょう》するとともに、御本尊を持《たも》っていても信心がなければその功力《くりき》を現《あらわ》すことができないという大切《たいせつ》な点を明快《めいかい》に述《の》べています。

池田先生の指針

『勝利の経典「御書」に学ぶ』

人類《じんるい》を救《すく》うための御本尊です。末法万年《まっぽうまんねん》、未来《みらい》永遠《えいえん》にわたって、一切衆生《いっさいしゅじょう》を必《かなら》ず幸福にするための御本尊です。

すべての人を自分と等しい仏《ほとけ》にしていく――それが釈尊《しゃくそん》の誓《ちか》いであり、三世諸仏《さんぜしょぶつ》の願《ねが》いにほかなりません。その仏意《ぶつい》を実現《じつげん》するための御本尊を初《はじ》めて大曼荼羅《だいまんだら》として顕《あらわ》されたのが日蓮大聖人です。

大聖人は、この御本尊は「是全《これまった》く日蓮が自作《じさく》にあらず」（御書一二四三㌻）――大聖人が自分勝手《じぶんかって》に作ったものではないと御断言《ごだんげん》です。

多宝如来《たほうにょらい》の宝塔《ほうとう》の中の釈尊《しゃくそん》ならびに一切《いっさい》の分身《ふんじん》の諸仏《しょぶつ》が、覚知《かくち》して成仏《じょうぶつ》した法《ほう》である妙法蓮華経の五字をそっくりそのまま顕《あらわ》した御本尊であるとの仰《おお》せです。すなわち、法華経の虚空会《こくうえ》で示《しめ》された諸法実相《しょほうじっそう》・十界互具《じっかいごぐ》・一念三千《いちねんさんぜん》の意義《いぎ》がそのまま顕された本尊であるということです。

御本尊の相貌《そうみょう》を拝《はい》すれば、中央には「首題《しゅだい》の五字」すなわち南無妙法蓮華経が認《したた》められ、そして十界《じっかい》のあらゆる衆生《しゅじょう》が列座《れつざ》しています。これはまさに、「諸《もろもろ》の大衆《だいしゅ》を接《せっ》して、皆虚空《みなこくう》に在《お》きたまう」（宝塔品《ほうとうほん》、法華経三八六㌻）との経文《きょうもん》の如《ごと》く、仏《ぶつ》・菩薩《ぼさつ》をはじめ十界すべての衆生が「一人もれず」、御本尊の中に納《おさ》まっている姿《すがた》です。

大聖人の顕《あらわ》された御本尊は、十界の衆生のすべてが妙法の光明《こうみょう》に照《て》らされて「本有《ほんぬ》の尊形《そんぎょう》」となる、十界具足《ぐそく》の御本尊なのです。

わが生命に具《そな》わる十界《じっかい》のすべての働《はたら》きが、仏界《ぶっかい》の智慧《ちえ》と慈悲《じひ》の光に包《つつ》まれて、極善《ごくぜん》の力《ちから》を発揮《はっき》し価値創造《かちそうぞう》していくのです。

それはまた、個性豊《こせいゆた》かな一人一人が妙法の当体《とうたい》としての輝《かがや》きを放《はな》ち、誰《だれ》もが、「生命本来《ほんらい》の有《あ》りのままの尊《とうと》い姿《すがた》」を現《あらわ》せるようになるということです。

したがって、いかなる境遇《きょうぐう》であれ、宿命転換《しゅくめいてんかん》の途上《とじょう》であれ、すべての人が「本有《ほんぬ》の尊形《そんぎょう》」として輝《かがや》いていけるのです。

例えば、地獄《じごく》も「仏界所具《ぶっかいしょぐ》の地獄」となります。同じく苦悩《くのう》といっても、闇《やみ》から闇へ落《お》ち込《こ》んでいくような苦悩では断《だん》じてない。困難《こんなん》な現実《げんじつ》に真《ま》っ向《こう》から立ち向かう勇気《ゆうき》が出て、自身と環境《かんきょう》の頑固《がんこ》な壁《かべ》をも乗《の》り越《こ》える智慧《ちえ》が発揮《はっき》され、新たな飛翔《ひしょう》をする強靱《きょうじん》な生命力がふつふつと湧《わ》き上《あ》がる。苦悩は、自身の変革《へんかく》と発展《はってん》のための試練《しれん》であり、飛《ひ》躍《やく》のためのものとなるのです。妙法の光明《こうみょう》に照《て》らされれば、地獄の中にあっても尊極《そんごく》な妙法の生命が発動《はつどう》する。地獄の苦悩の意味が百八十度転換《てんかん》するのです。

いかなる生命も本有《ほんぬ》の十界互具《じっかいごぐ》・一念三千《いちねんさんぜん》の当《とう》体《たい》です。本来《ほんらい》、削《けず》るべき無駄《むだ》も、何か付《つ》け加《くわ》えるべき不足《ふそく》もない。喜怒哀楽《きどあいらく》のない人生はありませんし、生老病死《しょうろうびょうし》という生命本然《ほんねん》の苦悩《くのう》も、どんなに忌《い》み嫌《きら》ったところで避《さ》けるわけにはいきません。

十界具足《じっかいぐそく》が生命の本来《ほんらい》の姿《すがた》であり、十界のいずれも皆《みな》、妙法の姿です。尊極《そんごく》な妙法の生命を引き出し確立《かくりつ》するための御本尊であり、引き出すための信心です。

まさに、御本尊の相貌《そうみょう》は、法華経の諸法実相《しょほうじっそう》の法理《ほうり》に基《もと》づくものであり、凡夫《ぼんぷ》がそのままの姿《すがた》にして、仏《ほとけ》の偉大《いだい》な生命を開き顕《あらわ》せることを教えられています。

このような御本尊は、それまでの仏教《ぶっきょう》には見られませんでした。荘厳《そうごん》な仏《ほとけ》や菩薩《ぼさつ》が刻《きざ》まれたり描《えが》かれることはあっても、凡夫成仏《ぼんぷじょうぶつ》を実現《じつげん》する十界《じっかい》互具《ごぐ》の曼荼羅《まんだら》はありません。万人《ばんにん》を「本有《ほんぬ》の尊《そん》形《ぎょう》」と照《て》らし出す御本尊、すなわち「全民衆《ぜんみんしゅう》のための御本尊」を、大聖人が初めて顕《あらわ》されたのです。まさに、「人間のための宗教《しゅうきょう》」の世界を示《しめ》された「未曾有《みぞう》の大曼荼羅」にほかなりません。

当時も、否《いな》、現在《げんざい》においても、次のような考え方が根強《ねづよ》くあります。〝現実《げんじつ》の人間は、つまらない卑小《ひしょう》な存在《そんざい》だ。これに対し、究極《きゅうきょく》の実在《じつざい》、永遠《えいえん》の価値《かち》は自分の外《そと》にある、どこか遠くにある〟と。こうした思考《しこう》と、外なる世界に存在する超越的《ちょうえつてき》な力《ちから》にすがる信仰《しんこう》とは、いわば地続《じつづ》きのものです。

日蓮仏法は、この固定観念《こていかんねん》を打《う》ち破《やぶ》ります。今ここで生きている凡夫《ぼんぷ》の身に即《そく》して、永遠《えいえん》にして究極《きゅうきょく》の法《ほう》が顕《あらわ》れるという生命の真実《しんじつ》を見るのです。

そもそも「ブッダ」とは「目覚《めざ》めた人」という意味《いみ》でした。何に目覚めたのでしょうか。それは、自身が本当に依《よ》りどころとすべきもの、すなわち法《ほう》と、真実《しんじつ》の自己《じこ》です。無明《むみょう》に覆《おお》われて気づかなかった、森羅万象《しんらばんしょう》のあらゆる存在《そんざい》に普遍《ふへん》の法と、そして、その法とともにある自己自身の偉大《いだい》さに目覚めたのです。

大聖人は「観心《かんじん》の本尊」と仰《おお》せです。観心すなわち己心《こしん》の仏界《ぶっかい》を観じ、覚知《かくち》するための御本尊です。しかし、その観心とは、いわゆる観念観法《かんねんかんぽう》の修行《しゅぎょう》によるのではありません。どこまでも「信心」が根本となります。「観心の本尊」とは「信心の本尊」なのです。

強盛《ごうじょう》な信心があるところ、その生命に御本尊は涌現《ゆげん》されます。反対に、信心がなければ、どんなに御本尊を持《たも》っていても功徳《くどく》はない。信心によって、「功徳聚《くどくじゅ》」たる御本尊が胸中《きょうちゅう》に顕《あらわ》れるのです。

したがって、わが信心が壊《こわ》れない限《かぎ》り、功徳聚がなくなることはありません。もし万が一、事故《じこ》や災害《さいがい》等で御本尊を失《うしな》っても、信心さえあれば、胸中の御本尊は常住《じょうじゅう》です。また、いくらでも功力《くりき》を現《あらわ》し起こしていくことができるのです。

御本尊の功徳力《くどくりき》は、私たちが信心を起こした時にはじめて現《あらわ》れます。まさに、御本尊は、私たちの「信心の二字」に納《おさ》まっているのです。

3-4 御本尊の相貌《そうみょう》と力用《りきゆう》

御書や法華経に基《もと》づきながら、御本尊の意義《いぎ》や相貌《そうみょう》について論じています。

『御書の世界』

池田先生の指針

日蓮大聖人は、御本尊を「法華弘通《ほっけぐつう》のはたじるし」として認《したた》められたと仰《おお》せられている。「広宣流布のための御本尊」ということです。

「日女御前御返事《にちにょごぜんごへんじ》（御本尊相貌抄《そうみょうしょう》）」には、「爰《ここ》に日蓮いかなる不思議《ふしぎ》にてや候《そうろう》らん竜樹天親等《りゅうじゅてんじんとう》・天《てん》台妙楽等《だいみょうらくとう》だにも顕《あらわ》し給《たま》はざる大曼荼羅《だいまんだら》を・末法《まっぽう》二百余年《よねん》の比《ころ》はじめて法華弘通《ほっけぐつう》のはたじるし《旌》として顕《あらわ》し奉《たてまつ》るなり」（御書一二四三ジ゙ー）――ここに、日蓮はいかなる不思議であろうか、竜樹・天親等、天台・妙楽等すらも顕すことのなかった大曼荼羅を、末法に入って二百年あまりのころに、初めて法華経弘通の旗印《はたじるし》として顕したのである――と仰《おお》せです。

日蓮大聖人が、末法《まっぽう》の民衆《みんしゅう》の救済《きゅうさい》のために、大《だい》難《なん》を忍《しの》ばれ顕《あらわ》された「広宣流布のための御本尊」を、大聖人の御精神《ごせいしん》のままに弘通《ぐつう》してきたのが、創価学会です。

大聖人が御本尊の相貌《そうみょう》として用《もち》いられたのは、「寿量品《じゅりょうほん》が説《と》かれた時の虚空会《こくうえ》の儀式《ぎしき》」です。寿量品では、仏《ほとけ》の永遠性《えいえんせい》（本果妙《ほんがみょう》）、衆生《しゅじょう》の永遠性（本因妙《ほんいんみょう》）、国土《こくど》の永遠性（本国土妙《ほんこくどみょう》）という三つの次元《じげん》から妙法の永遠性が明かされます。この寿量品の三妙合論《さんみょうごうろん》によって、虚空会の意義《いぎ》が明らかになります。すなわち、仏も衆生も国土も永遠の妙法の当体《とうたい》であることを象徴《しょうちょう》しているのが、虚空会なのです。

いわば、宇宙全体《うちゅうぜんたい》が永遠《えいえん》の妙法《みょうほう》に貫《つらぬ》かれている。その永遠の妙法を大聖人は南無妙法蓮華経として顕《あらわ》されたのです。

「観心本尊抄《かんじんのほんぞんしょう》」では、御本尊の相貌《そうみょう》について具体《ぐたい》的《てき》に言及《げんきゅう》されている。

（「その本尊のありさまは、本師《ほんし》である久遠《くおん》の本仏《ほんぶつ》が住《じゅう》する娑婆世界《しゃばせかい》の上に宝塔《ほうとう》が空《そら》にかかり、その宝塔の中の妙法蓮華経の左右《さゆう》に釈迦牟尼仏《しゃかむにぶつ》と多宝仏《たほうぶつ》が並《なら》び、その釈尊《しゃくそん》の脇士《きょうじ》として上行等《じょうぎょうとう》の四菩薩《しぼさつ》がおり、さらに文殊《もんじゅ》・弥勒《みろく》らの大菩薩は四菩薩の眷属《けんぞく》として末座《まつざ》に控《ひか》え、迹化《しゃっけ》・他方《たほう》の大小《だいしょう》の諸菩薩は、万民《ばんみん》が大地《だいち》にいて雲閣《うんかく》・月卿《げっけい》〈＝貴族《きぞく》のこと〉を仰《あお》ぎ見るようである。

十方《じっぽう》の諸仏《しょぶつ》は大地の上にいる。それは、迹仏《しゃくぶつ》・迹土《しゃくど》であることを表《あらわ》しているからである」〈御書二四七㌻、通解〉)

御本尊の相貌《そうみょう》は宝塔《ほうとう》である南無妙法蓮華経を中央の軸《じく》として、重層的《じゅうそうてき》な構造《こうぞう》となっています。中央の「南無妙法蓮華経」は、根源《こんげん》の真理《しんり》を示《しめ》すものです。言うなれば、生命宇宙《うちゅう》の中心軸《ちゅうしんじく》なので、虚空会《こくうえ》の中心に屹立《きつりつ》する宝塔《ほうとう》で示されている。

その左右《さゆう》に、釈迦仏《しゃかぶつ》と多宝如来《たほうにょらい》がいる。これらは、妙法蓮華経の働《はたら》きを示す仏《ほとけ》です。多宝如来は、過去仏であり、永遠《えいえん》の真理を表す。智慧《ちえ》の対《たい》境《きょう》(対象《たいしょう》)としての法《ほう》を示しています。釈尊《しゃくそん》は、現在仏《げんざいぶつ》です。法を現実《げんじつ》に悟《さと》る智慧を表している。まさに南無妙法蓮華経の二つの側面《そくめん》です。二仏並《にぶつびょう》坐《ざ》とは、真理と智慧の一致《いっち》、境智冥合《きょうちみょうごう》を示すものです。

大事な点は、釈迦《しゃか》・多宝《たほう》を本尊とするのではない、ということです。釈迦・多宝も南無妙法蓮華経によって成仏《じょうぶつ》したのです。どこまでも、成仏の根源《こんげん》の法《ほう》である南無妙法蓮華経を本尊とするのです。そのことは、御本尊の相貌《そうみょう》で、南無妙法蓮華経が中央《ちゅうおう》に大きく認《したた》められ、その左右《さゆう》に釈迦・多宝が位置《いち》していることにも明らかです。

南無妙法蓮華経を悟《さと》った仏《ほとけ》は、必《かなら》ず万人《ばんにん》を救《すく》う菩薩行《ぼさつぎょう》を起こします。

その菩薩行《ぼさつぎょう》の面を示《しめ》すのが四菩薩です。上行《じょうぎょう》、無辺行《むへんぎょう》、浄行《じょうぎょう》、安立行《あんりゅうぎょう》と、すべて「行」という名がついているのは、悟りの智慧《ちえ》を発揮《はっき》して現実《げんじつ》に行動を展開《てんかい》するからです。それは、妙法蓮華経と一体《いったい》になった無限《むげん》の生命力《せいめいりょく》に基《もと》づく「最高《さいこう》の行動」「無限の行動」「清《きよ》らかな行動」「ゆるぎない行動」と言えるでしょう。〝永遠《えいえん》に（常《じょう》）確固《かっこ》として（我《が》）清浄《しょうじょう》で（浄《じょう》）幸福な（楽《らく》）境涯《きょうがい》を示すもの〟と言えるでしょう。地涌《じゆ》の菩薩は、生命本《ほん》有《ぬ》の力《ちから》を発揮し、全衆生《ぜんしゅじょう》、全世界を守り救《すく》っていくのです。

その他の迹化《しゃっけ》・他方《たほう》の大小《だいしょう》の菩薩《ぼさつ》は、虚空《こくう》ではなく地上《ちじょう》にいると仰《おお》せです。これは、利他《りた》の種々《しゅじゅ》の実践《じっせん》を意味しているのではないか。一人一人の現実《げんじつ》に即《そく》して何としてでも皆《みな》を救《すく》おうとする、さまざまな具体的《ぐたいてき》行動であると言えます。

これらの菩薩《ぼさつ》は無数《むすう》です。あまりに多いので御本尊に文字としてすべてを顕《あらわ》されてはいませんが、その功徳《くどく》は厳然《げんぜん》と具《そな》わっていることは明らかです。

宝塔《ほうとう》の妙法のもとに参集《さんしゅう》した、十界《じっかい》の衆生《しゅじょう》のすべてが、妙法の働《はたら》きの一分《いちぶん》、一分を担《にな》っているのです。妙法の光明《こうみょう》に照《て》らされて、妙法の当体《とうたい》としての自身を顕《あらわ》し、「本有《ほんぬ》の尊形《そんぎょう》」を示《しめ》しているのです。それぞれが個性《こせい》を発揮《はっき》し、妙法の豊《ゆた》かさを表《あらわ》している。これが「自体顕照《じたいけんしょう》」（＝妙法によって、それぞれの生命の働き、使命を発揮していくこと）です。

太陽の光は、プリズムを通ると、赤から紫《むらさき》まで連続《れんぞく》した多くの色《いろ》に分かれます。「太陽の光」は全体、「それぞれの色」は光が分かれてできた部分、部分です。太陽の光には無数《むすう》の色が具《そな》わっています。種々《しゅじゅ》の色を含《ふく》むからこそ、ものを照《て》らした時、それぞれのものがその一部を吸収《きゅうしゅう》したり反射《はんしゃ》したりして、さまざまな色合《いろあ》いを見せます。

妙法は「能生《のうしょう》の根源《こんげん》」です。万物《ばんぶつ》を生み出す源《みなもと》です。すべてが含《ふく》まれている。すべてを含む妙法の陽光《ようこう》で照《て》らすゆえに、あらゆるものが個性豊《こせいゆた》かに輝《かがや》くのです。

大聖人は「妙《みょう》の三義《さんぎ》」を説《と》かれた。すなわち、妙とは「開《ひら》く義《ぎ》」であり、「具足《ぐそく》・円満《えんまん》の義」であり、「蘇生《そせい》の義」です。当然《とうぜん》のことながら、御本尊の功力《くりき》には、この三義が具《そな》わっています。

御本尊には、万人《ばんにん》の仏性《ぶっしょう》を開く力《ちから》があります。御本尊には、あらゆる功徳《くどく》を具《そな》え、あらゆる機根《きこん》を包摂《ほうせつ》する力があります。御本尊には、いかなる悪業《あくごう》や悲惨《ひさん》をも救済《きゅうさい》しゆく蘇生《そせい》の力があります。要《よう》するに、御本尊には一切《いっさい》を生かしていく力がある。「活《かつ》の法門《ほうもん》」です。

虚空会《こくうえ》は「時空《じくう》を超《こ》えた世界」です。歴史的《れきしてき》な特定《とくてい》の時・場所ではない。だからこそ、「いつでも、どこでも」虚空会につながることができるのです。虚空会の儀式《ぎしき》を用《もち》いて顕《あらわ》した御本尊を拝《はい》することによって、私どもは、「いま」永遠《えいえん》なる宇《う》宙《ちゅう》生命と一体《いったい》になり、「ここで」全宇宙を見わたす境涯《きょうがい》が開けるのです。

日々の勤行《ごんぎょう》・唱題《しょうだい》によって、「いま・ここ」で永遠《えいえん》なる虚空会《こくうえ》の儀式《ぎしき》に連《つら》なることができる。わが身《み》に、わが生活に、わが人生に、宝塔《ほうとう》を光らせていける。これが御本尊のすばらしさです。壮大《そうだい》な生命のコスモス（調和的秩序《ちょうわてきちつじょ》）が開《ひら》かれ、現実《げんじつ》が価値創造《かちそうぞう》の世界と現《あらわ》れるのです。

3-5 御本尊は生命の真実を映《うつ》す鏡《かがみ》

御本尊は生命を映《うつ》す鏡《かがみ》であり、御本尊に向かって南無妙法蓮華経と唱《とな》えることで生命を磨くことができると語っています。

池田先生の指針

「アメリカSGI婦人部研修会」

（一九九〇年二月二十七日、アメリカ）

本日は、〝鏡《かがみ》〟をとおして、「信心」の重要《じゅうよう》な在《あ》り方《かた》を語っておきたい。

「鏡」には、仏法上、じつに多くの意義《いぎ》があり、多くの譬《たと》えにも使われている。ここでは、とくに私どもの信心に約《やく》して、簡潔《かんけつ》にふれておきたい。

御書には、こう記されている。

「銅鏡等《どうきょうとう》は人の形《かたち》をばうかぶれども・いまだ心《こころ》をばうかべず、法華経《ほけきょう》は人の形を浮《うか》ぶるのみならず・心をも浮べ給《たま》へり、心を浮《浮》ぶるのみならず・先業《せんごう》をも未来《みらい》をも鑒《かんが》み給《たも》う事《こと》くもり《曇》なし」（一五二一ジペー）

――銅鏡等《どうきょうとう》は人の形を映《うつ》しても、心は映さない。法華経は人の姿《すがた》（色法《しきほう》）のみならず、心（心《しん》法《ぽう》）も映しだす。心のみではない。過去《かこ》の業因《ごういん》をも未来《みらい》をも、くもりなく映しだす――

鏡《かがみ》は、目に見える顔や姿《すがた》を映《うつ》す。仏法の鏡は、見えない生命をも映しだす。

鏡《かがみ》は、反射《はんしゃ》の法則《ほうそく》など光の法則を応用《おうよう》して、姿《すがた》が映《うつ》るように工夫《くふう》した、人間の知恵《ちえ》の成果《せいか》である。

御本尊は「宇宙《うちゅう》」と「生命」の法則《ほうそく》に基《もと》づいて、〝汝自身《なんじ》〟の実相《じっそう》を見つめ、成仏《じょうぶつ》できるようにした、仏《ほとけ》の「智慧《ちえ》」の究極《きゅうきょく》であられる。

顔《かお》かたちを整えるには、鏡《かがみ》が不可欠《ふかけつ》なように、自分を見つめ、人生を見つめて、より美しく、より幸福な生活としていくには、〝生命を映《うつ》す鏡〟が必要《ひつよう》になってくる。

「一生成仏抄《いっしょうじょうぶつしょう》」には「闇鏡《あんきょう》も磨《みが》きぬれば玉《たま》と見《み》ゆるが如《ごと》し、只今《ただいま》も一念無明《いちねんむみょう》の迷心《めいしん》は磨かざる鏡《かがみ》なり是《これ》を磨かば必《かなら》ず法性真如《ほっしょうしんにょ》の明鏡《みょうきょう》と成《な》るべし」（御書三八四ページ）と。

――ぼんやりと曇《くも》った鏡《かがみ》も、磨《みが》けば玉のように輝《かがや》くようなもので、迷《まよ》いの生命も磨かない鏡であり、これを磨けば、必《かなら》ず妙法の光をたたえた明鏡《みょうきょう》となる――

いかなる人の生命も、本来は、光り輝《かがや》く明鏡《みょうきょう》なのである。

違《ちが》いは、その明鏡《みょうきょう》を磨《みが》いているかどうかである。磨けば仏《ほとけ》、曇《くも》れば迷《まよ》いの凡夫《ぼんぷ》である。妙法を唱《とな》えることが、生命を磨くことであり、私どもはみずからもこれを実践《じっせん》している。のみならず、他の人にも妙法を教えて、その「生命の鏡《かがみ》」を輝《かがや》かすよう努力《どりょく》している。その意味では、私どもは生命の鏡磨師《かがみとぎし》の立場ともいえよう。

しかし人間は、顔を磨《みが》いても、生命はなかなか磨かない。顔のシミは気にしても、魂《たましい》のシミは気にしないものである（笑い）。

イギリスの作家、オスカー・ワイルドの作品に、小説『ドリアン・グレイの画像』（西村孝次訳、岩波文庫）がある。

小説のストーリーを簡単《かんたん》に紹介《しょうかい》すると――美貌《びぼう》

の青年ドリアン・グレイは、その美しさから「輝《かがや》ける青春」とあだ名されている。

ある画家がその美を永遠《えいえん》に残《のこ》そうと、彼《かれ》の肖像《しょうぞう》画《が》を描《えが》いた。見事な出来栄《できば》えで、絵のほうも、すばらしい若《わか》さと美しさだった。ところが、不思議《ふしぎ》なことが起こった。

ドリアンは、ある友人の影響《えいきょう》で、しだいに快楽《かいらく》と悪行《あくぎょう》の道に分け入る。背徳《はいとく》の生活。しかし彼《かれ》の美しさは変《か》わらない。輝《かがや》くばかりに晴れやかである。何年たっても若《わか》さも衰《おとろ》えない。一方、肖像《しょうぞう》画《が》のほうが、彼のすさんだ生活そのままに、少しずつ醜《みにく》く変わっていった。

とうとうドリアンは、ある乙女《おとめ》をもてあそび、ついに自殺《じさつ》に追《お》い込《こ》んでしまった。この時、肖像《しょうぞう》画《が》の顔は、見るもおぞましいほど、邪悪《じゃあく》な、残忍《ざんにん》な表情《ひょうじょう》を浮《う》かべていた。


その後も、彼《かれ》の悪行《あくぎょう》が増《ま》すにつれ、肖像《しょうぞう》もいまわしく変《か》わっていった。

ドリアンは恐《おそ》ろしくなった。この〝魂《たましい》の顔〟は、醜《みにく》いまま、永遠《えいえん》に残《のこ》るのである。ドリアンが死んだとしても、その真実を雄弁《ゆうべん》に語り続《つづ》ける。たとえ善人《ぜんにん》になろうとしても意味がない。ドリアンは決意した。この肖像《しょうぞう》を抹殺《まっさつ》しよう！　この絵さえなくなれば、過去《かこ》と決別《けつべつ》できる。自分は自由になれるのだ。彼《かれ》は絵をナイフで突《つ》き刺《さ》した。

悲鳴を聞き、駆《か》けつけた人々が見たのは、若《わか》く美しいドリアンの肖像《しょうぞう》と、その前に倒《たお》れた、老《お》いた、いやらしい容貌《ようぼう》の男（ドリアン）であった。男の胸《むね》にはナイフが刺《さ》さっていた。

――つまり、肖像《しょうぞう》は、彼《かれ》の〝生命の顔〟であり、〝魂《たましい》の顔〟であった。彼の行動の因果《いんが》を、あますところなく刻《きざ》みこんでいたのである。

顔は化粧《けしょう》できても、魂《たましい》の顔はごまかせない。まして因果《いんが》の理法《りほう》は厳然《げんぜん》としている。

仏法では「陰徳陽報《いんとくようほう》」（＝見えない善行《ぜんこう》が、見える幸福の報《むく》いとなって表れる）と説《と》く。仏法の世界には、まったくムダがないし、裏表《うらおもて》があったり、表面を飾《かざ》っても何の意味もない。

善悪《ぜんあく》の因果《いんが》を刻《きざ》んだ〝魂《たましい》の顔〟は、ある程度《ていど》、表面に「相《そう》」として表れる。イギリスには「顔は魂の鏡《かがみ》」という言葉もある。

〝魂《たましい》の顔〟を美しく磨《みが》く――そのためには、顔を鏡《かがみ》に映《うつ》してととのえるように、生命を映す明鏡《みょうきょう》を持たねばならない。それが「観心《かんじん》」の「御本尊」である。

「観心本尊抄《かんじんのほんぞんしょう》」には、「観心」について、「明鏡《みょうきょう》に向《むか》うの時始《ときはじ》めて自具《じぐ》の六根《ろっこん》を見《み》る」（御書二四〇ジペー）――明鏡に向かう時、初《はじ》めて自分の眼《げん》・耳《に》・鼻《び》・舌《ぜつ》・身《しん》、意《い》（心）を見ることができる――と仰《おお》せである。

それと同じく「観心《かんじん》」とは、自分の「心」（生命）に「十界《じっかい》」を、なかんずく「仏界《ぶっかい》」を観《み》ていくことである。そのために、大聖人が人類《じんるい》に与《あた》えられたのが「観心」の「御本尊」である。

日寛上人は「正《まさ》しく本尊を以《もっ》て明鏡《みょうきょう》に譬《たと》うるなり」――この御文はまさに、御本尊を明鏡にたとえている――と述《の》べられている。

「御義口伝《おんぎくでん》」には「妙法蓮華経の五字は万像《まんぞう》を浮《うか》べて一法《いっぽう》も残《のこ》る物之無《ものこれな》し」（御書七二四ジペー）――妙法蓮華経の五字、すなわち御本尊は、宇宙《うちゅう》の一切の現象《げんしょう》を映《うつ》しだし、欠《か》けるものがない――と。

御本尊こそ、宇宙《うちゅう》全体をありのままに映《うつ》しだす明鏡中《みょうきょうちゅう》の明鏡であられる。この御本尊を拝《はい》する時、わが生命の本来の姿《すがた》（実相《じっそう》）を観《み》、仏界《ぶっかい》を涌《ゆ》現《げん》できる。

私どもの信心の一念《いちねん》は、そのまま御本尊に映《うつ》り、大宇宙《だいうちゅう》に反映《はんえい》される。これが一念三千《いちねんさんぜん》の法理《ほうり》である。

佐渡《さど》の門下、阿仏房《あぶつぼう》に対して、大聖人は「多宝《たほう》如来《にょらい》の宝塔《ほうとう》を供養《くよう》し給《たも》うかとおもへば・さにては候《そうら》はず我《わ》が身《み》を供養し給う」（御書一三〇四ジペー）と。

——あなたが、多宝如来《たほうにょらい》の宝塔《ほうとう》、すなわち御本尊を供養《くよう》されているのかと思えば、そうではない。かえってわが身（阿仏房《あぶつぼう》ご自身）を供養されているのである——

御本尊を拝《はい》し、荘厳《そうごん》する信心は、そのまま自分という〝宝塔《ほうとう》〟を飾《かざ》り、荘厳していく。御本尊を拝せば、ただちに、宇宙《うちゅう》の一切の仏菩薩《ぶつぼさつ》が、私どもを守る。謗《ぼう》ずれば、その反対である。

ゆえに、ともかく「心」が大事である。信心の一念《いちねん》は微妙《びみょう》である。

たとえば、勤行や広布の活動で、時には「ああ、いやだな」と思うかもしれない。その心は、そのまま鏡《かがみ》のように大宇宙《だいうちゅう》に映《うつ》しだされる。いってみれば、諸天《しょてん》のほうでも「ああ、いやだな」と思う（笑い）。これでは諸天善神《しょてんぜんじん》の本当の力《ちから》は出ない。

反対に、何事も、「また福運を積《つ》んでいこう」と喜《よろこ》んで行えば、諸天《しょてん》も歓喜《かんき》し、勇《いさ》んで動きだす。どうせ行動するなら、そのほうが得《とく》である。

また「時間のムダではないか」と思う一念《いちねん》で仏道修行《どうしゅぎょう》すれば、その不信《ふしん》や愚痴《ぐち》の心が功徳《くどく》を消してしまう。その結果《けっか》、当然《とうぜん》、功徳が自覚《じかく》できず、「やっぱりムダなんだ」と、変《へん》な〝確信《かくしん》〟を深めたりする（笑い）。悪循環《あくじゅんかん》である。

「本当だろうか」と疑《うたが》いながら信仰しても、その弱い一念《いちねん》が宇宙《うちゅう》の鏡《かがみ》に映《うつ》って、あいまいな結《けっ》果《か》になる。強い確信《かくしん》に立てば、福徳《ふくとく》は無限大《むげんだい》である。

ともあれ、こうした微妙《びみょう》にして厳然《げんぜん》たる信心の「心」を、自分でコントロールしつつ、すがすがしく開いていくことである。そうすれば、わが人生も、境涯《きょうがい》も広々と開ける。一切が功徳《くどく》に満《み》ちた生活になることは間違《まちが》いない。

この〝一念《いちねん》の微妙《びみょう》さ〟を会得《えとく》できるかどうかが、信心の要諦《ようてい》であり、そこに一生成仏《いっしょうじょうぶつ》のカギがあるともいえる。

ロシアのことわざに、「自分の顔が曲がっているのに、鏡《かがみ》を責《せ》めて何になろう」とある（笑い）。映《うつ》った姿《すがた》は自分のものである。それなのに鏡《かがみ》が悪いと怒《おこ》る人がいる（笑い）。それと同じく、人生の幸・不幸《ふこう》はすべて、自身の生命の因果《いんが》の姿が反映《はんえい》した結果《けっか》である。だれのせいでもない。信心の世界においては、なおさらである。

——昔、ある田舎《いなか》に鏡《かがみ》のない村があった。鏡が貴重品《きちょうひん》だったころの話である。

都《みやこ》から帰った夫が、土産《みやげ》に鏡《かがみ》を妻《つま》に渡《わた》した。すると、初《はじ》めて鏡を見た妻は、映《うつ》った女の姿《すがた》に、「これはだれじゃ。さては都の女を連《つ》れて帰ったか」（笑い）と大げんかになった。これは日本の有名な「狂言《きょうげん》」の一つである。

笑《わら》い話《ばなし》ではあるが、現実《げんじつ》に多くの人々は、自分の生命（一念《いちねん》、因果《いんが》）が映《うつ》った影《かげ》にほかならない人生のさまざまな現象《げんしょう》を見て、怒《おこ》ったり、嘆《なげ》いたりしている。「これはだれだろう。私は知らない！」と。

仏法という「生命の鏡《かがみ》」を知らないゆえに、自分をありのままに見つめることができないのである。自分の姿《すがた》を知らなければ、当然《とうぜん》、他の人の人生を正しく導《みちび》くこともできない。社会現象《げんしょう》の本質《ほんしつ》を見抜《みぬ》くこともできない。

3-6 南無妙法蓮華経の深義《じんぎ》

南無妙法蓮華経とは何か。南無妙法蓮華経の唱題行《しょうだいぎょう》には、どのような意義《いぎ》があるのか。日蓮仏法《ぶっぽう》の根本《こんぽん》について説《と》かれた御文を拝《はい》して、教えています。

池田先生の指針

『一生成仏抄講義』

南無妙法蓮華経の唱題行《しょうだいぎょう》には、無量無辺《むりょうむへん》の功徳《くどく》があります。「宇宙根源《うちゅうこんげん》の法《ほう》」である妙法の無限《むげん》の力《ちから》を自《みずか》らの生命に呼《よ》び現《あらわ》す力が、唱題にはあるからです。

日蓮大聖人は、この南無妙法蓮華経の無限《むげん》の功《く》徳力《どくりき》で、全人類《ぜんじんるい》の幸福を築《きず》こうと立ち上がられました。その大聖人の戦《たたか》いの教義的《きょうぎてき》な立脚点《りっきゃくてん》が、「一生成仏抄《いっしょうじょうぶつしょう》」の冒頭《ぼうとう》の一節《いっせつ》に簡潔《かんけつ》に示《しめ》されています。

「夫《そ》れ無始《むし》の生死《しょうじ》を留《とど》めて此《こ》の度《たび》決定《けつじょう》して無上《むじょう》菩提《ぼだい》を証《しょう》せんと思はばすべからく衆生本有《しゅじょうほんぬ》の妙理《みょうり》を観《かん》ずべし、衆生本有の妙理とは・妙法蓮華経是《これ》なり故《ゆえ》に妙法蓮華経と唱《とな》へたてまつれば衆生本有の妙理を観ずるにてあるなり」（御書三八三㌻）

この一節《いっせつ》には、仏教の深《ふか》き哲理《てつり》と、万人《ばんにん》の成仏《じょうぶつ》を目指《めざ》してきた宗教革命《しゅうきょうかくめい》の歴史《れきし》が凝縮《ぎょうしゅく》されています。一句《いっく》一句、一つ一つの表現に、卓越《たくえつ》した仏法の智慧《ちえ》が込《こ》められています。

「無始《むし》の生死《しょうじ》」とは、無限《むげん》の過去《かこ》から永劫《えいごう》の未来《みらい》にわたって続《つづ》く、生と死の果てしない繰《く》り返《かえ》しのことです。輪廻転生《りんねてんしょう》の思想《しそう》が前提《ぜんてい》となっている表現ですが、仏教では、この果てしない生死の苦《くる》しみの流転《るてん》は煩悩《ぼんのう》に起因《きいん》すると考えられており、煩悩・業《ごう》・苦《く》という悪《あく》の連鎖《れんさ》が、この生死流転に伴《ともな》っているとされます。その意味《いみ》では、「無始の生死」とは、果てしない迷《まよ》いと苦しみの繰り返しでもある。

この流転《るてん》はとうてい、耐《た》えられるものではありません。そこで、この生と死の流転を留《とど》め、迷《まよ》いと苦しみの連鎖《れんさ》から解放《かいほう》されたいという願《ねが》いが出てくるのです。

生死流転《しょうじるてん》からの解放《かいほう》について、仏教では二つの考え方があります。一つは、流転の原因《げんいん》である煩《ぼん》悩《のう》を滅《めっ》すれば流転から解放されるという考え方です。もう一つは、私たちの生死は決して無常《むじょう》の流転ではないという大乗教的《だいじょうきょうてき》な考え方です。たとえば、菩薩《ぼさつ》の誓願《せいがん》によって生死があるとか、あるいは、生死の流転そのものが、宇宙根源《うちゅうこんげん》の大いなる生命から現《あらわ》れ、大いなる生命に帰っていくことであるとされます。

後者《こうしゃ》は大海《たいかい》と波《なみ》の譬喩《ひゆ》を用《もち》いると分《わ》かりやすいでしょう。すなわち、大いなる生命は大海に、生と死の流転は大海から波が起《お》こり、大海に帰っていくことに譬《たと》えられます。

生死流転《しょうじるてん》する自身の生命を、このように捉《とら》えていくのが「無上菩提《むじょうぼだい》」、つまり仏《ほとけ》の最高《さいこう》の悟《さと》りです。

御文《ごもん》では、「衆生本有《しゅじょうほんぬ》の妙理《みょうり》を観《かん》ずる」ことが「無上菩提《むじょうぼだい》を証《しょう》する」ことであると仰《おお》せです。衆生、すなわち生きとし生けるものが本来《ほんらい》、具《そな》えている妙理を観ずる智慧《ちえ》が、仏《ほとけ》の最高《さいこう》の悟《さと》りなのです。

仏教が、それまでの思想《しそう》・宗教と大きく一線を画《かく》す点は、一個の人間の内《うち》に、無量《むりょう》の苦悩《くのう》を根本《こんぽん》から解決《かいけつ》する「法」、すなわち「無限《むげん》の力《ちから》」を発見《はっけん》したことです。これによって苦悩を根本から解決し、ゆるぎない幸福を築《きず》く最高《さいこう》の智慧《ちえ》を得た人が「仏《ほとけ》」です。

仏法は、どこまでも人間の無限《むげん》の可能性《かのうせい》を信ずる、最高《さいこう》の人間主義《にんげんしゅぎ》なのです。それゆえに、仏法を内道《ないどう》、内《うち》なる道と言います。

この「衆生本有《しゅじょうほんぬ》の妙理《みょうり》を観《かん》ずる」ことが、「無《む》上菩提《じょうぼだい》を証《しょう》する」ことであり、「無始《むし》の生死《しょうじ》」を留《とど》める唯一《ゆいいつ》の方途《ほうと》である。これが、釈尊《しゃくそん》の出発点であり、仏教思想《しそう》の結論《けつろん》です。この内道《ないどう》の思想を高らかに謳《うた》い上《あ》げた経典《きょうてん》が、万人成仏《ばんにんじょうぶつ》を説《と》く法華経です。法華経こそが、人間尊厳《そんげん》の思想の極理《ごくり》であるとも言えます。

本抄（＝「一生成仏抄《いっしょうじょうぶつしょう》」）で大聖人は、「衆生本《しゅじょうほん》有《ぬ》の妙理《みょうり》」とは「一心法界《いっしんほうかい》の旨《むね》」のことであると言われています。「一心法界の旨」とは、万法《ばんぽう》がわが心に納《おさ》まり、わが心が万法に広がるという、心と宇宙《うちゅう》の不可思議《ふかしぎ》な関係《かんけい》を言います。

大いなる生命は、すべてを包《つつ》み、あらゆるものに遍在《へんざい》する。そして、すべてを包むゆえにあらゆるものに内在《ないざい》しているのです。その大いなる生命と心が一致《いっち》するのが「一心法界《いっしんほうかい》の旨《むね》」であり、この妙理《みょうり》を悟《さと》るのが仏《ほとけ》の悟り、つまり「無上菩提《むじょうぼだい》」なのです。

さて、問題は、どうすれば、万人《ばんにん》がこの「衆生《しゅじょう》本有《ほんぬ》の妙理《みょうり》」を観《かん》ずることができるか、その一点にあります。仮《かり》に妙理を観ずる道が開かれても、その道を歩《あゆ》み通すことができるのは、ごく一部の限《かぎ》られた人だけだというのであれば、仏教は民衆《みんしゅう》に開かれた宗教にはなりえません。

そこで大聖人が開拓《かいたく》された道の第一歩《だいいっぽ》は、妙理《みょうり》に名前を付《つ》けられたということです。

「衆生本有《しゅじょうほんぬ》の妙理《みょうり》」には、もともと名前はありません。しかし、この「衆生本有の妙理」を自身の生命に発見《はっけん》した聖人《しょうにん》が、それに最《もっと》もふさわしい名を付《つ》けるのです。このことは「当体義抄《とうたいぎしょう》」に仰《おお》せの通《とお》りです。（「聖人《しょうにん》理を観じて万物《ばんぶつ》に名を付くる時・因果倶時《いんがぐじ》・不思議《ふしぎ》の一法《いっぽう》之《こ》れ有り之《これ》を名《なづ》けて妙法蓮華と為《な》す此《こ》の妙法蓮華の一法に十界三千《じっかいさんぜん》の諸法《しょほう》を具《ぐ》足《そく》して闕減無《けつげんな》し之を修行《しゅぎょう》する者《もの》は仏因《ぶついん》・仏果《ぶっか》・同時に之を得るなり」〈御書五一三ページ〉）

名前を付《つ》けることは創造的行為《そうぞうてきこうい》そのものです。物事《ものごと》の本質《ほんしつ》を的確《てきかく》に捉《とら》えた名前を付けることで、その本質を万人《ばんにん》に開放《かいほう》する大きな結果《けっか》をもたらします。名前が付くことで、万人が価値《かち》を共有《きょうゆう》していくことができるからです。

本抄《ほんしょう》（＝「一生成仏抄《いっしょうじょうぶつしょう》」）に「衆生本有《しゅじょうほんぬ》の妙理《みょうり》と は・妙法蓮華経是《これ》なり」（御書三八三ジペー）と仰《おお》せのように、大聖人は、「衆生本有の妙理」という根本法《こんぽんほう》とは「妙法蓮華経」にほかならないことを明確《めいかく》に宣言《せんげん》されています。

厳密《げんみつ》に言えば、「妙法蓮華経」という言葉自体《じたい》は法華経の経題《きょうだい》として存在していました。しかし、この妙法蓮華経こそ、法華経において仏《ほとけ》の甚深《じんじん》の智慧《ちえ》として説《と》かれる「諸法実相《しょほうじっそう》」の深理《じんり》の名であることを明《あ》かされたのは、大聖人が初めてです。

また、如来寿量品《にょらいじゅりょうほん》第十六では釈尊《しゃくそん》に即《そく》して永遠《えいえん》の仏《ほとけ》の生命が説《と》かれますが、「寿量品の肝心《かんじん》」（御書二五〇ジペー）こそ妙法蓮華経であると明《あ》かされたのも、大聖人が初めてです。

この永遠《えいえん》の仏《ほとけ》は、久遠《くおん》に成仏《じょうぶつ》して以来、衆生救済《しゅじょうきゅうさい》のために十界《じっかい》のさまざまな姿《すがた》を現《あらわ》しながら、仏として生と死の流転《るてん》を繰《く》り返《かえ》す存在です。十界の衆生も、また、生も死も、大いなる永遠の生命の現《あらわ》す姿《すがた》であることを示《しめ》しているのが寿量品《じゅりょうほん》です。その寿量品の肝心《かんじん》が妙法蓮華経であると言われているのですから、妙法蓮華経は寿量品の大いなる生命の名であると拝《はい》することができます。

生と死を繰《く》り返《かえ》す九界《きゅうかい》の衆生《しゅじょう》の生命も、実《じつ》は、この大いなる生命である妙法蓮華経から現《あらわ》れ、妙法蓮華経に帰っていくという生死《しょうじ》のリズムを刻《きざ》んでいるのであり、妙法蓮華経に包《つつ》まれ、また妙法蓮華経を内在《ないざい》させているのです。ゆえに、妙法蓮華経が「衆生本有《しゅじょうほんぬ》の妙理《みょうり》」の名なのです。

この妙法蓮華経こそ、末法《まっぽう》に唱《とな》え弘《ひろ》めるべき題目《だいもく》であると明言《めいげん》したのは、大聖人が最初なのです。

大聖人が開拓《かいたく》された大道《だいどう》の次の一歩《いっぽ》が、「題目《だいもく》を唱《とな》える」という修行《しゅぎょう》の確立《かくりつ》です。「妙法蓮華経」という普遍的《ふへんてき》な真理《しんり》に対して、大聖人は「南無《なむ》」を付《つ》けられ、その真理に対して呼《よ》びかける修行《しゅぎょう》を樹立《じゅりつ》されたのです。

南無とは「帰命《きみょう》」の意味《いみ》です。「南無妙法蓮華経」と声《こえ》を出して唱題《しょうだい》することは、自身がその真《しん》理《り》の世界に帰《き》していくことを身口意《しんくい》の次元《じげん》で決意《けつい》し、誓《ちか》う宣言《せんげん》にほかなりません。そして、それと同時に日蓮仏法の特徴《とくちょう》は、一人《ひとり》一人の人生において、妙法蓮華経の普遍《ふへん》の真理に基《もと》づく生き方が実《じつ》現《げん》するということです。

大聖人の仏法における唱題行《しょうだいぎょう》の急所《きゅうしょ》は、単に「外なる真理《しんり》」の名称《めいしょう》を唱《とな》えることではありません。宇宙《うちゅう》と生命を貫《つらぬ》く「内《うち》なる真理」を呼《よ》び覚《さ》まし、自身がその真理に基《もと》づき生きていくことを現《げん》実《じつ》のものとする実践《じっせん》にほかならないのです。いわば、「衆生本有《しゅじょうほんぬ》の妙理《みょうり》」をわが生命の内側《うちがわ》から発《はっ》動《どう》させ、発揮《はっき》させる自分自身を確立《かくりつ》していく作業《さぎょう》そのものなのです。

日蓮大聖人は万人《ばんにん》に実現可能《じつげんかのう》なものとして、「衆生本有《しゅじょうほんぬ》の妙理《みょうり》」に名を付《つ》けられ、その名を唱《とな》える唱題行《しょうだいぎょう》を打ち立てられた。そして、妙理への帰命《きみょう》と、妙理に基《もと》づく生命の確立《かくりつ》とを可能にされた。大聖人によって、宇宙《うちゅう》と生命を貫《つらぬ》く真理《しんり》が自身の胸中《きょうちゅう》にあると目覚《めざ》め、それを涌現《ゆげん》する道が、万人《ばんにん》に開かれたのです。

しかも、その真理《しんり》は、諸仏《しょぶつ》の悟《さと》りの智慧《ちえ》であり、法華経という無上《むじょう》の経典《きょうてん》に余《あま》すところなく示《しめ》された真理である。そして、その真理に生きることによって、無上の価値《かち》を人生の上に実現《じつげん》することができる。その世界に、誰《だれ》でも、いつでも、いかなる身でも、どこでも参加《さんか》できるように開かれたのが、日蓮大聖人の仏法です。

この日蓮仏法の唱題行《しょうだいぎょう》によって、民衆《みんしゅう》仏法が確《かく》立《りつ》されたと言っても過言《かごん》ではありません。まさに、日蓮大聖人の仏法の唱題行は、自身の生命変《へん》革《かく》をもたらす最高《さいこう》の仏道修行《ぶつどうしゅぎょう》です。

また、題目《だいもく》を唱《とな》えることは、自身の仏《ほとけ》の生命を呼《よ》び覚《さ》ますことです（「法華初心成仏抄《ほっけしょしんじょうぶつしょう》」御書五五七ジペー）。唱題《しょうだい》こそが仏界涌現《ぶっかいゆげん》の直道《じきどう》です。

涌現《ゆげん》された仏《ほとけ》の智慧《ちえ》と慈悲《じひ》の生命は、自身の生命境涯《きょうがい》を豊《ゆた》かにし、自他《じた》ともの幸福を実現《じつげん》していく。さらに、自行化他《じぎょうけた》の唱題《しょうだい》が広がっていけば、仏の慈悲の生命に彩《いろど》られた民衆《みんしゅう》の連帯《れんたい》が可能《かのう》になり、人類《じんるい》の宿命《しゅくめい》をも転換《てんかん》していけるのです。

私たちが唱《とな》える南無妙法蓮華経の本義《ほんぎ》について、さらに忘《わす》れてならないことは、南無妙法蓮華経とは、日蓮大聖人の御本仏《ごほんぶつ》の御生命《ごせいめい》の名前でもあるということです。

南無妙法蓮華経といっても、日蓮大聖人の御本《ごほん》仏《ぶつ》としての御生命《ごせいめい》を離《はな》れて存在するものではありません。宇宙《うちゅう》と生命を貫《つらぬ》く根源《こんげん》の妙法蓮華経の真《しん》理《り》は、日蓮大聖人が実践《じっせん》され、日蓮大聖人の御振《おふ》る舞《ま》いのなかに現《あらわ》れることによって、初めて確立《かくりつ》されたと言えます。それまで人々が観《かん》じることのできなかった「法」が、現実《げんじつ》に示《しめ》されていったからです。

日蓮大聖人の御本仏《ごほんぶつ》の生命とは、悪《あく》と戦《たたか》い、無《む》明《みょう》を破《やぶ》る生命にほかなりません。この地上の一切《いっさい》の不幸《ふこう》と悲惨《ひさん》、宿命《しゅくめい》と四苦《しく》から人間を解放《かいほう》する闘《とう》争《そう》は、その悪をもたらす根源《こんげん》の無明《むみょう》と戦うことに尽《つ》きます。

日蓮大聖人が広宣流布《こうせんるふ》のために唱《とな》えられた自行《じぎょう》

化他《けた》の南無妙法蓮華経の題目《だいもく》には、「無明《むみょう》の雲《くも》晴《は》れて」（御書四一四ジペー）と仰《おお》せのごとく、無明を払《はら》う力《ちから》があります。南無妙法蓮華経と唱えれば、胸《きょう》中《ちゅう》に仏界《ぶっかい》の太陽《たいよう》が昇《のぼ》ります。厚《あつ》い雲のように太陽を覆《おお》い隠《かく》していた無明が晴れていくのです。胸中に仏界の太陽が昇れば、無明の闇《やみ》は去《さ》っていきます。

日蓮仏法は、大聖人御一人《おひとり》が太陽《たいよう》であるという宗教ではありません。大聖人御自身《ごじしん》が胸中《きょうちゅう》に太陽を昇《のぼ》らせたように、私たちの胸中に太陽を昇らせるための宗教です。もったいないことですが、わが身に日蓮大聖人と同じ仏《ほとけ》の太陽の生命が昇るのです。

3-7 「受持即観心《じゅじそくかんじん》」の妙法

「受持即観心《じゅじそくかんじん》」という重要《じゅうよう》な法門《ほうもん》を拝《はい》し、日蓮仏法の成仏観《じょうぶつかん》を明快《めいかい》に示《しめ》しています。

池田先生の指針

『法華経 方便品・寿量品講義』

南無妙法蓮華経は、一切《いっさい》の仏《ほとけ》の〝能生《のうしょう》の根源《こんげん》〟です。言《い》い換《か》えれば、一切の仏を成仏《じょうぶつ》させた根本《こんぽん》原因《げんいん》は、歴劫修行《りゃっこうしゅぎょう》ではなく、南無妙法蓮華経という根源の法を覚知《かくち》したことにある。その南無妙法蓮華経をただちに受持《じゅじ》するのが末法《まっぽう》の仏道《ぶつどう》修行なのです。だから大聖人の仏法においては歴劫修行は必要《ひつよう》ない。

日蓮大聖人は、「観心本尊抄《かんじんのほんぞんしょう》」で「釈尊《しゃくそん》の因行《いんぎょう》果徳《かとく》の二法は妙法蓮華経の五字に具足《ぐそく》す我等《われら》此《こ》の五字を受持《じゅじ》すれば自然《じねん》に彼《か》の因果《いんが》の功徳《くどく》を譲《ゆず》り与《あた》え給《たも》う」（御書二四六㌻）と仰《おお》せです。

釈尊《しゃくそん》をはじめ三世十方《さんぜじっぽう》の諸仏《しょぶつ》が、成仏《じょうぶつ》を目指《めざ》して修行《しゅぎょう》した「因行《いんぎょう》」も、その「果徳《かとく》」も、ことごとく南無妙法蓮華経のなかに納《おさ》まっている。したがって、私たちが、この妙法五字を受持《じゅじ》するなかに、自然《しぜん》に、釈尊などの諸仏の因果《いんが》の功徳《くどく》がすべて具《そな》わり、成仏するのです。

これを「受持即観心《じゅじそくかんじん》」（＝受持が即、観心〈成仏《じょうぶつ》の意《い》〉となる）といいます。また、「即身成仏《そくしんじょうぶつ》」（＝その身《み》のままで仏《ほとけ》に成《な》る）とも、「直達正観《じきたつしょうかん》」（＝直《ただ》ちに正観〈仏の智慧《ちえ》、境涯《きょうがい》〉に達《たっ》する）ともいう。

大聖人は、この妙法を受持《じゅじ》した人は「釈尊程《しゃくそんほど》の仏《ほとけ》にやすやすと成《な》り候《そうろう》」（御書一四四三㌻）と仰《おお》せです。大聖人の仏法によって、〝釈尊ほどの〟仏の境涯《きょうがい》に至《いた》る道が万人《ばんにん》に開かれたのです。

成仏《じょうぶつ》といっても、遠い未来《みらい》や架空《かくう》の話ではない。大聖人の仏法は、万人《ばんにん》の「一生成仏《いっしょうじょうぶつ》」を可《か》能《のう》にしたのです。

いわば、「受持即観心《じゅじそくかんじん》」は、成仏観《じょうぶつかん》の革命《かくめい》だったといえる。

戸田先生は「何千万年も修行《しゅぎょう》してきた方便品《ほうべんぼん》の仏《ほとけ》たちよりも、私たちは、御本尊を信じて南無妙法蓮華経とたった一言《ひとこと》唱《とな》えるのみで、仏になる修行ができてしまうのであります」（『戸田城聖全集5』）とも述《の》べています。

遠い彼方《かなた》にある「成仏《じょうぶつ》」という頂上《ちょうじょう》を目指《めざ》して、ひたすら山道を登り続《つづ》ける――。これが通途《つうず》の成仏観であるとすれば、日蓮大聖人の仏法は、万人《ばんにん》を瞬時《しゅんじ》に頂上に登らせる教えです。
周囲《しゅうい》の山々をはるかに見下《みお》ろし、三百六十度開かれた大自然のパノラマを眺望《ちょうぼう》するような境涯《きょうがい》。この広々《ひろびろ》とした仏《ほとけ》の境涯に、〝今〟〝この場で〟ただちに至《いた》ることができる。そして、今度《こんど》は、現実《げんじつ》の中に飛《と》び込《こ》み、この境涯に立った喜《よろこ》びを語《かた》り抜《ぬ》いていく――この実践《じっせん》こそ、大聖人の仏法の醍醐《だいご》味《み》なのです。

3-8 己心《こしん》に法を見る

日蓮大聖人が示《しめ》された南無妙法蓮華経は、人類《じんるい》のための宗教《しゅうきょう》として、偉大《いだい》な宗教革命《かくめい》の意義《いぎ》を有《ゆう》していることを、御書を拝《はい》して論《ろん》じています。

池田先生の指針

『一生成仏抄講義』

大聖人は「但《ただ》し妙法蓮華経と唱《とな》へ持《たも》つと云《い》うとも若《も》し己心《こしん》の外《ほか》に法ありと思はば全《まった》く妙法にあらず麤《そ》法《ほう》なり」（御書三八三ジペー）と厳《きび》しく戒《いまし》められている。南無妙法蓮華経の題目《だいもく》を唱えても、妙法蓮華経が己心の外にあると思って唱題している限《かぎ》り、それは妙法にならず、麤法になってしまうと仰《おお》せです。麤法とは、不完全《ふかんぜん》な法という意味《いみ》です。妙法が完全な真理《しんり》を意味するのに対して、麤法は部分的な真理にすぎません。

この仰《おお》せには、宗教の陥《おちい》りやすい悪弊《あくへい》を乗《の》り越《こ》えるための深遠《しんえん》な宗教論があります。そしてまた、真《しん》の幸福を得《え》るために必須《ひっす》の信仰論《しんこうろん》があります。

宗教は、一般的《いっぱんてき》に、「大いなるもの」「絶対的《ぜったいてき》なもの」「聖《せい》なるもの」を人間に結《むす》びつけるための人類普遍《じんるいふへん》の営《いとな》みであると言われています。ある意《い》味《み》では、それは正《ただ》しいでしょう。しかし、多くの宗教では、聖と俗《ぞく》、神《かみ》・仏《ほとけ》と人間などが、最初から分離《ぶんり》され、それを改《あらた》めて結《むす》びつけるという教《おし》えであるように思われる。

それに対して大聖人は、「絶対的《ぜったいてき》なもの」や「聖《せい》なるもの」を最初から分離《ぶんり》する宗教のあり方を、まだ完全なものではないと捉《とら》えられていると拝《はい》することができる。

そのような麤《そ》法《ほう》の例《れい》として、大聖人は本抄《ほんしょう》（＝「一生成仏抄《いっしょうじょうぶつしょう》」）で爾前権教《にぜんごんきょう》（＝法華経以前《いぜん》に説《と》かれたとされる諸経典《しょきょうてん》）を挙《あ》げられている。それらは、歴劫修行《りゃっこうしゅぎょう》に見られるように、衆生《しゅじょう》が一生成仏できる法理《ほうり》も実践《じっせん》も説かない。爾前権教では、「仏《ほとけ》」と「凡夫《ぼんぷ》」の間に超《こ》えがたい懸隔《けんかく》があります。「仏界《ぶっかい》」と「九界《きゅうかい》」の間に断絶《だんぜつ》がある限《かぎ》り、万《ばん》人《にん》の成仏《じょうぶつ》は現実《げんじつ》のうえでありえません。どこまでも、理想《りそう》とされる仏《ほとけ》とは、人間とかけ離《はな》れた存在であり、その仏による救済《きゅうさい》を願《ねが》うしか、凡夫《ぼんぷ》がなしうることはありません。

この九界《きゅうかい》と仏界《ぶっかい》の断絶《だんぜつ》を破《やぶ》ったのが法華経の

一念三千《いちねんさんぜん》の法《ほう》であり、端的《たんてき》に言えば、「九界即《そく》仏界」「仏界即九界」の法理《ほうり》です。いかに法華経の十界互具《じっかいごぐ》の思想《しそう》が卓越《たくえつ》しているか。

日蓮大聖人は、唱題行《しょうだいぎょう》を修行《しゅぎょう》として立てることにより、十界互具《じっかいごぐ》という一生成仏《いっしょうじょうぶつ》の原理《げんり》を実現《じつげん》する道を開きました。ここにこそ、民衆《みんしゅう》の成仏を目《め》指《ざ》す仏教の完成形態《かんせいけいたい》があるのです。

妙法は「宇宙根源《うちゅうこんげん》の法」です。その意味《いみ》では、私たちを超《こ》えた普遍性《ふへんせい》をもっている。しかし、妙法は、私たちの生命に内在《ないざい》する。いわば「自分の内《うち》にあって、自分を超えているもの」が妙法です。また、「すべてのものを包《つつ》む普遍的な法であるがゆえに、自分の中にも内在している」とも言えるでしょう。

大聖人は、南無妙法蓮華経の唱題《しょうだい》の意義《いぎ》について「我《わ》が己心《こしん》の妙法蓮華経を本尊とあがめ奉《たてまつ》りて我が己心中の仏性《ぶっしょう》・南無妙法蓮華経とよびよばれて顕《あらわ》れ給《たも》う処《ところ》を仏《ほとけ》とは云《い》うなり」（御書五五七㌻）と仰《おお》せです。

この「よびよばれて」との表現に、妙法の深義《じんぎ》が示《しめ》されています。この原理《げんり》を分かりやすく示すために、大聖人は有名《ゆうめい》な譬喩《ひゆ》を説《と》かれました。

――籠《かご》の中の鳥《とり》が鳴《な》けば、空《そら》を飛《と》ぶ鳥たちが呼《よ》ばれて集《あつ》まってくる。また、空飛ぶ鳥が集まって鳴けば、籠の中の鳥も出ようとするようなものである（同㌻、通解）。

ここで「籠《かご》の中の鳥《とり》が鳴《な》く」とは、無明《むみょう》・煩悩《ぼんのう》に束縛《そくばく》された衆生《しゅじょう》が信心を起《お》こして唱《とな》える題目《だいもく》です。「この苦難《くなん》を妙法の力《ちから》で必《かなら》ず解決《かいけつ》してみせる」「必ず幸《しあわ》せになってみせる」という信心で唱える題目です。このとき、題目の力で、あらゆる衆生の仏性《ぶっしょう》を呼《よ》んでいるのです。すると梵天《ぼんてん》・帝《たい》釈《しゃく》、仏《ほとけ》・菩薩《ぼさつ》などの仏性が現《あらわ》れるとともに、唱えた衆生も無明の束縛を打《う》ち破《やぶ》って、自《みずか》らの仏性を現すことができるのです。

言い換《か》えれば、森羅三千《しんらさんぜん》（＝全宇宙《ぜんうちゅう》）に遍満《へんまん》している「妙法」と「我《われ》ら衆生《しゅじょう》」を結《むす》び付《つ》けるのが、題目の音声《おんじょう》の力《ちから》なのです。

この唱題《しょうだい》による成仏《じょうぶつ》を実現《じつげん》するために最《もっと》も肝要《かんよう》なる戒《いまし》めが、「己心《こしん》の外《ほか》に法《ほう》を見てはならない」ということなのです。己心の外に法があるという考え方は、爾前経《にぜんきょう》の〝断絶《だんぜつ》の世界〟にすべてを引《ひ》き戻《もど》してしまうからです。

戸田先生は、徹頭徹尾《てっとうてつび》、己心《こしん》の内《うち》に法《ほう》を見ていく姿勢《しせい》を貫《つらぬ》かれました。「仏《ほとけ》とは生命なり！」「我《われ》、地涌《じゆ》の菩薩《ぼさつ》なり！」との悟達《ごだつ》を出発点として、「自分自身に生きよ」と語られていた。また、自分自身の妙法に目覚《めざ》めゆく信心のことを、よく「自分自身が南無妙法蓮華経だと決めることだ！」「自分は南無妙法蓮華経以外なにもない！と決めることが末法《まっぽう》の折伏《しゃくぶく》である」とも教えられていました。これこそ、まさに「妙法と唱《とな》へ蓮華《れんげ》と読まん時は我《わ》が一念《いちねん》を指《さ》して妙法蓮華経と名《なづ》くるぞと深《ふか》く信心を発《おこ》すべきなり」（御書三八三㌻）と仰《おお》せられている御精神《ごせいしん》そのものではないでしょうか。

大聖人は、万物《ばんぶつ》を包《つつ》み支《ささ》えている妙法の力《ちから》を、人間に内在《ないざい》するものと捉《とら》え、それを人間生命に現《あらわ》す道を打《う》ち立《た》てられた。

人間は、「他力《たりき》」すなわち有限《ゆうげん》な自己《じこ》を超《こ》えた永遠《えいえん》なるものへの祈《いの》りと融合《ゆうごう》によってはじめて、「自力《じりき》」も十全《じゅうぜん》に働《はたら》きます。しかし、その十全なる力は、本来《ほんらい》、自分の中にある。大聖人は「自力も定《さだ》めて自力にあらず」「他力も定めて他力に非《あら》ず」(御書四〇三ジ)と言われている。この意味《いみ》するところは、どちらかに偏《かたよ》ることを排《はい》して、「自分の中に自分を超える力を現す」ということであると拝《はい》することができます。この道を実現《じつげん》したのがまさに唱題行《しょうだいぎょう》なのです。

これによって、自力《じりき》と他力《たりき》を分離《ぶんり》して一方に偏《かたよ》る宗教のあり方を乗《の》り越《こ》える、新しい「人類《じんるい》宗教」の大道《だいどう》を広々《ひろびろ》と示《しめ》されているのです。

3-9 万人《ばんにん》に開かれた実践《じっせん》

日蓮仏法の実践《じっせん》は南無妙法蓮華経の題目にすべて納《おさ》まっており、形式にとらわれた修行《しゅぎょう》は必要《ひつよう》ないと強調《きょうちょう》しています。

池田先生の指針

「イタリア代表者会議」

(一九九二年七月二日、イタリア)

日蓮大聖人の門下に、富木常忍《ときじょうにん》という信徒がいた。大聖人が彼《かれ》に送られた書の中に、末法の正しい修行《しゅぎょう》を述《の》べられた「四信五品抄《ししんごほんしょう》」がある。その中で、大聖人は、末法の修行は、「信《しん》の一字《いちじ》を詮《せん》と為《な》す」（御書三三九ジペー）――信の一字を究極《きゅうきょく》とする――と教えられている。

大聖人の仏法の肝要《かんよう》は、形式ではない。「心」である。「信心」が根本《こんぽん》である。そして御本尊を信じて、「唱題」する修行《しゅぎょう》に、すべての修行が含《ふく》まれていると、大聖人は仰《おお》せである。

そのたとえとして、わかりやすく次のように述《の》べられている。

「日本の二字《にじ》に六十六国《こく》の人畜財《にんちくざい》を摂尽《しょうじん》して一《ひとつ》も残《のこ》さず」（御書三四一ジペー）――日本という二文字に、日本六十六カ国の人、動物、財宝《ざいほう》のすべてを収《おさ》めつくしており、一つも残すものがない――と。

同様に、「南無妙法蓮華経」という題目に、法華経の一切が含《ふく》まれているから、唱題行が、そのまま成仏《じょうぶつ》の直道《じきどう》となる。それ以外の、形式にとらわれた修行《しゅぎょう》は、枝葉《えだは》の修行であり、かえって信心を邪魔《じゃま》するものになってしまう。

さらに、この題目の深い意義《いぎ》がわからなくても、題目の功徳《くどく》を、そのまま身に顕《あらわ》していくことができる、と教えてくださっている。それは、あたかも「小児《しょうに》乳《ちち》を含《ふく》むに其《そ》の味を知《し》らざれども自然《じねん》に身を益《やく》す」（御書三四一ジペー）――子どもが母のお乳をすうのに、その味（中身）を知らなくても、自然に、その身に利益《りやく》を得《え》る（成長していく）――のと同じである、と。

生まれたばかりの赤ちゃんのように、法門を理《り》解《かい》していなくても、題目を疑《うたが》わずに唱《とな》えていけば、自然と、題目の偉大《いだい》な力《ちから》を身につけていくことができる。大聖人の仏法は、〝民衆《みんしゅう》〟に開かれた〝民衆のための仏法〟なのである。

また「妙法蓮華経の五字《ごじ》は経文《きょうもん》に非《あら》ず其《そ》の義《ぎ》に非ず唯一部《ただいちぶ》の意《こころ》なるのみ」（御書三四二ジペー）――妙

法蓮華経の五字は、たんなる経文ではない。その意義《いぎ》でもない。ただ法華経全体の心である――ともおっしゃっているのである。

私たちの唱《とな》える題目は、法華経の心であり、根本的《こんぽんてき》には大聖人の魂《たましい》そのものなのである。

したがって、その意味がわからなくても、御本尊を信じて題目を唱《とな》えるとき、大聖人の魂《たましい》にふれていくことができる。わが身に、南無妙法蓮華経の大聖人の生命を涌現《ゆげん》させていくことができる。なんとありがたいことか。

3-10 唱題は人生に勝利する力《ちから》

小説『新・人間革命』には、一九六六年、ペルーを訪問した山本伸一会長が、信心して間もないペルーの同志《どうし》に、どのように題目を唱《とな》えていけばよいか、わかりやすくアドバイスする場面が描《えが》かれています。

池田先生の指針

『新・人間革命11』(「開墾」の章)

永遠《えいえん》の幸福を築《きず》くのは誰《だれ》か。人生の勝利を収《おさ》めるのは誰なのか――それは、生涯《しょうがい》を、妙法とともに、広布とともに、学会とともに生き、真剣勝負《しんけんしょうぶ》で戦い抜《ぬ》いた人です。皆《みな》さんには、全員、人生の大勝利者になっていただきたい。

では、そのための要諦《ようてい》は何かについて、今日《きょう》は少しお話ししたいと思います。

それは、第一に、お題目です。

健康ということも、勇気も、智慧《ちえ》も、歓喜《かんき》も、向上心も、あるいは、自分を律《りっ》するということも、生命力のいかんで決まってしまうといえる。その生命力《せいめいりょく》を無限《むげん》に涌現《ゆげん》しゆく源泉《げんせん》こそが唱題なんです。

ゆえに、唱題根本の人には行き詰《づ》まりがない。ともかく、日々、何があっても、題目を唱《とな》え抜《ぬ》いていくことです。

題目は宇宙《うちゅう》の根本《こんぽん》の力《ちから》です。

朝な夕な、白馬《はくば》が天空を駆《か》け巡《めぐ》るように、軽快《けいかい》に、すがすがしい、唱題の声を響《ひび》かせていくんです。

仏《ほとけ》と相対《あいたい》するわけですから、厳粛《げんしゅく》な気持ちを忘《わす》れてはいけませんが、素直《すなお》な心で御本尊にぶつかっていけばいいんです。

御本尊は、大慈悲《だいじひ》の仏様《ほとけさま》です。

自分自身が願《ねが》っていること、悩《なや》んでいること、希望することを、ありのまま祈《いの》っていくことです。

苦しい時、悲しい時、辛《つら》い時には、子どもが母の腕《かいな》に身を投げ出し、すがりつくように、「御本尊様！」と言って、無心《むしん》にぶつかっていけばいいんです。

御本尊は、なんでも聞いてくださる。思いのたけを打ち明けるように、対話するように、唱題を重《かさ》ねていくんです。やがて、地獄《じごく》の苦しみであっても、嘘《うそ》のように、露《つゆ》のごとく消え去ります。

もし、自《みずか》らの過《あやま》ちに気づいたならば、心からお詫《わ》びし、あらためることです。二度と過ちは繰《く》り返《かえ》さぬ決意をし、新しい出発をするんです。

また、勝負の時には、断《だん》じて勝つと心を定《さだ》めて、獅子《しし》の吼《ほ》えるがごとく、阿修羅《あしゅら》の猛《たけ》るがごとく、大宇宙《だいうちゅう》を揺《ゆ》り動《うご》かさんばかりに祈《いの》り抜《ぬ》くんです。

そして、喜びの夕べには「本当にありがとうございました！」と、深い感謝《かんしゃ》の題目を捧《ささ》げることです。

御書には、「朝朝《ちょうちょう》・仏《ほとけ》と共《とも》に起《お》き夕夕《せきせき》仏と共に臥《ふ》し……」（七三七ページ）と仰《おお》せですが、題目を唱《とな》え抜《ぬ》いている人は、常《つね》に御本仏《ごほんぶつ》と一緒《いっしょ》です。それも今世《こんぜ》だけでなく、死後も、御本仏が、諸天《しょてん》・諸仏《しょぶつ》が守ってくださる。

だから、生命の底から安堵《あんど》できるし、何も恐《おそ》れる必要がない。悠々《ゆうゆう》と、人生を楽しみながら、生《い》き抜《ぬ》いていけばいいんです。

題目は、苦悩《くのう》を歓喜《かんき》に変えます。さらに、歓喜を大歓喜に変えます。

ゆえに、嬉《うれ》しい時も、悲しい時も、善《よ》きにつけ、悪《あ》しきにつけ、何があっても、ただひたすら、題目を唱《とな》え抜《ぬ》いていくことです。

これが幸福の直道《じきどう》です。

3-11 法華経は宇宙的人間主義《うちゅうてきヒューマニズム》

日蓮仏法では、釈尊《しゃくそん》の究極《きゅうきょく》の悟《さと》りが説《と》かれた法華経を重《おも》んじています。大乗仏《だいじょうぶっ》教《きょう》の精華《せいか》として一世紀頃《ころ》に成立《せいりつ》した法華経は、万人《ばんにん》の胸中《きょうちゅう》に永遠《えいえん》なる仏《ほとけ》の生命を見いだし、その仏の生命を誰《だれ》もが開いていけることを説《と》いています。そして、釈尊滅後《めつご》の悪世《あくせ》に万人成仏《じょうぶつ》のための戦いを勇敢《ゆうかん》に貫《つらぬ》いていくことを強く促《うなが》しています。

ここでは、その法華経の深義《じんぎ》について語っています。

池田先生の指針

『法華経の智慧』

「法《ほう》の華《はな》の経《きょう》」——法華経は「経の王」です。王とは、他を否定《ひてい》するのではなく、一切を生かしていく立場です。

日蓮大聖人は仰《おお》せです。

「所詮《しょせん》・万法《ばんぽう》は己心《こしん》に収《おさ》まりて一塵《いちじん》もかけ《闕》ず九《く》山《せん》・八海《はっかい》も我《わ》が身に備《そな》わりて日月《にちがつ》・衆星《しゅせい》も己心にあり、然《しか》りといへども盲目《もうもく》の者《もの》の鏡《かがみ》に影《かげ》を浮《うか》べるに見えず・嬰児《みどりご》の水火《すいか》を怖《おそ》れざるが如《ごと》し、外典《げてん》の外道《げどう》・内典《ないてん》の小乗《しょうじょう》・権大乗等《ごんだいじょうとう》は皆《みな》己心の法《ほう》を片端《かたはし》片端説《と》きて候《そうろう》なり、然りといへども法華経の如く説かず」（御書一四七三ページ）と。

法華経以外の哲学《てつがく》は、生命の法《ほう》の「片端片端《かたはし》」

すなわち部分観《ぶぶんかん》を説《と》いたにすぎない。それらは「部分的真理《しんり》」ではあっても、それを中心とすることは、生命全体を蘇生《そせい》させることにはならない。かえって、歪《ゆが》みを生《しょう》じてしまう。

これに対し、法華経はそれらを統一《とういつ》し、きちんと位置づけ、生かしていく「根源《こんげん》の一法《いっぽう》」を説いているのです。

それが「法華経の智慧《ちえ》」です。法華経の寿量品《じゅりょうほん》には、「良医《ろうい》の智慧聡達《そうだつ》にして」（法華経四八四ページ）とある。名医《めいい》のごとく、法華経の智慧は、苦しみ悩《なや》む人々を救《すく》うのです。

「自分は永遠《えいえん》の昔《むかし》から仏《ほとけ》であり、永遠の未来《みらい》まで仏である」という真理《しんり》を、万人《ばんにん》に分かりやすく説《と》かんとしたのが、法華経であり、万人が事実《じじつ》のうえで体得《たいとく》できるようにされたのが、「末法《まっぽう》の法華経の行者《ぎょうじゃ》」日蓮大聖人なのです。

ともあれ、法華経は、無力感《むりょくかん》を打《う》ち破《やぶ》る宇宙大《うちゅうだい》の「心の秘宝《ひほう》」を教えている。

宇宙《うちゅう》の大生命を呼吸《こきゅう》しながら、はつらつと生きる人生を教えている。自己変革《じこへんかく》という真《しん》の大冒険《だいぼうけん》を教えている。

法華経には、万人《ばんにん》を平和へとつつみ込《こ》む大きさがある。絢爛《けんらん》たる文化と芸術《げいじゅつ》の薫《かお》りがある。

いつでも「常楽我浄《じょうらくがじょう》」で生き、どこでも「我此《がし》土安穏《どあんのん》（我《わ》が此《こ》の土は安穏にして）」（法華経四九一ページ）で生きられる大境涯《だいきょうがい》を開かせる。

法華経には、邪悪《じゃあく》と戦う正義のドラマがある。疲《つか》れた人を励《はげ》ます、あたたかさがある。恐《おそ》れを取《と》り除《のぞ》く勇気《ゆうき》の鼓動《こどう》がある。三世《さんぜ》を自在《じざい》に遊戯《ゆうげ》する、歓喜《かんき》の合唱《がっしょう》がある。自由の飛翔《ひしょう》がある。

燦々《さんさん》たる光があり、花があり、緑があり、音楽があり、絵画があり、映画がある。

最高《さいこう》の心理学があり、人生学があり、幸福学があり、平和学がある。「健康」の根本《こんぽん》の軌道《きどう》がある。

「心が変《か》われば一切《いっさい》が変わる」という、宇宙的《うちゅうてき》真理《しんり》に目覚《めざ》めさせてくれる。

個人主義《こじんしゅぎ》の「荒《あ》れ地」でもなければ、全体主義の「牢獄《ろうごく》」でもない——人々が補《おぎな》いあい、励《はげ》ましあって生きる、慈悲《じひ》の浄土《じょうど》を現出《げんしゅつ》させる力《ちから》がある。

共産主義も資本《しほん》主義も、人間を手段《しゅだん》にしてきたが、人間が目的《もくてき》となり、人間が主人《しゅじん》となり、人間が王者《おうじゃ》となる——根本《こんぽん》の人間主義が「経《きょう》の王」法華経にはある。

こういう法華経の主張《しゅちょう》を、かりに「宇宙的《うちゅうてき》人間主義」「宇宙的ヒューマニズム」と呼《よ》んではどうだろうか。二十一世紀を標榜《ひょうぼう》する、壮大《そうだい》なる名称《めいしょう》と私は思う。

3-12 方便品《ほうべんぽん》・寿量品《じゅりょうほん》は法華経の真髄《しんずい》

勤行で読誦《どくじゅ》している、法華経方便品《ほうべんぽん》と寿量品《じゅりょうほん》の意義《いぎ》について述《の》べています。

池田先生の指針

「世界平和祈念勤行会」（二〇〇二年九月八日、東京）

朝夕《あさゆう》に
方便品《ほうべんぽん》と
寿量品《じゅりょうほん》
宇宙《うちゅう》の曲《きょく》に
合《あ》わせ楽《たの》しめ

かつて私は、こう詠《よ》んだことがある。

仏法の最高峰《さいこうほう》である法華経、その真髄《しんずい》である方《ほう》便品《べんぽん》と寿量品《じゅりょうほん》を読誦《どくじゅ》し、仏法の究極《きゅうきょく》の大法、宇宙《うちゅう》の根本《こんぽん》の法則《ほうそく》である南無妙法蓮華経を朗々《ろうろう》と唱《とな》えゆくことが、いかにすばらしい幸福と平和の創造《そうぞう》であるか。

法華経は、「一切衆生《いっさいしゅじょう》の成仏《じょうぶつ》」のために説《と》かれた経典《きょうてん》である。文底《もんてい》から拝《はい》すれば、法華経は、「末《まっ》法万年尽未来際《ぽうまんねんじんみらいさい》」にわたって、「一閻浮提《いちえんぶだい》」（＝全世界）の一切衆生の成仏を開く根源《こんげん》の一法である南無妙法蓮華経の御本尊の、いわば〝説明書〟としての深遠《しんえん》な意義《いぎ》がある。

その要諦《ようてい》を納《おさ》めているのが、諸法実相《しょほうじっそう》が説《と》かれた「方便品《ほうべんぽん》」であり、久遠実成《くおんじつじょう》が説かれた「寿量《じゅりょう》品《ほん》」である。

「方便品《ほうべんぽん》」では、南無妙法蓮華経の智慧《ちえ》が甚深《じんじん》無量《むりょう》であることが讃嘆《さんたん》され、「一切衆生《いっさいしゅじょう》が皆《みな》、仏《ほとけ》である」という法理《ほうり》が明《あき》らかにされている。

とくに、「諸法実相《しょほうじっそう》・十如是《じゅうにょぜ》」の部分は、千変《せんぺん》万化《ばんか》するすべての生命（諸法）が、ことごとく南無妙法蓮華経の姿《すがた》（実相）であることが示《しめ》されている。日蓮大聖人は、「十界《じっかい》の依正《えしょう》の当体《とうたい》・悉《ことごと》く一法《いっぽう》ものこさず妙法蓮華経のすがたなり」（御書一三五八ページ）と仰《おお》せである。本来《ほんらい》、いかなる衆生《しゅじょう》も妙法の当体なのである。すなわち、題目を唱《とな》え、広宣流布《こうせんるふ》へ行動していく人は、ありのままの姿で、必《かなら》ず、仏《ほとけ》の生命となっていくのである。

どこか、遠いところに行くのではない。何か、特別《とくべつ》の自分になるのでもない。今いる、その場で、そのままの姿《すがた》で、大宇宙《だいうちゅう》とわが生命をダイナミックに交流させながら、自分自身の本来《ほんらい》の「実《じっ》相《そう》」、すなわち南無妙法蓮華経の当体《とうたい》としての姿を輝《かがや》かせきっていく。それが、勤行である。信心の世界である。

そこには、妙法の智慧《ちえ》と勇気《ゆうき》と慈悲《じひ》が、限《かぎ》りなく涌現《ゆげん》してくる。ゆえに、何ものをも絶対《ぜったい》に恐《おそ》れることはない。

寿量品《じゅりょうほん》の「寿量」とは、仏《ほとけ》の寿命《じゅみょう》・功徳《くどく》を詮量《せんりょう》するという意義《いぎ》である。文底《もんてい》から拝《はい》するならば、「南無妙法蓮華経如来《にょらい》」の久遠《くおん》、永遠《えいえん》の寿命と功徳を、つまびらかに量《はか》り、明《あき》らかにすることである。

ここでは、「永遠《えいえん》の生命」が明《あ》かされ、それが一切衆生《いっさいしゅじょう》の生命の真実《しんじつ》の姿《すがた》でもあることが説《と》かれている。そして、この大法《だいほう》を弘《ひろ》めて、一切衆生を救《すく》っていくのが「地涌《じゆ》の菩薩《ぼさつ》」の使命であると示《しめ》されていくのである。

なかんずく寿量品《じゅりょうほん》の「自我偈《じがげ》」は、「自身」の尊極《そんごく》にして永遠《えいえん》の大生命力《だいせいめいりょく》を謳《うた》いあげた、壮大《そうだい》な「詩」である。

日蓮大聖人は、自我偈《じがげ》の最初《さいしょ》の「自我得仏来《じがとくぶつらい》」（法華経四八九ページ）の「自」と、終わりの「速成就《そくじょうじゅ》仏身《ぶっしん》」（法華経四九三ページ）の「身」を合わせて、「始終自身《しじゅうじしん》なり」（御書七五九ページ）と御指南《ごしなん》されている。自我偈とは、終始一貫《しゅうしいっかん》して、仏《ほとけ》の「自身」、仏の「生命」を讃嘆《さんたん》したものであり、それはそのまま、われわれ自身の三世永遠《さんぜえいえん》にわたる自在《じざい》の境《きょう》涯《がい》を謳《うた》いあげた詩といってよい。

「この人生を生きる意味《いみ》とは何か」「わが生命の本来《ほんらい》の姿《すがた》とは何か」「われわれは、いずこより来《きた》りて、いずこへ行くのか」「生死《しょうじ》とは何か」という、一切《いっさい》の思想・哲学《てつがく》・宗教《しゅうきょう》の根底《こんてい》をなす、生命の究極《きゅうきょく》の命題《めいだい》にまっこうからこたえたのが、自我《じが》偈《げ》である。

ここに、全人類、全生命を永劫《えいごう》に照《て》らしゆく希《き》望《ぼう》と歓喜《かんき》の法理《ほうり》がある。

自我偈《じがげ》には、「我此土安穏《がしどあんのん》　天人常充満《てんにんじょうじゅうまん》（我《わ》が此《こ》の土は安穏にして　天人は常《つね》に充満せり）」（法華経四九一ジペー）とある。

この現実《げんじつ》の社会には、大火《たいか》に焼《や》かれるような苦しみが、いまだに絶《た》えることがない。その中にあって、永遠《えいえん》の生命の哲理《てつり》を掲《かか》げて、人類が永遠に理想《りそう》として願望《がんぼう》してきた、安穏《あんのん》にして平和の幸福世界を断固《だんこ》としてつくり上げていこうというのが、広宣流布の大運動《だいうんどう》である。

ここに、多くの哲学者《てつがくしゃ》、宗教者《しゅうきょうしゃ》、平和学者等が願望《がんぼう》してきた、全人類が幸福に生きる権利《けんり》を二十一世紀に打ち立てゆく道がある。

3-13 勤行は大宇宙《だいうちゅう》との交流

勤行・唱題の意義《いぎ》について、宇宙《うちゅう》と生命の深い次元《じげん》から、わかりやすく語っています。

池田先生の指針

『青春対話』

勤行・唱題は、自分自身と大宇宙《だいうちゅう》とが交流しゆく儀式《ぎしき》です。御本尊を根本《こんぽん》として、自分という「小宇宙」の中に「大宇宙」の生命力《せいめいりょく》を、生き生きとくみ上げる作業が勤行です。

自分は生きている。生命がある。それと同じく大宇宙《だいうちゅう》も一個の巨大《きょだい》な生命である。生命即《そく》宇宙であり、宇宙即生命である。私たち人間も、大宇宙と同じく一個の生命であり、「小さな宇宙」なのです。

ある学者は「人間の体は、星と同じものでできている」と言い、人間を「星の子」と呼《よ》びました。「小宇宙《しょううちゅう》」です。物質《ぶっしつ》だけでなく、宇宙の「創造《そうぞう》と破壊《はかい》の作用」「生と死のリズム」も、わが身を貫《つらぬ》いている。

また重力の法則《ほうそく》、エネルギー保存《ほぞん》の法則、その他、ありとあらゆる法則も、一個の小宇宙《しょううちゅう》にかかわっている。

地球が太陽の周りを三百六十五日と五時間四十八分で一周する。厳然《げんぜん》たる秩序《ちつじょ》がある。人体の細《さい》胞《ぼう》も六十兆と言われるが、それらが毎日、整然と、秩序正《ただ》しく運行しているのが、健康な生命の状態《じょうたい》です。不思議であり、絶妙《ぜつみょう》な働きです。地球が太陽の周りを回る。ちょっとでも軌道《きどう》がずれたら大変です。いな、地軸《ちじく》が少し傾《かたむ》いただけで、すべての生物は絶滅《ぜつめつ》の危機《きき》を迎《むか》えるでしょう。それほど微妙《びみょう》であり、しかも厳然として、大宇宙即生《だいうちゅうそく》命の「法則《ほうそく》」がある。小宇宙も同じです。

こういう「目には見えないが実在《じつざい》する法」を探《たん》究《きゅう》したのが科学であり、その成果を応用《おうよう》してつくったのが、さまざまな機械です。

たとえば、船は、見えない「浮力《ふりょく》」の法則《ほうそく》を応《おう》用《よう》してつくったものであり、飛行機なら「揚力《ようりょく》」の法則です。ラジオ・テレビは「電波《でんぱ》」という法則などでしょう。それらは宇宙《うちゅう》の部分的な法則です。

それに対し、仏法は、物心のあらゆる法の根本《こんぽん》にある「生命の大法」を探究《たんきゅう》し、発見したのです。それが「妙法」です。

妙法は、目には見えない。しかし厳然《げんぜん》と実在《じつざい》する。この妙法の力《ちから》を引き出せるよう、日蓮大聖人が御本尊を御図顕《ごずけん》してくださったのです。だから戸田先生は「もったいないことであるが、御本尊は幸福製造機《せいぞうき》にたとえられる」と、わかりやすく教えてくださった。

御本尊に勤行・唱題することによって、小宇宙《しょううちゅう》のわが身が、見事に大宇宙と調和していくのです。崇高《すうこう》な儀式《ぎしき》です。

自分自身の中にある「宝《たから》の蔵《くら》」を開き切っていく作業です。わが生命の大地に、生命力《せいめいりょく》のわき出《い》ずる泉《いずみ》を掘《ほ》っているのです。こんこんと、くめども尽《つ》きぬ智慧《ちえ》と慈悲《じひ》と勇気の源流《げんりゅう》を掘っているのです。

「宇宙《うちゅう》」も、その本体は南無妙法蓮華経です。「わが生命」も南無妙法蓮華経の顕《あらわ》れです。そして「御本尊」も南無妙法蓮華経の御当体《ごとうたい》です。三者とも南無妙法蓮華経であり、本来、一体なのです。

ゆえに南無妙法蓮華経と唱《とな》えゆく時、御本尊を中心にして、わが生命と宇宙《うちゅう》が、きちっとギアをかみ合わせ、幸福の方向へ、幸福の方向へと回転を始めるのです。

春夏秋冬、三百六十五日、大宇宙のリズムに合致《がっち》して、どんな悩《なや》みも乗《の》り越《こ》えられる「生命力《せいめいりょく》」と「智慧《ちえ》」と「福運《ふくうん》」を発揮《はっき》していける。「仏界《ぶっかい》」という生命力のエンジンを爆発《ばくはつ》させながら、行き詰《づ》まりを打開し、前へ前へ、希望《きぼう》の方向へ、正義《せいぎ》の方向へと、勇《いさ》んで走っていけるのです。

3-14 唱題は生命錬磨《れんま》の実践《じっせん》

勤行・唱題を日々実践《じっせん》し持続《じぞく》していく功徳《くどく》について語っています。

池田先生の指針

「芸術部総会」（一九八七年五月十日、東京）

妙法こそ生命を磨《みが》きゆく根本《こんぽん》である。「一生成仏抄《いっしょうじょうぶつしょう》」には次のように仰《おお》せである。

「譬《たと》えば闇鏡《あんきょう》も磨《みが》きぬれば玉《たま》と見《み》ゆるが如《ごと》し、只今《ただいま》も一念《いちねん》無明《むみょう》の迷心《めいしん》は磨かざる鏡《かがみ》なり是《これ》を磨かば必《かなら》ず法性真如《ほっしょうしんにょ》の明鏡《みょうきょう》と成《な》るべし、深《ふか》く信心を発《おこ》して日夜朝暮《にちやちょうぼ》に又懈《またおこた》らず磨くべし何様《いかよう》にしてか磨くべき只《ただ》南無妙法蓮華経と唱《とな》へたてまつるを是をみがくとは云《い》うなり」（御書三八四㌻）

──たとえば、曇《くも》った鏡《かがみ》も磨《みが》きあげれば、玉《たま》のように輝《かがや》いていく。迷《まよ》い悩《なや》む生命は、磨かない鏡のようなものである。これを磨くならば、必《かなら》ず、真実の悟《さと》りの智慧《ちえ》の明鏡《みょうきょう》となる。深《ふか》く信心を奮《ふる》い起《お》こして、朝も夕もつねに怠《おこた》ることなく生命を磨かねばならない。どのように磨けばよいか。（御本尊に）南無妙法蓮華経と（自行化他《じぎょうけた》にわたる）題目を唱《とな》えていくことが、生命を磨いていくことになる──と。

現代《げんだい》は悪縁《あくえん》の絶《た》えない社会である。清浄《せいじょう》な生命も、すぐに曇《くも》り、汚《よご》れてしまう。ゆえに、この生命錬磨《れんま》の根本法《こんぽんほう》が絶対《ぜったい》に必要となる。

磨《みが》き抜《ぬ》かれた生命には智慧《ちえ》が輝《かがや》く。その智慧は〝人生の勝利〟を導《みちび》く光となる。

法華経の法師功徳品《ほっしくどくほん》第十九には、妙法を受持《じゅじ》した人の智慧を「浄明《じょうみょう》なる鏡《かがみ》に　悉《ことごと》く諸《もろもろ》の色像《しきぞう》を見るが如《ごと》く」（法華経五四七ジペー）と説《と》く。清浄《せいじょう》にして明るい鏡が、あらゆる物の像《ぞう》をはっきりと映《うつ》し出《だ》すように、磨《みが》き抜《ぬ》かれた生命は、世の中のあらゆる現象《げんしょう》を明瞭《めいりょう》に見抜《みぬ》くことができるのである。

この経文《きょうもん》について、日蓮大聖人は「御義口伝《おんぎくでん》」に次のように仰《おお》せである。

「六根清浄《ろっこんしょうじょう》の人は瑠璃明鏡《るりみょうきょう》の如《ごと》く三千世界《さんぜんせかい》を見《み》ると云《い》う経文《きょうもん》なり、今日蓮等《いまにちれんら》の類《たぐ》い南無妙法蓮華経と唱《とな》え奉《たてまつ》る者《もの》は明鏡に万像《まんぞう》を浮《うか》ぶるが如く知見《ちけん》するなり」（御書七六三ジペー）と。

瑠璃《るり》とは七宝《しっぽう》の一つ。六根清浄《ろっこんしょうじょう》とは、この法師《ほっし》功徳品《くどくほん》に説《と》かれた、正法の実践者《じっせんしゃ》の功徳である。すなわち眼《げん》・耳《に》・鼻《び》・舌《ぜっ》・身《しん》・意《い》の六根《ろっこん》という知《ち》覚《かく》・感覚《かんかく》の機能《きのう》、つまりは生命の全体が清浄《せいじょう》に輝《かがや》いてくる。

鍛《きた》えられ、磨《みが》かれたこの生命の「明鏡《みょうきょう》」は、宇《う》宙《ちゅう》と社会と人間の全体を、あますところなく映《うつ》しだす。「明鏡」とは根本的《こんぽんてき》には、御本尊のことであられる。すなわち日蓮大聖人の御生命である。総《そう》じて、御本尊を信ずる大聖人門下の「一心の明鏡」である。

信心の重大な意義《いぎ》がここにある。強盛《ごうじょう》なる信心によって生命の色心が、もっとも清浄《せいじょう》に、もっとも力強《ちからづよ》く、向上し変革《へんかく》されていくのである。

大切なことは、信心による生命の浄化《じょうか》は、〝人間としての勝利〟の原動力《げんどうりょく》となることである。ゆえに信心を最後の最後まで貫《つらぬ》き通《とお》さねばならない。

3-15 変革《へんかく》は祈《いの》りから始まる

御聖訓《ごせいくん》を拝《はい》し、日蓮仏法における「祈《いの》り」の重要《じゅうよう》な意義《いぎ》や祈る姿勢《しせい》について、さまざまに論《ろん》じています。

池田先生の指針

「御書要文講義」（『池田大作全集24』）

「されば法華経《ほけきょう》の行者《ぎょうじゃ》の祈《いの》る祈《いのり》は響《ひびき》の音《おと》に応《おう》ずるがごとし・影《かげ》の体《からだ》にそえ《添》るがごとし、すめ《澄》る水《みず》に月《つき》のうつるがごとし・方諸《ほうしょ》の水をまねくがごとし・磁石《じしゃく》の鉄《てつ》をす《吸》うがごとし・琥珀《こはく》の塵《ちり》をとるがごとし、あき《明》らかなる鏡《かがみ》の物《もの》の色《いろ》をうかぶるがごとし」（御書一三四七ページ）

――したがって、法華経の行者が祈《いの》る祈りは、響《ひび》きが音に応《おう》ずるように、影《かげ》が身体に添《そ》うように、澄《す》んだ水に月が映《うつ》るように、方諸《ほうしょ》（鏡《かがみ》の一種）が水を招《まね》くように、磁石《じしゃく》が鉄を吸《す》うように、琥珀《こはく》が塵《ちり》を取るように、明らかな鏡が物の色を浮《う》かべるように必ず叶《かな》うのである――

法華経の行者の祈《いの》りは、必ず叶《かな》うことを断言《だんげん》された御文です。引かれた譬《たと》えが、いずれも自然の道理、事実の姿《すがた》であることに、日蓮大聖人の強い御確信《ごかくしん》をみる思いがします。

音には響《ひび》きが応《おう》ずるように、体に影《かげ》が従《したが》うように、法華経の行者の祈《いの》りのあるところ、そこに結果が出ないわけはない。祈りに応じて、自己《じこ》の生命の色心にわたる回転が起こり、また依報《えほう》（＝自身の生命を取り巻く環境《かんきょう》世界）もそれに呼応《こおう》して動くとの仰《おお》せであります。

祈《いの》りとは、決して観念ではない。

現代人《げんだいじん》の目からすれば、目に見えない生命の世界は観念の産物《さんぶつ》にすぎないと考えるかもしれません。しかし、もし物質的《ぶっしつてき》な観点だけで物事を捉《とら》えていったならば、人と人との関係、人と物との関係の大部分は、偶然《ぐうぜん》の混沌《こんとん》の中に埋没《まいぼつ》してしまうでしょう。

仏法の透徹《とうてつ》した英知は、その混沌《こんとん》の奥《おく》に生命の法を見いだし、事象《じしょう》を内より支《ささ》え、動かしていく力《ちから》を捉《とら》えているのであります。

「命已《いのちすで》に一念《いちねん》にすぎざれば仏《ほとけ》は一念随喜《ずいき》の功徳《くどく》と説《と》き給《たま》へり」（御書四六六ページ）と仰《おお》せのように、瞬間《しゅんかん》瞬間に如々《にょにょ》として来《きた》って内より自身を支《ささ》え、本源的《ほんげんてき》な方向性《ほうこうせい》を与《あた》えていくものこそが、最も問題とされなければならないわけであります。

祈《いの》りとは、この本源的《ほんげんてき》な世界における、生命の迷《まよ》いとの唯一《ゆいいつ》の対決の在《あ》り方《かた》といってよいでありましょう。

したがって、祈《いの》りとは、正しい実践《じっせん》、粘《ねば》り強《づよ》い行動を貫《つらぬ》くための源泉《げんせん》であります。祈りのない行動ほどもろいものはない。それは、ある時は順調で、意気盛《いきさか》んにみえるかもしれません。しかし、ひとたび逆境《ぎゃっきょう》に直面するや、枯《か》れ木《き》のように、もろくも挫折《ざせつ》してしまうでありましょう。なぜなら、そこには、我《わ》が胸中《きょうちゅう》を制覇《せいは》するという一点が欠《か》けているがゆえに、現実社会の浮《う》き沈《しず》みの中で、木《こ》の葉のように翻弄《ほんろう》されてしまうからであります。

人生の坂は、一直線に向上の道をたどるようなものでは、決してありません。成功もあれば失敗もある。勝つときもあれば負けるときもあります。そうした、様々な曲線を描《えが》きつつ、一歩一歩、成長の足跡《そくせき》を刻《きざ》んでいくものであります。その過《か》程《てい》にあって、勝って傲《おご》らず、負けてなお挫《くじ》けぬ、強靱《きょうじん》な発条《ばね》として働くのが、祈《いの》りなのであります。

ゆえに祈《いの》りのある人ほど強いものはない。我《わ》が強盛《ごうじょう》なる祈りに込《こ》めた一念《いちねん》が、信力《しんりき》、行力《ぎょうりき》となってあらわれ、それと相呼応《あいこおう》して仏力《ぶつりき》、法力《ほうりき》が作動するのであります。主体はあくまで人間であります。

祈《いの》りとは、人間の心に変化をもたらすものであります。目に見えないが深いその一人の心の変化は、決して一人にとどまるものではありません。また一つの地域《ちいき》の変革《へんかく》は、決してその地域のみにとどまってはいない。一波《いっぱ》が万波《ばんぱ》を呼《よ》ぶように、必ず他の地域に変革の波動を及《およ》ぼしていくのであります。

そうした展転《てんでん》の原点となる最初の一撃《いちげき》は、一人の人間の心の中における変革《へんかく》であると、私は申し上げたいのであります。

仏法は道理である、と言われることの深意《しんい》もここにあるといってよいでしょう。

譬《たと》えの中の「音《おと》」「体《からだ》」「すめる水」等は祈《いの》りの姿《すがた》であり、「響《ひびき》」「影《かげ》」「水にうつる月」等は、祈りの叶《かな》っていく自然な様相《ようそう》をあらわしていると拝《はい》することもできます。それらの譬えが自然の理法であるように、法華経の行者の祈りは、生命の世界の必然の法として、道理として、必ず叶っていくのであります。

こうした祈《いの》りは、傲慢《ごうまん》や慢心《まんしん》とは、およそ縁遠《えんどお》いものでありましょう。

端座《たんざ》唱題の凜然《りんぜん》たる姿《すがた》には、浅薄《せんぱく》な自己《じこ》の智《ち》慧《え》、わずかな経験《けいけん》への執着《しゅうちゃく》を乗《の》り越《こ》えて、仏《ほとけ》の智慧によって見いだされた生命の法、自然、宇宙《うちゅう》の根源《こんげん》のリズムに冥合《みょうごう》しようとの、謙虚《けんきょ》な姿勢《しせい》が脈打っているものであります。卑屈《ひくつ》にもならず、一切《いっさい》の活動を一念《いちねん》へと凝縮《ぎょうしゅく》し、生命の充電《じゅうでん》を受けつつ、無限《むげん》の飛躍《ひやく》を期《き》している。それは人間生命の、最も健康にして充溢《じゅういつ》した姿なのであります。

ともかくも、私どもは、生活の、人生のすべての問題を御本尊に祈《いの》りきって、取り組んでいこうではありませんか。

祈《いの》ることが大事であり、そこから一切《いっさい》が出発することを忘《わす》れてはならないと申し上げたい。

事《じ》のうえにおいて、祈《いの》りを失って、我《わ》が生命を回転させなければ、どのようなうまい話をし、高尚《こうしょう》な理論《りろん》を展開《てんかい》しても、それはすべて理であり、夢《ゆめ》であり、幻《まぼろし》となってしまう。信心といい、学会精神といい、すべて現実《げんじつ》を、強く、深く祈ることから始まるといってよいのであります。

仏法の祈《いの》りは、単に祈っていればいいというものではない。満々たる生命力《せいめいりょく》をはらんだ矢が射《い》られていくごとく、行動、実践《じっせん》をはらんでいるのであります。したがって、行動なき祈りは観念であり、祈りなき行動は空転《くうてん》なのであります。

ゆえに、偉大《いだい》なる祈《いの》りは、偉大なる責任感《せきにんかん》から起こると申し上げたい。仕事に対し、生活に対し、人生に対して無責任《むせきにん》な姿勢《しせい》、どうでもいいという姿勢からは、決して祈りは起こってきません。自己《じこ》のかかわる一切《いっさい》に責任を持ち、真剣《しんけん》に取り組んでいる人こそ祈りを持つものであります。

3-16 祈《いの》りは形式ではない

池田先生は、イタリアを訪問《ほうもん》した際《さい》、「題目は、〝あげる姿勢《しせい》〟と〝あげる数〟と、どちらが大切でしょうか」とのメンバーの質問《しつもん》に対して、わかりやすくアドバイスしました。

池田先生の指針

「北イタリア代表幹部会」
（一九九二年七月三日、イタリア）

十万リラ（＝イタリアの当時の通貨《つうか》）のお札《さつ》は、一万リラのお札よりも、質《しつ》が高い。十万リラ札のほうが良いのは当然です。真剣《しんけん》な、確信《かくしん》ある唱題が大事です。そのうえで、十万リラ札を、数多く持っていれば、いちばんいいわけです（笑い）。質も、量も、両方、大事なのです。

また、仏法では感応《かんのう》が大切です。たとえば電話は感度が良ければ、小さな声で「もしもし……」と、ささやいても通じる。叫《さけ》ぶような声で「もしもし！　もしもし！」とやっても通じない場合もある。祈《いの》りが通じるには、ありのままの自分で、ぶつかっていくことです。

御書には「夫信心《それしんじん》と申《もう》すは別《べち》にはこれなく候《そうろう》」（一二五五ページ）——そもそも信心というのは、特別なものではない——と仰《おお》せです。ありのままの自分でよいのです。

大聖人は続けて「妻《つま》のをとこ《夫》をおしむが如《ごと》くを
とこの妻に命《いのち》をすつるが如く、親《おや》の子《こ》をすてざるが如く・子の母《はは》にはなれざるが如くに、法華経釈《しゃ》迦多宝《かたほう》・十方《じっぽう》の諸仏菩薩《しょぶつぼさつ》・諸天善神等《しょてんぜんじんとう》に信《しん》を入《い》れ奉《たてまつ》りて南無妙法蓮華経と唱《とな》へたてまつるを信心とは申《もう》し候《そうろう》なり」（御書一二五五ジ《ペー》）――妻が夫《おっと》を大切にするように、夫が妻のために命を捨《す》てるように、親が子を捨てないように、子どもが母から離《はな》れないように、法華経と釈迦仏《しゃかぶつ》、多宝如来《たほうにょらい》、十方の諸仏菩薩、諸天善神等を信じ奉りて、南無妙法蓮華経と唱え奉るのを、信心というのである――と仰《おお》せです。

無作《むさ》というか、苦しければ苦しいままに、悲しければ悲しいままに、思ったとおりに祈《いの》っていくことです。

大聖人の願《ねが》いは私どもの幸福なのだから、その大聖人の御生命にふれ、つながっていって、幸福になれないはずがない。大聖人のお使いとして広宣流布のために働いた人を、大聖人が守ってくださらないはずがありません。

どこまでも自分のための信心です。唱題も「自分が満足《まんぞく》する」ということが大切です。決して、何遍《なんべん》やらなければいけないとか、形式ではない。目標《もくひょう》を立てることは意味があるが、疲《つか》れているときとか、眠《ねむ》いときとか、心もうつろに、惰性《だせい》で口を動かしているだけ――それならば、早く休んで、はつらつとした心身で行うほうが、価値的《かちてき》な場合がある。

自分が、ああ、すっきりしたと満足《まんぞく》することが、いちばんです。その毎日毎日の積《つ》み重《かさ》ねが、自然のうちに、「所願満足《しょがんまんぞく》」の人生を開いていくのです。

3-17 確信《かくしん》ある祈《いの》りを

前節《ぜんせつ》と同じイタリアでの会合で、池田先生と一緒《いっしょ》に唱題したメンバーから、「先生と共に唱題していると、自分の夢《ゆめ》を実現《じつげん》させようという意欲《いよく》と勇気《ゆうき》がこんこんとわき上がってきました。どうしたら、いつでも、このような気持ちで唱題し、勇気をもって生きていけるでしょうか」と、質問《しつもん》がありました。池田先生は、ユーモアを含《ふく》めながら、わかりやすく語りかけました。

池田先生の指針

「北イタリア代表幹部会」
（一九九二年七月三日、イタリア）

たとえ一遍《いっぺん》の題目でも、全宇宙《ぜんうちゅう》に通じます。いわんや「心」「一念《いちねん》」をこめた題目は、一切《いっさい》を揺《ゆ》り動《うご》かしていく。

一般的《いっぱんてき》にも、同じ「愛しています」という言葉でも、心がこもっているか、口先だけかでは、全然ちがう（笑い）。

ともあれ、「わが身が妙法の当体《とうたい》なのだ」と深く深く確信《かくしん》した題目、「私は、仏《ほとけ》の使いとして、妙法を弘《ひろ》めるために生きるのだ」と一念《いちねん》を定《さだ》めた題目が、御本尊に響《ひび》かないはずはない。宇宙《うちゅう》に届《とど》かないはずはない。必ず自在《じざい》の境涯《きょうがい》になっていく。

もちろん、何事においても、初めから〝達人〟にはなれません。さまざまな障壁《しょうへき》を乗《の》り越《こ》え、また乗り越え、進み続けてこそ、〝達人〟のごとき境涯《きょうがい》が開いていく。

信心も同じです。自分に負けて、決意がうすれていく場合もある。思いどおりにいかず、あせる場合もある。けれども、ともかく唱題し続けていく。願いが叶《かな》おうが、すぐには叶うまいが、疑《うたが》うことなく、題目を唱《とな》え抜《ぬ》いていく。

そうやって信心を持続《じぞく》した人は、最後には必ず、自分自身にとって〝これがいちばん良かったのだ〟という、価値《かち》ある「最高の道」「最高の峰《みね》」に到達《とうたつ》できる。すべてが喜びであり、使命であると言いきれる、「所願満足《しょがんまんぞく》の人生」を築《きず》くことができる。それが妙法であり、信仰《しんこう》の力《ちから》です。

御本尊は、なぜ大切なのか――。それは、御本尊への「信」によって、私どもの胸中《きょうちゅう》の本尊《ほんぞん》、仏《ぶっ》界《かい》を開けるからです。

この「御本尊」は、自身の「信心」のなかにこそある、と大聖人は仰《おお》せです。

妙法の当体である自分自身、人間自身が大事なのです。その胸中《きょうちゅう》の妙法を顕《あらわ》すためにこそ、御本尊が、こよなく大切なのです。

3-18 「頑張《がんば》っても悩《なや》みが解決《かいけつ》できない」

未来部員の「悩《なや》みを解決《かいけつ》しようと一生《いっしょう》懸命《けんめい》に勤行をしているのですが、全然《ぜんぜん》解決できません」という率直《そっちょく》な質問《しつもん》に答えて、「祈《いの》りが叶《かな》う」ということの深い意《い》義《ぎ》を語っています。

池田先生の指針

『青春対話』

「祈《いの》りとして叶《かな》わざるなし」の信心です。しかし、祈ってすぐに叶うのは〝手品の信仰《しんこう》〟だ。

「明日、宝《たから》くじに当たりたい」「明日のテストで百点を取りたい」と祈って、簡単《かんたん》にそうなるものではない。しかし、もっと深く、長い目で見た場合に、祈った分だけ、全部、幸福の方向に行っているのです。

目先の願《ねが》いが叶《かな》う場合もあれば、叶わない場合もある。しかし、あとから振《ふ》り返《かえ》ると、その結果が「いちばんよかった」という形になっているものです。

仏法は道理であり、信心即《そく》生活です。信心即現《げん》実《じつ》だ。現実のうえで、努力もしないで、安易《あんい》に願《ねが》いが叶《かな》うわけがない。

さらに、宿業的《しゅくごうてき》なもの——過去《かこ》に根の深い原因《げんいん》がある苦悩《くのう》を変えていくには、長い努力が必要になってくる。

「切《き》り傷《きず》が治る」のと「内臓疾患《ないぞうしっかん》が治る」のとでは、治り方の時間も違《ちが》ってくる。薬で治る病気もあれば、手術《しゅじゅつ》が必要な病気もある。それと同じです。また、信心の度合いも一人一人違いがあるし、もっている宿命《しゅくめい》も一人一人違う。

しかし、祈《いの》っていくことによって、必ず「よい方向へ」「よい方向へ」と、本格的《ほんかくてき》な希望《きぼう》が開けていくことは間違《まちが》いないのです。

何でも「すぐ」ということは、あり得ない。「すぐ」に叶《かな》ってしまえば、その人の堕落《だらく》につながる。安易《あんい》な人生になってしまう。ちょっと絵を描《か》くのが好きな人が、バッバッと絵を描いて、すぐに展《てん》覧会《らんかい》ができて、絵が売れてしまうことなど、あり得ない。仕事をしないで遊び回り、そのせいで貧《びん》乏《ぼう》になっている人に、貧乏だからといって、たくさんお金をあげて、その人は幸福になるだろうか。

建物でも、こちらをいじったり、あそこを直《なお》したり、目先の改築《かいちく》を何回も重《かさ》ねるよりも、新築《しんちく》するほうが丈夫《じょうぶ》で立派《りっぱ》なのができるし、強い。目先のことではなくて、生命が根底《こんてい》から変わるのが信心です。生命が芯《しん》から強くなっていくし、永遠《えいえん》に消えない福運《ふくうん》が固まっていくのです。

御本尊の功徳《くどく》には「顕益《けんやく》」と「冥益《みょうやく》」がある。「顕益」というのは、病気とか、人間関係とか、何か問題が起こった時に厳然《げんぜん》と守られ、すみやかに解決《かいけつ》できる利益《りやく》です。

「冥益《みょうやく》」とは、木がゆっくりと育つように、また海の水が満ちていくように、次第に福運《ふくうん》を積《つ》み、豊《ゆた》かな大境涯《だいきょうがい》を築《きず》いていく。毎日、見ていても変わっていないようで、何年間か長い目で見た場合には、厳然《げんぜん》と幸福になっている。成長している。それが「冥益」です。

「顕《けん》」とは、はっきり目に見えるということ。「冥《みょう》」とは、なかなか目には見えないことを意味する。

題目を唱《とな》えていけば、「顕益《けんやく》」の場合もあれば、「冥益《みょうやく》」の場合もあるが、結果として必ず、自分にとっていちばんいい方向になっていくのです。

ともあれ、何があっても「祈《いの》り続ける」ことです。そうすれば、必ず幸福になる。その時は、自分が思っているような解決《かいけつ》をしなくても、もっと深いところ、あとから考えると、「いちばんよかった」という方向になっていたことがわかるものです。これがすばらしい「冥益《みょうやく》」です。

たとえば、「きょう腹《はら》いっぱい食べて、一生、飢《う》えて暮《く》らす」よりも、「今すぐには腹いっぱい食べられなくても、一生涯《いっしょうがい》、悠々《ゆうゆう》と食べていける」人生のほうが、はるかによい。日蓮大聖人の仏法は、そのようなものです。

3-19 「勤行をしないと罰《ばち》が当たる?」

「勤行ができなかった日は〝罪悪感《ざいあくかん》〟にさいなまれる」という未来部員の声に対して、温かく包《つつ》み込《こ》むように励《はげ》ましを送っています。

池田先生の指針

『青春対話』

御本尊を信じている限《かぎ》り、「罰《ばち》」なんか出ません。心配しなくてもいい。日蓮大聖人は「一遍《いっぺん》の題目にも、限りない功徳《くどく》がある」(御書九四〇ページなど、趣意)と言われている。

いわんや、真剣《しんけん》に勤行・唱題を続けたら、どれほどすばらしいか。全部、自分のためです。義務《ぎむ》ではなく、自分の権利《けんり》です。

御本尊は決して、拝《おが》んでほしいなどと言われていない。こちらから、拝ませてくださいというのが信心です。

やった分だけ、自分が得《とく》をする。お題目を何遍《なんべん》あげなければいけない、というようなことは大聖人は、おっしゃっていない。本人の自覚の問題です。信心は一生のことなのだから、神経質《しんけいしつ》にとらわれてはいけない。

ともかく窮屈《きゅうくつ》に考える必要はない。仏法は人間を自由にするものであって、人間を縛《しば》るものではないのです。

少しずつでも、毎日することが大事です。毎日、ご飯を食べてエネルギーとなる。勉強も毎日、積《つ》み重《かさ》ねることによって力《ちから》となる。「毎日の生活が即《そく》人生」となる。だから「毎日の生活即向上」でなければならない。その推進力《すいしんりょく》が勤行です。

勤行という行《ぎょう》に励《はげ》むことは、毎日の「心のトレーニング」です。自分自身の生命を清浄《せいじょう》にし、エンジンをかけ、軌道《きどう》に乗せていくことです。心身ともに回転を促《うなが》し、リズムを整《ととの》えていくのです。

「ともかく御本尊の前に」――その心が大事です。

「少しでも、お題目を唱《とな》えていこう!」「毎日、御本尊に祈《いの》っていこう!」と挑戦《ちょうせん》を続ける心が尊《とうと》いのです。

3-20 「経文《きょうもん》や題目の意味がわからない」

アメリカを訪問《ほうもん》した池田先生は、「意味がわからない経文《きょうもん》や題目を唱《とな》えて、どんな価値《かち》があるのか」という疑問《ぎもん》に対して、わかりやすく答えながら、勤行・唱題の素晴《すば》らしさを語りました。

池田先生の指針

「アメリカSGI青年研修会」

(一九九〇年二月二十日、アメリカ)

もちろん、経文《きょうもん》や題目の意義《いぎ》がわかったほうがよいことは当然である。ただし、それは法への確信《かくしん》を強めるためである。

わかっても実践《じっせん》しなければ何《なん》にもならないし、その深義《じんぎ》のすべてを論理的《ろんりてき》に理解《りかい》するというわけにはいかない。

しかし、たとえば犬が鳴き、鳥がさえずる。犬には犬の、鳥には鳥の世界の声があり、言葉・信号がある。人間が聞いてもまったくわからないが、犬同士、鳥同士には通じあっているにちがいない。

また暗号《あんごう》や略語《りゃくご》、外国語も他の人にはわからなくても、その世界の人には立派《りっぱ》に通じる。夫婦《ふうふ》の間なら「あれよ、あれ!」だけで通じる場合もある(笑い)。

勤行・唱題の声は、たとえ人間に意味がわからなくとも、御本尊に通じ、三世十方《さんぜじっぽう》の仏《ぶつ》・菩薩《ぼさつ》の世界には、きちんと通じている。いわば仏・菩薩の世界の言語ともいえよう。

ゆえに、御本尊への勤行・唱題の声は、一切《いっさい》の仏《ぶつ》・菩薩《ぼさつ》・諸天善神《しょてんぜんじん》のもとに届《とど》き、「善哉《よきかな》、善哉」「エクセラント（すばらしい）！」「ベリー・ナイス！」等と、喜び、たたえ、全宇宙《ぜんうちゅう》が私どもを福《ふっ》光《こう》でつつむのである。

大聖人は、勤行・唱題によって、私どもは毎日、いながらにして大宇宙《だいうちゅう》を旅行するような大境《だいきょう》涯《がい》を得るという意味のことを、教えてくださっている。

たとえば「我等《われら》が弟子檀那《でしだんな》とならん人は一歩《いっぽ》を行《い》かずして天竺《てんじく》の霊山《りょうぜん》を見《み》・本有《ほんぬ》の寂光土《じゃっこうど》へ昼夜《ちゅうや》に往復《おうふく》し給《たも》ふ事《こと》うれしとも申《もう》す計《ばか》り無《な》し」（御書一三四三㌻）——大聖人の出家・在家《ざいけ》の門下となる人は、一歩も動くことなく、法華経の会座《えざ》がもたれたインドの霊鷲山《りょうじゅせん》に行き、宇宙《うちゅう》にもともとある寂光土（＝仏《ほとけ》の世界）へ、毎日、昼夜に往復されることは、うれしいとも何とも言いつくせない——と。

御本尊を拝《はい》すれば、わが小宇宙《しょううちゅう》の扉《とびら》は、その場、その時に、大宇宙へと全開《ぜんかい》し、全宇宙を見おろすような悠々《ゆうゆう》たる大幸福感を味わうことができる。大充実感《だいじゅうじつかん》と、大歓喜《だいかんき》、一切《いっさい》を掌《たなごころ》に収《おさ》めたような大《だい》確信《かくしん》を実感することができる。宇宙につつまれていた小宇宙が、宇宙をつつみかえしていく。

また「南無妙法蓮華経の唱《とな》への母《はは》にあたため《暖》られ・まいらせて（中略）実相真如《じっそうしんにょ》の虚空《こくう》にかけるべし」（御書一四四三㌻）——南無妙法蓮華経と唱える声が無明《むみょう》の卵《たまご》を温める母となって、やがて仏《ほとけ》という鳥となり実相真如の虚空（＝仏界《ぶっかい》の大宇宙《だいうちゅう》）へと必ず飛翔《ひしょう》していく——と。

さらに「我《わ》が身《み》は藤《ふじ》のごとくなれども法華経の

松《まつ》にかかりて妙覚《みょうかく》の山《やま》にものぼ《登》りなん、一乗《いちじょう》の羽《はね》をたのみて寂光《じゃっこう》の空《そら》をもかけりぬべし」（御書一四三〇ページ）――あなたもわが身は藤のようであるが、御本尊という松にかかって、「妙覚の山」に登るであろう、一乗（＝妙法）の羽の力《ちから》で「寂光（＝仏界《ぶっかい》）の空」にも翔《か》けていくであろう――と。

最高峰《さいこうほう》の山頂《さんちょう》に立てば、下界《げかい》を晴ればれと見おろせるように、私どもは「最高の智慧《ちえ》」（妙覚《みょうかく》）の山に登ることができると。

また大宇宙《だいうちゅう》に飛《と》びゆくように、きらめく銀河《ぎんが》、走る流星群《りゅうせいぐん》、とりどりの美しき星々《ほしぼし》を眺《なが》めつつ、生命の無限《むげん》の広がり、奥行《おくゆ》きを刻々《こっこく》に味わい、かみしめて生きる常楽《じょうらく》の境涯《きょうがい》となる。

第四章　心こそ大切

4-1 「心こそ大切」の一生を

万人《ばんにん》に等しく具《そな》わる太陽の如《ごと》き仏《ほとけ》の生命を開いていけば、全《すべ》てが輝《かがや》いて見えるだけでなく、全てを輝かせていくことができる。心の変革《へんかく》が、自身を変え、環境《かんきょう》を変え、そして世界を変えていく――。

この「心こそ大切」という揺《ゆ》るがぬ幸福の哲学《てつがく》を、池田先生は常《つね》に強調《きょうちょう》してきました。本章は、その重要《じゅうよう》な指針《ししん》を紹《しょう》介《かい》します。

池田先生の指針

「各部代表者会」（一九八八年二月二十五日、東京）

昨日、ある人と語りあった。御書全編をとおしての大聖人の仰《おお》せは、つまるところ何《なん》だろうかと。

その一つの結論《けつろん》として、まず「御本尊根本《こんぽん》」ということである。妙法のみを純粋《じゅんすい》に唱《とな》え行《ぎょう》じきっていくという「但《ただ》南無妙法蓮華経」（御書一五四六ジペー）の一念《いちねん》である。

そして「ただ心こそ大切なれ」（御書一一九二ジペー）の御聖訓《ごせいくん》である。

これらが、もっとも要《かなめ》となるともいえるのではないかということになった。

とくに後者《こうしゃ》については、たとえ御本尊を受持《じゅじ》し、題目を唱《とな》えていても、自身がいかなる信心の

「心」であるのか。広布へと向かう「心」なのかどうか。その奥底《おうてい》の「心」が一切《いっさい》を決める。

幸《こう》・不幸《ふこう》、成仏《じょうぶつ》・不成仏、また仏界《ぶっかい》の方向へ行くのか、苦悩《くのう》の境涯《きょうがい》へ向かうのか――すべては、わが一心《いっしん》の妙用《みょうゆう》であり、厳《きび》しき結果《けっか》である。この一事《いちじ》は、どれほど強調《きょうちょう》しても、しすぎることはない。

宇宙《うちゅう》にも心法《しんぽう》すなわち「心」がある。自身にも「心」がある。自身の信心の「心」が、宇宙にも通《つう》じていく。まことに心には不可思議《ふかしぎ》なる働《はたら》きがある。

わがままな心、愚痴《ぐち》と文句《もんく》の心、疑《うたが》いの心、要領主義《りょうしゅぎ》の心、慢心《まんしん》、増上慢《ぞうじょうまん》の心などは、自他《じた》ともの不幸《ふこう》の因《いん》である。

それらにとらわれてしまっては、飛行機《ひこうき》が濃霧《のうむ》の中をさまようようなものである。何ひとつ定《さだ》かには見えない。善悪《ぜんあく》の基準《きじゅん》もわからなくなる。自身のみならず、乗客ともいうべき眷属《けんぞく》も不幸《ふこう》に堕《お》としてしまう。

また「慢《まん》」の心とは、たとえていえば、暴《あば》れ馬《うま》が止《と》まらないで狂《くる》ったかのように、心がグルグルと駆《か》けまわっていて、自分で自分がわからなくなっているようなものだ。そばにいる人たちも、けとばされてしまう。

要《よう》するに、人間として正常《せいじょう》ではない。また、自分が思っているのとは正反対《せいはんたい》に、少しも偉《えら》くはない。それどころか、慢心《まんしん》とか増上慢《ぞうじょうまん》の人は、仏法上、いちばん危険《きけん》な人物である。

反対に、友を思う真心《まごころ》、主義主張《しゅぎしゅちょう》に生きる信念《しんねん》の心、広布への使命を果《は》たそうと戦う責任《せきにん》の心、仏子《ぶっし》を守り、尽《つ》くしきっていこうという心、感謝《かんしゃ》と報恩《ほうおん》と歓喜《かんき》の心は、自身のみならず、一家も一族も、子孫末代《しそんまつだい》まで、無限《むげん》に福徳《ふくとく》を開いていく。諸天善神《しょてんぜんじん》が守りに守っていく。まっすぐに成仏《じょうぶつ》への軌道《きどう》を進めてくれる。

ゆえに「心こそ大切なれ」との仰《おお》せを、強く深く胸《むね》に刻《きざ》んでの一生《いっしょう》であっていただきたい。

4-2 感謝《かんしゃ》と喜《よろこ》びは福運《ふくうん》を増《ま》す

愚痴《ぐち》を排《はい》して感謝《かんしゃ》と喜《よろこ》びに生きる信心こそが、境涯《きょうがい》を深めていくと語っています。

池田先生の指針

「九州・沖縄合同会議」（一九九八年三月三日、沖縄）

「心こそ大切なれ」（御書一一九二ジペー）である。

同じ行動をするのでも、「ああ、またか、いやだな」と思ってするのか。「よし、また福運《ふくうん》をつけさせてもらおう」と思ってするのか。タッチの差《さ》である。

その小さな「差《さ》」が、人生を大きく変えていく。百八十度も変えていく。

それを教えたのが法華経であり、一念三千《いちねんさんぜん》の法理《ほうり》である。

心は目に見えない。見えないその心の法則《ほうそく》を完璧《かんぺき》につかんだのが仏法である。最高の心理学であり、心の科学、心の医学である。

感謝《かんしゃ》と喜《よろこ》びは福運《ふくうん》を増《ま》す。

愚痴《ぐち》と文句《もんく》は福運《ふくうん》を消《け》す。

弘教《ぐきょう》においても、「人を救《すく》いたい」「妙法のすばらしさを教えたい」という「心」のままの行動に、偉大《いだい》なる福徳《ふくとく》があふれてくるのである。

「心こそ大切」。これこそ至言中《しげんちゅう》の至言である。

人間は弱いもので、ふつうは、すぐに「愚痴《ぐち》」「負《ま》け惜《お》しみ」「焼《や》きもち」「落胆《らくたん》」となってしまう。

しかし、信心している人は、そこが違《ちが》う。「愚痴《ぐち》」が出なくなる。「文句《もんく》」を言わなくなる。すっきりと、自分自身に生きる「強さ」ができる。その人の心は「感謝《かんしゃ》」で満《み》たされる。

よく、都会の人は田舎《いなか》に憧《あこが》れ、田舎の人は都会に憧れる。独身《どくしん》の人は結婚《けっこん》に憧れ、結婚した人は独身に憧れる。人間の心理には、そういう面《めん》がある。

しかし、幸福は「遠いところ」にあるのではない。「今、ここ」の現実《げんじつ》との戦いによって、幸福は勝ち取っていくべきである。

自分の地域《ちいき》についても、「よきところ、よきところ」とたたえ、感謝《かんしゃ》する心が、「自信《じしん》」と「勢《いきお》い」をつくっていく。広宣流布の「喜《よろこ》び」を広げていく。

4-3 笑顔《えがお》の人は強い

苦難《くなん》の時こそ幸福へと飛躍《ひやく》するチャンスと捉《とら》え、朗《ほが》らかに生《い》き抜《ぬ》くことを呼《よ》び掛《か》け、「希望《きぼう》がなければ、自分で希望をつくれ」と、力強《ちからづよ》いエールを送っています。

池田先生の指針

『二十一世紀への母と子を語る』

たとえ信心していても、人生の途上《とじょう》には、さまざまな問題が起《お》きてくる。家庭のこと、仕事のこと、子どものこと、思いがけないかたちで、宿命《しゅくめい》の嵐《あらし》はやってきます。

しかし、苦難《くなん》を一つ一つ乗《の》り越《こ》えていくところに、自身の人間革命があり、一家一族の宿命転換《しゅくめいてんかん》がある。

じつは、そういう時こそ、さらに大きな幸福へと飛躍《ひやく》する〝チャンス〟なのです。

長い人生だもの、勝つこともあれば、負けることもあるでしょう。一時的《いちじてき》に負けたからと言って、それを恥《は》ずかしがる必要《ひつよう》はない。

大事なのは、最後に勝つことです。どんなに大《たい》変《へん》なときも、「戦《たた》う心」を失《うしな》わないことです。

逆境《ぎゃっきょう》の時に、朗《ほが》らかさを失わない人が、本当に強い人です。

かつて、インドのガンジー記念館を訪問《ほうもん》した折《おり》、壁《かべ》に、ガンジーが微笑《ほほえ》んでいる大きな写真が飾《かざ》られていました。

前歯の欠《か》けたガンジーの表情《ひょうじょう》は、どこかひょうきんで楽しそうに見えた。

ガンジー記念館の方が語っておられた。

「外国に紹介《しょうかい》されたガンジーの写真は、どういうわけか、むずかしい顔をしたものが多いようです。しかし、じつはガンジーは、よく笑《わら》う人でした」

ガンジーはつねづね、こう言っていたそうです。

「もし、私にユーモアがなければ、これほど長く苦しい戦いには耐《た》えられなかったでしょう」と。

インド独立《どくりつ》のために、計《はか》り知《し》れない圧迫《あっぱく》と苦悩《くのう》をくぐり抜《ぬ》けてきたガンジーですが、彼《かれ》はいつも笑顔《えがお》をたたえていた。

笑顔《えがお》の人は強い。正しい人生を歩《あゆ》んでいる人には、晴《は》ればれとした明るさがあります。

いつも余裕《よゆう》のない、暗い顔をしていたのでは、周囲《しゅうい》の元気もなくなってしまいます。そこからは希望《きぼう》も、活力《かつりょく》も生まれてこない。

大変《たいへん》な時こそ、反対に、明るい笑顔《えがお》で周囲《しゅうい》の人を元気づけながら進んでいくことです。

希望《きぼう》がなければ、自分で希望をつくっていけばよい。人を頼《たよ》るのではなく、みずからの胸中《きょうちゅう》に炎《ほのお》を燃《も》えたたせていくのです。

4-4 「ダイヤの一念《いちねん》」を磨《みが》く

心は磨《みが》かなければ輝《かがや》きません。心をダイヤの如《ごと》く磨いていくところに、確《たし》かな幸福境涯《きょうがい》が広がっていきます。そのダイヤの一念《いちねん》は、信心によってこそ磨かれると語っています。

池田先生の指針

「タイ記念代表者会」(一九九二年二月二日、タイ)

信心は何《なん》のためにするのか。それは一人残《のこ》らず幸福になるためである。広布の組織《そしき》も、そのためにある。

この妙法を持《たも》ちきった人は、絶対《ぜったい》に不幸《ふこう》にはならない。その「確信《かくしん》」の一念《いちねん》が大切である。大確信が大福運《だいふくうん》を開いていく。

仏法では生老病死《しょうろうびょうし》と説《と》く。今は若く、希望《きぼう》にあふれた未来部、女子部、男子部も、時とともに老《お》いていく。人生には病《やまい》の苦しみも、死《し》の苦しみもある。

年輪《ねんりん》を重《かさ》ねるごとに、福徳《ふくとく》を積《つ》み重ね、輝《かがや》く盤石《ばんじゃく》な幸福の人生となっていくか。それとも、年とともに寂《さび》しい、行きづまりの人生となっていくか。

この妙法は「生死即涅槃《しょうじそくねはん》」の大法《だいほう》である。永遠《えいえん》に若々しく、永遠に生《い》き生《い》きと、永遠に希望《きぼう》を生《う》み、希望を実現しながら生《い》き抜《ぬ》いていける。

この妙法は「煩悩即菩提《ぼんのうそくぼだい》」の大法《だいほう》である。悩《なや》みがあればあるほど、信心の境涯《きょうがい》を開き、悩みを幸福の糧《かて》にすることができる。すべてを変毒《へんどく》為薬《いやく》することもできる。

とくに青年時代は、悩《なや》みの連続《れんぞく》である。それでよいのである。若いころから、何《なん》の悩みも苦労《くろう》もないようでは、立派《りっぱ》な指導者《しどうしゃ》になれるはずがない。苦労で自分を鍛《きた》え、自分を成長させていくことである。

日蓮大聖人は「心こそ大切なれ」（御書一一九二ページ）と仰《おお》せである。

信心の「心」がダイヤ（金剛《こんごう》）の人は、ダイヤのごとく崩《くず》れざる幸福の王者《おうじゃ》である。永遠《えいえん》の勝利者である。その人の住《す》む所、行く所、すべて〝宮《きゅう》殿《でん》〟であり、〝王宮《おうきゅう》〟となる。全宇宙《ぜんうちゅう》を悠然《ゆうぜん》と見《み》渡《わた》すような境涯《きょうがい》である。

反対に、外見《がいけん》がどんなに立派《りっぱ》であっても、「心」が腐敗《ふはい》している人もいる。

信心の「ダイヤの一念《いちねん》」を磨《みが》くことである。原《げん》石《せき》も磨かねば輝《かがや》かない。

「磨《みが》く」とは、題目をあげることである。また、広宣流布に走ることである。広布に進む使命の人生は、必《かな》ずや〝常楽《じょうらく》の軌道《きどう》〟となる。〝つねに楽しい〟大境涯《だいきょうがい》である。

何があっても楽しく、勇《いさ》んで受けとめられる。そして、朗《ほが》らかに前進していける――そうした広々《ひろびろ》とした大境涯《だいきょうがい》を開《ひら》いていくための仏道修行《ぶつどうしゅぎょう》なのである。

4-5 「心を師とせざれ」

大いなる境涯革命《きょうがいかくめい》のためには、揺《ゆ》れ動《うご》く自分の弱い心に左右されるのではなく、「心の師」を求《もと》め、「心の師」となる生き方が大切であると強調《きょうちょう》しています。

池田先生の指針

『一生成仏抄講義』

「心こそ大切なれ」（御書一一九二ページ）——。心は不思議《ふしぎ》です。心の世界は、どこまでも広がります。また、どこまでも深めることができます。

心は、澄《す》みわたる大空を自在《じざい》に飛翔《ひしょう》するがごとく、大歓喜《だいかんき》の生命を現《あらわ》すこともできる。

万物《ばんぶつ》を照《て》らしゆく清澄《せいちょう》にして燦々《さんさん》たる太陽のごとく、苦悩《くのう》する人々を慈《いつく》しみ、包《つつ》み込《こ》むこともできる。

時には、師子《しし》のごとく、正義《せいぎ》の怒《いか》りに震《ふる》え、邪悪《じゃあく》を打《う》ち破《やぶ》ることもできる。

まさに、心は劇《げき》のごとく、パノラマのごとく、千変万化《せんぺんばんか》に移《うつ》りゆきます。

そして、この心の最大《さいだい》の不思議《ふしぎ》は、仏界《ぶっかい》の涌現《ゆげん》です。迷《まよ》いと苦悩《くのう》に打《う》ちひしがれていた人も、わが心の舞台《ぶたい》で、大宇宙《だいうちゅう》と融合《ゆうごう》する仏《ほとけ》の生命を涌現することができる。この大変革《だいへんかく》のドラマこそ、不思議の中の不思議です。

仏法は、万人《ばんにん》の「心」の中に、偉大《いだい》な変革《へんかく》の可《か》能性《のうせい》と、無上《むじょう》の尊極性《そんごくせい》を見いだしました。大聖人は、その結論《けつろん》として、衆生《しゅじょう》の心を妙法蓮華経の唱題で磨《みが》き抜《ぬ》けば、いかなる迷《まよ》いの凡夫《ぼんぷ》も仏《ほとけ》の生命を開き、いかに濁悪《じょくあく》の穢土《えど》も清浄《せいじょう》の国土に変えていけることを示《しめ》されました。

妙法蓮華経とは「衆生本有《しゅじょうほんぬ》の妙理《みょうり》」（御書三八三ジペー）、すなわち、あらゆる生命に本来具《ほんらいそな》わる、ありのままの真理《しんり》の名です。

それゆえに、私たちは、南無妙法蓮華経の唱題行によって、「闇鏡《あんきょう》」のごとき凡夫《ぼんぷ》の「一念無明《いちねんむみょう》の迷心《めいしん》」（御書三八四ジペー）を、「法性真如《ほっしょうしんにょ》の明鏡《みょうきょう》」（同ジペー）へと磨《みが》き上《あ》げて、仏界《ぶっかい》の生命を現《あらわ》していくことができるのです。

すなわち、本有《ほんぬ》の妙理《みょうり》をわが生命に現《あらわ》し、自身の心に秘《ひ》められた無限大《むげんだい》の可能性《かのうせい》を開いていくことができるのです。

「妙法蓮華経」はまさに己心《こしん》の法であり、一人一人が唱題による己心の瞬間《しゅんかん》瞬間の変革《へんかく》を積《つ》み重《かさ》ねることによって、それが生命の根本的《こんぽんてき》変革に、そして人生全体の変革すなわち一生成仏《いっしょうじょうぶつ》に、さらに広宣流布という人類の大変革の潮流《ちょうりゅう》となっていくのです。

そして、そのあらゆる次元の変革《へんかく》の躍動《やくどう》がすべて、妙法蓮華経なのです。

さて、妙法蓮華経が己心《こしん》の法である以上、どうしても触《ふ》れておかなければならない課題《かだい》があります。それは、「無明《むみょう》の迷心《めいしん》」と「法性真如《ほっしょうしんにょ》の妙《みょう》心《しん》」との関係です。

自身の心といっても、凡夫《ぼんぷ》の弱き心に従《したが》ってしまえば、心の可能性《かのうせい》は急速《きゅうそく》にしぼみます。それどころか、心から悪も生《しょう》じます。ここに一念《いちねん》の微妙《びみょう》な問題がある。

一生成仏《いっしょうじょうぶつ》が、衆生《しゅじょう》自身の心を鍵《かぎ》としている以上、人間がもつ「心」の弱さを克服《こくふく》していかなければならない。それが「信心」でもあるのです。凡夫《ぼんぷ》の心は、常《つね》に揺《ゆ》れます。その揺れる自身の心を基準《きじゅん》にしてはならない。

そのことを訴《うった》えているのが、有名な「心の師とは・なるとも心を師とせざれ」（御書一〇八八ページ）との金言《きんげん》です。

大聖人は、この「心の師」との経文《きょうもん》を幾度《いくど》となく引用され、門下の信心の指針《ししん》とされています。言うならば、この「心の師」とは、人生の羅針盤《らしんばん》であり、信心の灯台《とうだい》でもあると言えます。

時に随《したが》って移《うつ》り動いてしまう凡夫《ぼんぷ》の弱き心を「師」としてはならない。どこまでも、自身の心を正しく導《みちび》く「師」が必要となるのです。

「師」とは法であり、仏説《ぶっせつ》です。

釈尊《しゃくそん》自身、自《みずか》ら悟《さと》った法について「法を師として生《い》き抜《ぬ》く」ことを誓《ちか》い、生涯《しょうがい》、その誓願《せいがん》を貫《つらぬ》き通《とお》したことを誇《ほこ》りとしている。それが、釈尊が弟子への遺言《ゆいごん》として強調《きょうちょう》した「法を依《よ》り処《どころ》とせよ」との生き方にほかならない。

「心を師」とするとは、「自分中心《ちゅうしん》」です。最終《さいしゅう》的《てき》には、揺《ゆ》れ動《うご》く自分の心に振《ふ》り回《まわ》され、わがままなエゴに堕《お》ち、あるいは無明《むみょう》の淵《ふち》に沈《しず》んでしまう。

これに対して「心の師」となるとは、「法中心《ちゅうしん》」です。そして、この「自分」と「法」を結《むす》びつけるのが、仏法の師匠《ししょう》の存在《そんざい》です。

仏法で説《と》く師匠《ししょう》とは、衆生《しゅじょう》に、自《みずか》らの依《よ》り処《どころ》とすべき「法」が自分自身の中にあることを教えてくれる存在《そんざい》である。

法を体現《たいげん》した師匠《ししょう》、法と一体《いったい》となった師匠を求《もと》め、その師匠を模範《もはん》と仰《あお》いで弟子が実践《じっせん》していく。そのとき、初《はじ》めて「心の師」となる生き方が実現《じつげん》するのです。

言《い》い換《か》えれば、私たちの一生成仏《いっしょうじょうぶつ》には、衆生《しゅじょう》の持《も》つ「心の可能性《かのうせい》」がどれだけ広いかを教え示《しめ》す「法の体現者《たいげんしゃ》」であり、「法と一体化《いったいか》」した「師」の存在《そんざい》が不可欠《ふかけつ》となるのです。

私も、現代において日蓮仏法の広宣流布に生《い》き抜《ぬ》かれた戸田先生という如説修行《にょせつしゅぎょう》の師匠《ししょう》がいて、自分自身があります。

私の胸中《きょうちゅう》には、いつも「心の師」である戸田先生がいる。今も日々、瞬間《しゅんかん》瞬間、胸中の師と対話しています。これが「師弟不二《していふに》」です。

常《つね》に、自分の心に、「心の師」という規範《きはん》を持ち、「心の師」の説《せつ》のごとくに戦う人が、「法根《こん》本《ぽん》」の人です。

日蓮仏法は、どこまでも「師弟不二《していふに》」の宗教です。

4-6 信念《しんねん》を貫《つらぬ》く誠実《せいじつ》な生き方を

日蓮大聖人の門下で、教学に秀《ひい》でながら増上慢《ぞうじょうまん》の生命に侵《おか》され退転《たいてん》していった三位房《さんみぼう》について論《ろん》じ、自分本位《ほんい》の慢心《まんしん》を厳《きび》しく戒《いまし》め、徹《てっ》して心を磨《みが》いていくのが仏法者であると教えています。

池田先生の指針

「首都圏代表協議会」

（二〇〇七年五月十九日、東京）

日蓮大聖人の御在世《ございせ》に退転《たいてん》した弟子に三位房《さんみぼう》がいる。

三位房《さんみぼう》は、大聖人の御慈悲《ごじひ》で、比叡山《ひえいざん》に遊学《ゆうがく》し、京《きょう》に上《のぼ》った。そのとき、三位房は、〝ある公《く》家《げ》の持仏堂《じぶつどう》に呼《よ》んでいただき、説法《せっぽう》をして、面目《めんぼく》をほどこしました〟などと、得意《とくい》げに大聖人に報《ほう》告《こく》してきた。

それに対して、大聖人は厳《きび》しく戒《いまし》められた。

――日本の権力者《けんりょくしゃ》など、ただの「島の長《おさ》」ではないか。その長に仕《つか》える者《もの》たちに「呼《よ》んでいただいた」などとは、なにごとか。「面目《めんぼく》をほどこした」とは、いったい、どういうつもりか。おまえは、師匠《ししょう》の日蓮を卑《いや》しんで、このようなことを書いてきたのか――と（御書一二六八ジペー、趣意）。

三位房《さんみぼう》の報告《ほうこく》には、世界第一の仏法を行《ぎょう》じる大聖人門《もん》下《か》の誇《ほこ》りなど、いささかも感じられなかった。それどころか、表向きは師匠《ししょう》を尊敬《そんけい》しているようであっても、内心《ないしん》は権威《けんい》の世界におもねり、自分が偉《えら》くなったと思いこんで、師匠をあなどる心があった。増上慢《ぞうじょうまん》である。それを大聖人は鋭《するど》く見抜《みぬ》かれた。

一番《いちばん》、師匠《ししょう》にお世話《せわ》になり、一番、師匠に仏法を教わったにもかかわらず――。結局《けっきょく》は、「師匠が中心《ちゅうしん》」ではなく、「自分が中心」であった。「自分本位《ほんい》」であった。

増上慢《ぞうじょうまん》は、恩知《おんし》らずである。恩知らずということは、道理《どうり》が分からないということだ。道理が分からないということは、仏法が分からないということだ。

三位房《さんみぼう》の本質《ほんしつ》――それは、傲慢《ごうまん》であり、臆病《おくびょう》であり、ずる賢《がしこ》さであった。

さらに大聖人は厳《きび》しく言われている。

「総《そう》じて日蓮の弟子は、京に上《のぼ》ると、はじめは忘《わす》れないようであるが、後《のち》には天魔《てんま》がついて正気《しょうき》を失《うしな》ってしまう」

「京に上《のぼ》って、いくらも経《た》っていないのに、実《じつ》名《めい》を（貴族風《きぞくふう》に）変えたということであるが、狂《くる》っている」（同ページ、通解）

貴族社会《きぞくしゃかい》と交《まじ》わり、初心《しょしん》を忘《わす》れ、名前を飾《かざ》り立《た》て、言葉づかいまで変わってしまった。なんと哀《あわ》れな弟子か。

大聖人は、重《かさ》ねて仰《おお》せになっている。

「きっと言葉つきや発音なども、京なめり（＝なまり）になったことであろう。ねずみがこうもりになったように、鳥でもなくねずみでもなく、田舎法師《いなかほっし》でもなく京法師にも似《に》ていず、（退転《たいてん》した）少輔房《しょうぼう》のようになってしまったと思われる。

言葉は、ただ田舎《いなか》言葉でいるがよい。（どっちつかずなのは）かえって見苦《みぐる》しいものである」（同ページ、通解）

「京なめり」――華美《かび》に流され、魔性《ましょう》に生命《いのち》を食《く》い破《やぶ》られた三位房《さんみぼう》の姿《すがた》を、大聖人は一言《いちごん》のもとに暴《あば》いていかれたのである。

三位房《さんみぼう》が後《のち》に、大聖人の教えに背《そむ》いて、退転《たいてん》し、惨《みじ》めに死んでいったことは、ご存《ぞん》じのとおりである。

大聖人は、大慈大悲《だいじだいひ》の御境涯《ごきょうがい》から、もっともっと厳《きび》しく叱《しか》っていたならば、助けることもできたかもしれないと言われている（御書一一九一ページ）。

ゆえに、増上慢《ぞうじょうまん》の人間を厳しく戒《いまし》めていくことは、大聖人の御精神《ごせいしん》に最も適《かな》った、正義《せいぎ》と厳愛《げんあい》の戦《たたか》いなのである。

大聖人は、御自身のことを「遠い田舎《いなか》の地の者であり、民《たみ》の子《こ》どもである」（御書一三三二ページ、通解）と、堂々と宣言《せんげん》されている。自分は、特別《とくべつ》な生まれ、家系《かけい》ではない。「民の子」である。それを、少しも恥《は》じることなく、むしろ、誇《ほこ》りとされた。

民衆《みんしゅう》の子であるからこそ、民衆の心が分《わ》かる。また、もしも高い地位《ちい》にあれば、権力《けんりょく》に守られて、あれほどの大難《だいなん》に遭《あ》われることもなかったであろう。

御本仏《ごほんぶつ》は、どこまでも、民衆《みんしゅう》の子として、民衆のなかに分け入り、民衆の苦しみをわが苦しみとしながら、民衆救済《きゅうさい》の大仏法を弘《ひろ》めていかれた。そのように、わが身をもって、真実《しんじつ》の広宣流布の道を教え残《のこ》していかれたと拝察《はいさつ》されるのである。

戸田先生は、「信心に学歴《がくれき》は関係ない」と断言《だんげん》された。当然《とうぜん》、学問は大事にされた。しかし、学歴などを鼻《はな》にかける人間が幹部《かんぶ》になれば、会員はだれもついていかないぞ、皆《みな》がかわいそうだ、と厳《きび》しく言われた。

御書の教えは厳正《げんせい》であり、公平《こうへい》である。

「法妙《ほうみょう》なるが故《ゆえ》に人貴《にんとうと》し」（一五七八ジペー）と仰《おお》せである。

「持《たも》たるる法だに第一ならば持つ人随《ひとしたが》って第一なるべし」（四六五ジペー）と仰《おお》せである。

大事なのは、広宣流布のために働《はたら》く人である。大変《たいへん》ななかで、歯《は》を食《く》いしばって、妙法のために戦う人が一番尊《いちばんとうと》いのである。有名な学校を出たとか、社会的な地位《ちい》があるとか、そんなことは、信心には、まったく関係ない。

学校を出ていても出ていなくても、偉大《いだい》な人は偉大であり、愚《おろ》かな人は愚かである。このように「人間そのもの」を見ていくことが、仏法の眼《まなこ》である。

4-7 境涯《きょうがい》が変われば世界が変わる

生命の大境涯《だいきょうがい》を開《ひら》いていけば、自身も、周囲《しゅうい》の人々も、国土をも輝《かがや》かせていけるという変革《へんかく》の原理が述《の》べられています。

池田先生の指針

『法華経 方便品・寿量品講義』

御書には「餓鬼《がき》はガンジス川《がわ》を火と見る。人は水と見る。天人《てんにん》は甘露《かんろ》（＝不死《ふし》の飲料《いんりょう》）と見る。水は一つであるけれども、それを見る衆生《しゅじょう》の果報《かほう》（＝境涯《きょうがい》）にしたがって別々《べつべつ》である」（一〇二五ジペー、通解）とも仰《おお》せです。

見るものの「境涯《きょうがい》」によって変わる。さらに言えば、自分の境涯が変われば、住《す》む「世界」そのものが変わるのです。

これが法華経の「事《じ》の一念三千《いちねんさんぜん》」の極理《ごくり》です。

日蓮大聖人は、御自身の受難《じゅなん》の御生涯《ごしょうがい》を、こう仰《おお》せです。「日日《ひび》・月月《つきづき》・年年《ねんねん》に難《なん》かさなる、少少《しょうしょう》の難は・かずしらず大事《だいじ》の難・四度《しど》なり」（御書二〇〇ジペー）と。

その大難《だいなん》の極限《きょくげん》ともいうべき、佐渡流罪《さどるざい》の日々にあって、大聖人は悠然《ゆうぜん》と「流人《るにん》なれども喜悦《きえつ》はかりなし」（御書一三六〇ジペー）と叫《さけ》ばれた。まさに宇宙大《うちゅうだい》の御境涯《ごきょうがい》から、一切《いっさい》を見下《みお》ろしておられた。

牧口初代会長も、「大聖人様の佐渡《さど》の御苦《おく》しみをしのぶと何《なん》でもありません」（『牧口常三郎全集

10』）と、獄中生活《ごくちゅうせいかつ》を耐《た》え抜《ぬ》かれた。

さらに、「心一《こころひと》つで地獄《じごく》にも楽しみがあります」（『牧口常三郎全集10』）とも手紙に書かれている。当時の検閲《けんえつ》で、削除《さくじょ》された言葉です。生命の大境涯《だいきょうがい》。ここに人間の極致《きょくち》があります。

たった一輪《いちりん》の花でも、すさんだ空気を一変《いっぺん》させる。

大事なのは、自分の環境《かんきょう》を、「少しでも変えていこう」「よくしていこう」という「心」であり「決意」です。

いわんや、真剣《しんけん》な信心の「心」で戦った人の人生が、生き生きと変わらないはずはない。幸福に、裕福《ゆうふく》にならないはずは絶対《ぜったい》にない。

それが仏法の方程式《ほうていしき》です。

「心一つで変わる」。それは、人生の不思議《ふしぎ》です。しかし、まぎれもない真実です。

「バラの木が棘《とげ》をもっていることに腹《はら》を立《た》つべきでない。むしろ、棘の木がバラの花をつけるのをよろこぶべきである」（ヒルティ編『心の糧』正木正訳、角川文庫）という言葉もあります。見方一つで、こんなに変わる。明るく、美しく、広やかになる。

大聖人は「一心《いっしん》の妙用《みょうゆう》」（御書七一七ページ）と仰《おお》せです。

御本尊を信じる「一心《いっしん》」、そこに不思議《ふしぎ》にして偉大《いだい》なる力《ちから》、働《はたら》きが出る。

わが胸《むね》の「一心《いっしん》」という根本《こんぽん》のエンジンが動き出せば、ただちに三千諸法《さんぜんしょほう》の歯車も動き出す。全部、変わっていく。善《ぜん》の方向へ、希望《きぼう》の方向へと動かしていけるのです。

仏《ほとけ》の「大いなる境涯《きょうがい》」に包《つつ》まれた時に、自身も、周囲《しゅうい》の人々も、そして国土も、すべて「幸福」と「希望《きぼう》」の光に輝《かがや》いていく。それが「事《じ》の一念三千《いちねんさんぜん》」の南無妙法蓮華経の力《ちから》です。

すなわち、ここにはダイナミックな「変革《へんかく》の原理」が説《と》かれているのです。

4-8 自分自身の使命に徹《てっ》する

今いる場所で自分の使命に徹《てっ》していくことが、「心こそ大切」の生き方であると語っています。

池田先生の指針

「合同幹部会」(一九八九年十一月十二日、東京)

人生は、はじめから何もかも思いどおりになるものではない。さまざまな理由から、不本意《ふほんい》な場所で、長く過《す》ごさねばならない場合も多々ある。

その時にどう生きるか。どう自分らしい「満《まん》足《ぞく》」と「勝利」の人生を開いていくか。ここに課《か》題《だい》がある。

自分の不運《ふうん》を嘆《なげ》き、環境《かんきょう》と他人《たにん》を恨《うら》みながら、一生を終えてしまう。そういう人は世界中に無数《むすう》にいる。

また栄誉栄達《えいよえいたつ》と他人の賞讃《しょうさん》を願《ねが》い、それのみを人生の目的《もくてき》とするかぎり、そうした不満《ふまん》とあせりは、何《なん》らかの形で、永遠《えいえん》に消えないかもしれない。欲望《よくぼう》は限《かぎ》りないものであり、利己主義《りこしゅぎ》にとらわれているかぎり、すべての人が、完全《かんぜん》に満《み》たされることはありえない。会社でも全員が社長になるわけではない。

もちろん、よりよい環境《かんきょう》、よりよい境遇《きょうぐう》へと、変革《へんかく》の努力をしていくのは当然《とうぜん》である。そのうえで、より大切なのは、現在自分がいる場所、自分の〝砦《とりで》〟を厳然《げんぜん》と守りゆくことである。現在の自分の使命に徹《てっ》し、その位置《いち》で、自分なりの歴史をつくりゆくことである。

何《なん》の華《はな》やかな舞台《ぶたい》もなく、賞讃《しょうさん》も脚光《きゃっこう》も浴《あ》びない立場の人もいるかもしれない。しかし〝心こそ大切〟なのである。

地位《ちい》が人間の偉《えら》さを決めるのではない。環境《かんきょう》が、幸福を決定するのでもない。

わが生命、わが心には、広大《こうだい》な「宇宙《うちゅう》」が厳《げん》として広がっている。その壮大《そうだい》な境涯《きょうがい》を開きゆくための信心である。

その「精神《せいしん》の王国」を開けば、いずこであれ、自身が王者である。汲《く》めども尽《つ》きぬ、深き人生の妙味《みょうみ》を味《あじ》わって生きることができる。

いわゆる世間的《せけんてき》に「偉《えら》くなりたい」と願《ねが》う人は多い。しかし、人間として「偉大《いだい》になろう」と心を定《さだ》める人は少ない。

人の賞讃《しょうさん》と注目を浴《あ》びたいと願《ねが》う人は多い。

しかし、「死」の瞬間《しゅんかん》にも色あせぬ「三世《さんぜ》の幸《さち》」を、自分自身の生命に築《きず》こうとする人は少ない。

「死」——それは人生の総決算《そうけっさん》の時である。名声《めいせい》も富《とみ》も地位《ちい》も学識《がくしき》も、それのみでは何《なん》の役にも立たない。虚飾《きょしょく》をはぎとって裸《はだか》になった「生命それ自体」の戦いである。厳粛《げんしゅく》にして、公正《こうせい》な勝負の時である。この戦いの勝者こそ、真の勝者なのである。

人の偉《えら》さと幸福を決めるのは、当人《とうにん》の生命の「力《ちから》」であり、広宣流布への「信心」である。

私どもは「広宣流布」という人類未聞《じんるいみもん》の理想に向かって、日々努力《どりょく》を重《かさ》ねているのである。ゆえに、人に倍する忍耐《にんたい》も苦労《くろう》も要《い》るが、真実の「満《まん》足《ぞく》の自分」を築《きず》くことができるのは間違《まちが》いない。

人がどう評価《ひょうか》するか、それはどうでもよい。また、一時の姿《すがた》がどうかということでもない。

要《よう》するに、最後の最後に会心《かいしん》の笑《え》みを満面《まんめん》に浮《う》かべられる人生かどうかである。生涯《しょうがい》を振《ふ》り返《かえ》り「自分は人生に勝った。楽しかった。悔《く》いはない」と言える人が、勝利者である。

とくに青年部の諸君《しょくん》は、悪戦苦闘《あくせんくとう》の境遇《きょうぐう》であるかもしれない。華《はな》やかな栄誉《えいよ》とも無縁《むえん》であろう。それでよいのである。それぞれの使命の天地で、理想へと努力し続けていただきたい。

そこにこそ、わが胸中《きょうちゅう》に永遠《えいえん》に崩《くず》れぬ「勝利の砦《とりで》」が築《きず》かれていく。

4-9 妙法を持《たも》った人生に無駄《むだ》はない

広宣流布の信心に立てば、いかなる病気や苦難《くなん》も、全《すべ》てが永遠《えいえん》の幸福境涯《きょうがい》を確立《かくりつ》するための追い風になると、温かな励《はげ》ましを送っています。

池田先生の指針

岩手県総会へのメッセージ（一九九六年九月十六日）

御書には、生命というものは、「きびしきなり三千羅列《さんぜんられつ》なり」（七一四ジペー）と仰《おお》せであります。誰人《たれびと》たりとも、汝自身《なんじ》を貫《つらぬ》く、この峻厳《しゅんげん》なる因《いん》果《が》の理法《りほう》から、逃《のが》れることは絶対《ぜったい》にできない。これが、道理であります。

この一生において、自分は何を行い、何を語り、何を思ってきたか。その身口意《しんくい》の三業《さんごう》にわたる、総決算《そうけっさん》によって、三世永遠《さんぜえいえん》の生命の軌道《きどう》が決まっていく。

だからこそ、日蓮大聖人は、広宣流布のために、祈《いの》り、語り、動く、その一切《いっさい》が、わが一念《いちねん》に功徳《くどく》善根《ぜんこん》となって納《おさ》まる、と教えられているのであります。

ゆえに、目先《めさき》にとらわれる必要《ひつよう》はない。

病気の人は、仏界《ぶっかい》という崇高《すうこう》な山に登りゆく練習をしていると、思ってください。いずれ、山頂《さんちょう》に立って、永遠《えいえん》に素晴《すば》らしい眺《なが》めを楽しむために、今、坂を一つ一つ、越《こ》えているのだと思ってください。

さらにまた、彼方《かなた》に輝《かがや》く常楽《じょうらく》の希望《きぼう》の島に向かって、今、荒波《あらなみ》を泳いでいる時であると思ってください。

すべてが、自分自身の三世《さんぜ》にわたる、素晴《すば》らしき勝利のための栄光《えいこう》の記録《きろく》を作っているのであると、生《い》き抜《ぬ》いてください。

ともあれ、妙法を持《たも》った人に無駄《むだ》はない。たじろいでも、恐《おそ》れても、悲しんでもならない。

すべてが、永遠《えいえん》の幸福のための追い風となることを、忘《わす》れないでください。

どんな稲《いね》も、遅《おそ》かれ、早かれ、この一年のうちに、必《かなら》ず実《みの》る。それと同じように、いかなる人も、真面目《まじめ》に、そして粘《ねば》り強《づよ》く、信心を貫《つらぬ》き通《とお》すならば、必ず、この一生のうちに、尊《とうと》き仏《ほとけ》の境涯《きょうがい》を勝ちとることができると、大聖人が、断言《だんげん》されているのであります。

4-10 常楽我浄《じょうらくがじょう》の大我《たいが》の境涯《きょうがい》を

妙法に生きる人は、常《つね》に心を磨《みが》きながら、何ものにも揺《ゆ》るがない常楽我浄《じょうらくがじょう》の境《きょう》涯《がい》を開くことができる。そのために、いかなる宿命《しゅくめい》や苦難《くなん》にも負けず、信心の根《ね》を張《は》っていくことの大切さを語っています。

池田先生の指針

「ＳＧＩ欧州総会」

（一九八九年五月二十八日、イギリス）

大聖人は「御義口伝《おんぎくでん》」にこう仰《おお》せである。

「我等《われら》が生老病死《しょうろうびょうし》に南無妙法蓮華経と唱《とな》え奉《たてまつ》るは併《しかしなが》ら四徳《しとく》の香《か》を吹《ふ》くなり」（御書七四〇ページ）――

われわれが生老病死という人生の苦しみにさいして南無妙法蓮華経と唱えていくならば、妙法に荘厳《そうごん》された生命となり、「常《じょう》」「楽《らく》」「我《が》」「浄《じょう》」の四徳のふくよかな芳香《ほうこう》を漂《ただよ》わせることができる――。

四徳《しとく》とは、人間として最高《さいこう》の境地《きょうち》であり、絶対《ぜったい》的《てき》な自由、幸福を表示《ひょうじ》している。

「我《が》」は、「真実の自己《じこ》」つまり「大我《たいが》」が享受《きょうじゅ》する、宇宙大《うちゅうだい》の自由の境涯《きょうがい》といってよい。

「常《じょう》」とは、不断《ふだん》に革新《かくしん》しゆく生の躍動《やくどう》であり、あらゆる行き詰《づ》まりを打破《だは》していく、生命の創造《そうぞう》的《てき》な進化ともいえる。

また「浄《じょう》」とは、大いなる生命の力《ちから》の奔流《ほんりゅう》によって、小我《しょうが》による狭《せま》いエゴイズムの汚濁《おじょく》を浄化《じょうか》する働《はたら》きである。

そして「楽《らく》」とは、瞬間瞬間《しゅんかん》、ダイナミックに律動《りつどう》する生命の歓喜《かんき》であり、周囲《しゅうい》の人々にも喜《よろこ》びをあたえゆく円満《えんまん》なる人格《じんかく》にも通ずる。

こうして妙法に照《て》らされた人格《じんかく》は、宇宙大《うちゅうだい》の自由をはらむ「大我《たいが》」の境地《きょうち》に立脚《りっきゃく》して、「小我《しょうが》」のエゴイスティックな方向に凝集《ぎょうしゅう》していた欲望《よくぼう》のエネルギー（煩悩《ぼんのう》）をも、質的《しつてき》に転換《てんかん》していく。つまり、煩悩のエネルギーをも輝《かがや》ける英知《えいち》と慈悲《じひ》へ昇華《しょうか》しつつ、他者《たしゃ》や共同体《きょうどうたい》、社会など、個人《こじん》を超《こ》えた次元へと力強《ちからづよ》く立ち向かっていくのである。

ここに「煩悩即菩提《ぼんのうそくぼだい》」の法理《ほうり》があり、「理想社会の建設《けんせつ》」に取り組みながら、自他《じた》ともに真実の「人間完成」をめざしゆく道が、広々《ひろびろ》と、また晴《は》ればれと開かれている。

「幸福」は、何によって決まるか。これが人生の根本《こんぽん》問題である。

結論的《けつろんてき》にいえば、幸福のもっとも重要《じゅうよう》な要素《ようそ》、それは自分自身の内《うち》なる「境涯《きょうがい》」である。

大いなる境涯《きょうがい》の人は幸福である。広々《ひろびろ》とした心で、毎日を生き抜《ぬ》いていける。

強き境涯《きょうがい》の人は幸せである。苦しみにも負けることなく、悠々《ゆうゆう》と一生を楽しんでいける。

深き境涯《きょうがい》の人は幸せである。人生の深き味《あじ》わいをかみしめながら、永遠《えいえん》にも通じゆく有意義《ゆういぎ》な価値《ち》の歴史をつくりゆくことができる。

清《きよ》らかな境涯《きょうがい》の人は幸せである。その人のまわりには、つねにさわやかな喜《よろこ》びが広がっていく。

たとえ財産《ざいさん》や地位等《ちいとう》の面で恵《めぐ》まれていたとしても、「不幸《ふこう》」を実感している人は数限《かずかぎ》りなくいる。

また、そうした環境《かんきょう》は、つねに変化《へんか》し、いつまで良《よ》き状態《じょうたい》が続くかわからない。

しかし、確立《かくりつ》された自身の「幸福の境涯《きょうがい》」は、誰人《たれびと》も壊《こわ》すことはできない。何ものも侵《おか》すことすらできない。

こうした、生命の大境涯《だいきょうがい》を建設《けんせつ》することに、仏《ぶつ》道修行《どうしゅぎょう》の目的《もくてき》もある。

ともあれ、何があっても御本尊から離《はな》れてはいけない。信心の歩《あゆ》みを止めてはいけない。

人生の途上《とじょう》には、さまざまな苦難《くなん》がある。行き詰《づ》まりもある。そのときにこそ、信心の心を強め、唱題に励《はげ》んでいただきたい。宿命《しゅくめい》の山を登りきると、それまでは辛《つら》くとも、次は視界《しかい》がパーッと開けていくものである。

信心は、その繰《く》り返《かえ》しのようなものである。その究極《きゅうきょく》として、永遠《えいえん》に崩《くず》れない絶対的幸福境涯《ぜったいてきこうふくきょうがい》につながっていく。

ともかく、信心の根《ね》を、強く、深く、張《は》っておくことだ。

根《ね》さえ張《は》っておれば、たとえ風雪《ふうせつ》の時があったとしても、太陽の光が輝《かがや》き、水分が与《あた》えられれば、必《かなら》ずしだいしだいに大樹《たいじゅ》へと育っていく。信心と人生の歩みもまた同じである。

どうか皆《みな》さま方《がた》は、この厳《きび》しき現実《げんじつ》社会の中で、〝真実の仏教〟の証明者《しょうめいしゃ》として、幸福の大光《たいこう》を朗《ほが》らかに広げゆく勇者《ゆうしゃ》であっていただきたい。

第五章　苦悩《くのう》を突《つ》き抜《ぬ》け歓喜《かんき》へ

5-1 人生の主人公は自分自身

苦しみや悩《なや》みが大きいほど、それを乗《の》り越《こ》えることで幸福な境涯《きょうがい》を開き、歓喜《かんき》の生命を燃《も》え上《あ》がらせていけるのが、妙法の信仰《しんこう》です。その行き詰《づ》まりのない無《む》限《げん》の希望《きぼう》の生き方を、池田先生は常《つね》に示《しめ》してきました。

本章では、あらゆる人生の困難《こんなん》を乗《の》り越《こ》えて、人生の勝利をつかむための要諦《ようてい》を、池田先生の指導に学びます。

池田先生の指針

「アメリカ代表者会議」
（一九九三年三月九日、アメリカ）

自分が「勝利劇《しょうりげき》」の「脚本家《きゃくほんか》」である。そして「主人公」である。

シェークスピアは、大劇作家《だいげきさっか》らしく、何度も、次の意味のことを書いている。

「この世界はすべてこれ一つの舞台《ぶたい》、人間は男女を問《と》わずすべてこれ役者《やくしゃ》にすぎぬ」（「お気に召すまま」小田島雄志訳、『シェイクスピア全集Ⅳ』所収、白水社）――。

仏法が教えるのは、人生劇《じんせいげき》の「脚本《シナリオ》」を書くのも、「演《えん》じる」のも、自分自身だということである。

他の何ものかが、脚本《シナリオ》を書くのではない。自分が書いて、自分が名優《めいゆう》として演《えん》ずる。これが「一《いち》念三千《ねんさんぜん》」の法理にこめられた、きわめて積極的《せっきょくてき》な人生哲学《てつがく》である。

自分が作家《さっか》で、自分が主人公である。大切なことは、すばらしい劇《ドラマ》を演《えん》じるためには、まざまざと鮮《あざ》やかに目に浮《う》かぶまで、〝脚本《シナリオ》〟を頭《あたま》にたたきこまねばならないということである。心の中でリハーサル（練習）も必要かもしれない。「勝利《しょうり》劇《げき》」の目標（受験や、会社の成績《せいせき》など）を、紙に書いて、何度も何度も心にしみつくまで繰《く》り返《かえ》すことが効果的《こうかてき》な場合もあろう。

ある男の子は、小さいころの事故《じこ》で片足《かたあし》が短《みじか》くなった。しかし両親は、どんなことでも、「お前にはできない」とか「お前には無理《むり》だ」とか、絶《ぜっ》対《たい》に言わなかった。何《なん》でも他の子どもと同じようにさせ、スポーツもさせた。「できると思えば必ずできる」「『できない』としたら、お前が、やる前に『できない』と思ったからだ」――と。

それは精神主義《せいしんしゅぎ》や観念論《かんねんろん》ではなく、人間の潜在《せんざい》能力《のうりょく》（眠《ねむ》っている力《ちから》）への確信《かくしん》であった。その子は、学校時代はフットボールの名選手となり、社会でも成功した。

ロシアの作家ゴーリキーが「才能《さいのう》とは自分を信じることだ、自分の力《ちから》を信じることだ」（「どん底」野崎韶夫訳、『世界文学全集44』所収、筑摩書房）と言ったとおりになった。

イギリスの大小説家ウォルター・スコットは言っている。

「臆病《おくびょう》な人間にとっては一切《いっさい》は不可能《ふかのう》である。なぜなら、彼《かれ》には一切が不可能に見えるからだ」

（Walter Scott, *Rob Roy*, Samuel H. Parker）

「不可能《ふかのう》だ」「ダメだ」という一念《いちねん》が、本当に何もかもを「不可能」にするのである。親から、いつも「ダメな子だ」と言われていると、自分もそう思《おも》い込《こ》んでしまい、本当に「ダメな子」になってしまうかもしれない。

御書には、華厳経《けごんぎょう》（＝大乗仏教《だいじょうぶっきょう》の経典《きょうてん》）を引いて仰《おお》せである。

「心は工《たくみ》なる画師《えし》の種種《しゅじゅ》の五陰《ごおん》を造《つく》るが如《ごと》く一切世間《いっさいせけん》の中に法《ほう》として造らざること無《な》し」（五六四ページ）——「心」は、すぐれた画家が自在《じざい》に種々《しゅじゅ》の姿《すがた》を描《えが》くように、世の中のあらゆる現象《げんしょう》を造りだしていく——。

「心の外《ほか》に別《べつ》の法無《ほうな》し」（同ページ）——心の外に別の法はない（すべての現象《げんしょう》は心の産物である）——。

大聖人の御手紙《おてがみ》を拝《はい》するとき、つねに相手に応《おう》じた〝たとえ〟を引かれ、〝文証《もんしょう》〟を引かれて、何《なん》とか「心」を変えよう、「一念《いちねん》」を強めよう、「確信《かくしん》」と「自信《じしん》」をあたえようとされている。つねに「希望《きぼう》」と「励《はげ》まし」を太陽のように送っておられる。「心」が変われば「一切《いっさい》」が変わることを熟知《じゅくち》されていたからであろう。

「うまく勝利した人は、条件《じょうけん》がよかったのだ」と考える人は多い。こういう人は、たいてい「もしも、自分にあれがあったならば」「もしも、自分がこんな問題をかかえていなかったならば」と考えている。

しかし、それは結局、グチである。困難《こんなん》をかかえていない人はいないのである。

ある実業家《じつぎょうか》が友人に言った。

「君は、いつも『問題が多くて』と嘆《なげ》いているが、じつは、私の知っている場所で『一万人もいるのに、だれひとり問題をかかえてもいないし、悩《なや》んでもいない』という場所がある。紹介《しょうかい》しようか?」

友人が「ぜひ頼《たの》む」と答えると、連《つ》れていかれたところは——墓園《ぼえん》であった。

人間は、生きているかぎり、必ず「悩《なや》み」があり、「課題」がある、と教えたのである。その「課題」を〝どうやって〟克服《こくふく》するか。その挑戦《ちょうせん》によって、より豊《ゆた》かな人生となる。

仏法では「煩悩即菩提《ぼんのうそくぼだい》」と説《と》く。「悩《なや》み」が大きいほど、唱題《しょうだい》の力《ちから》によって、より大きな「幸福」に変えていけるのである。

釈尊《しゃくそん》の時代、ある女性《じょせい》が、かわいい子どもを病気で亡《な》くした。悲しみのあまり、正気《しょうき》を失《うしな》い、死んだ子どもを抱《だ》いたまま町をうろついていた。会う人ごとに、「この子に薬《くすり》をください」と言った。

ある人が、哀《あわ》れんで彼女《かのじょ》を釈尊《しゃくそん》のもとに連《つ》れてきた。釈尊は言った。

「よしよし、良い薬《くすり》をあげよう。町へ行って、白いケシをもらってきなさい。ただし、『死人を出したことのない家』の白ケシでなければいけないよ」

彼女《かのじょ》は、町じゅうを一軒《いっけん》一軒、歩いて探《さが》した。けれども「死人を出したことのない家」は一軒もなかった。ついに、彼女は自然に理解《りかい》した。「人間は必ず死ぬ」のだ、と。自分の悲しみだけが特別なのではない——。そして「永遠《えいえん》の生命」を悟《さと》るために、釈尊《しゃくそん》の門下となり、聖者《せいじゃ》と仰《あお》がれるまでになった。(「比喩と因縁」中村元・増谷文雄監修、『仏教説話体系12』所収、すずき出版。参照)

釈尊《しゃくそん》は、自分だけの悲しみにとらわれていた彼《か》女《じょ》の心を、こういう方便《ほうべん》を使って、ほぐし、解放《かいほう》し、三世《さんぜ》の生命観に立った、より大いなる智慧《ちえ》に目覚《めざ》めさせたのである。

ともあれ〝境涯《きょうがい》を開く〟ことである。

人間、いつも自分のことだけを考えていると、しだいに「小さな心」「小さな自我《じが》」に固《かた》まってしまう。

法のため、人のため、社会のためという、開かれた大きな目的《もくてき》に向かって働《はたら》けば、「一心《いっしん》の妙用《みょうゆう》」によって、「大きな心」「大きな自我《じが》」が築《きず》かれていく。

「大きな心」は即《そく》「大きな幸福」を味《あじ》わえる心である。「小さな心」には重圧《じゅうあつ》であった悩《なや》みも、軽く感じ、悠々《ゆうゆう》と見おろしていけるようにもなる。

皆《みな》さまは、この「一心《いっしん》の妙用《みょうゆう》」を見事《みごと》に、晴《は》れやかに証明《しょうめい》する人生であっていただきたい。


『青春対話』

5-2 煩悩《ぼんのう》の「薪《たきぎ》」で幸福の「炎《ほのお》」を

「煩悩《ぼんのう》の薪《たきぎ》を焼《や》いて菩提《ぼだい》の慧火《えか》現前《げんぜん》するなり」（御書七一〇ジペー）という、「煩悩即《そく》菩提」の法理を示《しめ》した「御義口伝《おんぎくでん》」の一節《いっせつ》を踏《ふ》まえて、悩《なや》みや苦難《くなん》を前進へのエネルギーに変える仏法の生き方を語っています。

池田先生の指針

仏法では「煩悩即菩提《ぼんのうそくぼだい》」と説《と》く。わかりやすく言うと、煩悩とは「悩《なや》み」であり、悩みを起《お》こさせる欲望《よくぼう》です。菩提とは「幸福」であり、境涯《きょうがい》が開けることです。

ふつうは、煩悩《ぼんのう》と菩提《ぼだい》はバラバラです。悩《なや》みと幸福は正反対です。しかし日蓮大聖人の仏法では、そうではない。

悩《なや》みという「薪《たきぎ》」を燃《も》やして、初めて幸福の「炎《ほのお》」が得《え》られると説《と》く。幸福の光とエネルギーが得られるのです。

題目によって「薪《たきぎ》」を燃《も》やすのです。

題目をあげれば、悩《なや》みが全部、幸福へのエネルギーに変わる。前進への燃料《ねんりょう》に変わる。

いちばん苦《くる》しんだ人が、いちばん幸福になる。いちばん悩《なや》みをもった人が、いちばん偉大《いだい》な人生となっていく。

これが仏法です。だからすばらしいのです。

悩《なや》みといっても、いろいろある。自分のことであれば、お父さん、お母さんに、長生きしてもらいたい——これも悩みです。友だちが元気になってほしい——これも悩みです。

さらには、もっと大きく、世界の平和をどうするか、新世紀をどういう方向にもっていくか——これは偉大《いだい》な悩《なや》みです。

どんな悩《なや》みも全部、題目によって、自分のガソリンに変わる。生命力《せいめいりょく》に変わる。人間性に変わる。福運《ふくうん》に変わるのです。

だから、大いに悩《なや》み、大いに題目をあげきって、成長していけばよいのです。

信仰《しんこう》とは、目標《もくひょう》という悩《なや》みの「山」をつくり、「山」をめざし、「山」を登りながら、山を登りきるたびに大きな自分になっていく軌道《きどう》なのです。

5-3 仏法は変毒為薬《へんどくいやく》の大法《だいほう》

仏法には、「変毒為薬《へんどくいやく》」（毒を変じて薬《くすり》と為《な》す）という法理があります。強い信心に立てば、悩《なや》みや苦《くる》しみという「毒」を、幸福と勝利への「薬」に変えていくことができる。その仏法の妙を語っています。

池田先生の指針

「創立六十周年開幕記念支部長会」

（一九八九年七月二十七日、東京）

人生には当然《とうぜん》、勝ち負けがある。ときには悲しみ、苦《くる》しむ場合もあるかもしれない。

しかし、仏法は「煩悩即菩提《ぼんのうそくぼだい》」「生死即涅槃《しょうじそくねはん》」である。悩《なや》みや苦《くる》しみが大きければ大きいほど、信心によって、大きな喜び、幸福へと転《てん》じていくことができる。

そして、信心は、だれのためのものでもない。すべて自分自身に生ききっていくための信仰《しんこう》であり、行動である。自身の福徳《ふくとく》を増《ま》し、幸福の道を開いていくための信心なのである。

ゆえに、少々《しょうしょう》のことで一喜一憂《いっきいちゆう》したり、心を動かされるのでは信仰者《しんこうしゃ》とはいえない。

ともあれ妙法の世界では、何があったとしても、必ず時とともに「変毒為薬《へんどくいやく》」していけるのである。

「薬《くすり》」と「毒《どく》」の関係をいえば、じつは両者の間《あいだ》には、ある意味で、明確《めいかく》な境界線《きょうかいせん》はない。その配合《はいごう》や、服用《ふくよう》する人の生命力《せいめいりょく》との関係で、「毒」として働《はたら》く場合もあれば、「薬」として働く場合もある。この事実を一言で「薬とは生命を救《すく》う毒」と表現《ひょうげん》した学者もいる。

人生の勝敗においても、また同じである。最後に勝てば、一切《いっさい》が「薬《くすり》」になったことになる。逆《ぎゃく》に、最後に負ければ、それまでいかに「薬」として働《はたら》いていたものでも、結局は一切が「毒《どく》」となってしまったということができよう。

では、最後の勝利とは何か。

それは「信心の勝利」である。これこそ「人間としての勝利」であり、「三世《さんぜ》永遠《えいえん》の勝利」につながる。

5-4 未来を開く「本因妙《ほんいんみょう》」の仏法

仏法では、過去《かこ》における自身の行《おこな》いが「因《いん》」（原因）となって、現在の「果《か》」（結果）がもたらされるという「生命の因《いん》果《が》」を説《と》いています。そのうえで、日蓮仏法は、人間を過去に縛《しば》るのではなく、常に現在を出発点として未来へと前進していく「本因妙《ほんいんみょう》」の大法《だいほう》であることを示《しめ》しています。

池田先生の指針

「全国青年部幹部会」

（一九八八年四月二十九日、東京）

「生命の因果《いんが》」「人生の幸《こう》、不幸《ふこう》」——これらについて人が真剣《しんけん》に考え始めるのは、多くの場合、自身が切実《せつじつ》な不幸にあったときではないだろうか。

何事《なにごと》もない安穏《あんのん》なときには、なかなか人生の重《じゅう》大事《だいじ》には思いいたらない。その意味でも、苦難《くなん》こそ、より深き人生への大切なステップなのである。また、そうしていかなければならない。

もとより、何《なん》ら苦難《くなん》もなき人生など、ありえない。幸福そうに見える生活も、裏返《うらがえ》せば、それが不幸《ふこう》を感じる因《いん》となる場合が、人生にはあまりにも多い。そのことは、経験《けいけん》を積《つ》み、年輪《ねんりん》を重《かさ》ねるほど、ありありと見えてくる。

たとえば、祝福《しゅくふく》されて結婚《けっこん》しても、子どもが病気で生まれてくる。経済《けいざい》が行き詰《づ》まる。火事や事《じ》故《こ》、離婚《りこん》や一家の不和《ふわ》、人間関係のもつれなどで、生涯苦《しょうがいく》しむ場合もあるかもしれない。

まさに凡夫《ぼんぷ》には〝一寸先《いっすんさき》は闇《やみ》〟である。不幸《ふこう》など自分には関係ないことだなどと断言《だんげん》できる人はいないであろう。

平穏無事《へいおんぶじ》なら無事で、年齢《ねんれい》とともに、むなしさがつのってくる。忙《いそ》しそうに充実《じゅうじつ》して動いているようであっても、自分を見つめることができず、さびしさ、わびしさから逃《に》げ続《つづ》けているにすぎない人もいる。

笑顔《えがお》の底《そこ》に悲しみがある。楽しさの後《あと》を空虚《くうきょ》さが追《お》う。苦《くる》しみ、悩《なや》み——それが避《さ》けられない人生の現実《げんじつ》である。

しかし、それでも人間は生き続けていかなければならない。

では、どう生きるのか。どう苦しみを真実の歓喜《かんき》へと変えていかれるのか……。この万人《ばんにん》にとって最大にして根本《こんぽん》の課題を解決《かいけつ》したのが、日蓮大聖人の仏法なのである。

大聖人の仏法は「本因妙《ほんいんみょう》」の仏法である。すなわち仏《ほとけ》となる根本《こんぽん》の〝因《いん》〟を妙法蓮華経と明《あ》かされ、ただ御本尊の受持《じゅじ》のみによって、仏の「因《いん》行《ぎょう》」も「果徳《かとく》」もすべて今世《こんぜ》で得《え》ていかれると教えられた、画期的《かっきてき》な大法《だいほう》である。

どこまでも未来を志向《しこう》し、未来を煌々《こうこう》と照《て》らし進みゆく。ここに「現当二世《げんとうにせ》」の大聖人の仏法の真髄《しんずい》がある。

信心していたとしても、決して悩《なや》みが消《き》えてなくなるわけではない。十界互具《じっかいごぐ》が生命の実相《じっそう》であり、仏界《ぶっかい》にも苦悩《くのう》の九界《きゅうかい》が具《そな》わる。また九界の現《げん》実《じつ》に即《そく》してしか、仏界の顕現《けんげん》もない。

大切なことは、苦難《くなん》あるときに、絶対《ぜったい》にひるまぬことである。仏《ほとけ》の慈悲《じひ》と確信《かくしん》して、いよいよの強盛《ごうじょう》な信心で進むことである。

「信仰《しんこう》しているのに、なぜ……」などと弱々《よわよわ》しく疑《うたが》ったとしたら、その弱き一念《いちねん》が、一念三千の法理にのっとり、三千次元に回転して、ますます苦しみの境涯《きょうがい》をつくっていく。これでは、強信《ごうしん》とはいえない。

その時点で、凡夫《ぼんぷ》にはわからなくても、長い目で見るとき、必ずや、その意義《いぎ》がわかってくる。また「変毒為薬《へんどくいやく》」していける。これは私の四十年間の体験のうえからも絶対《ぜったい》にまちがいない。

五年でわからなければ、十年でわかる場合もある。十年で自覚《じかく》できなければ一生のうちに、わかってくる場合もある。また三世《さんぜ》という永遠《えいえん》の観点《かんてん》から見れば、すべてが御仏智《ごぶっち》なのである。

5-5 何があっても喜《よろこ》べる人生を

あらゆることに喜《よろこ》びを見いだしていくことが、仏法者の生き方であると強調《きょうちょう》しています。

池田先生の指針

「各部代表幹部会」(一九九三年六月二十八日、東京)

「喜《よろこ》べ! 喜べ! 人生の事業《じぎょう》、人生の使命は喜びだ。空に向かって、太陽に向かって、星に向かって、草に向かって、樹木《じゅもく》に向かって、動物に向かって、人間に向かって喜ぶがよい」(「日記」小沼文彦訳編、『トルストイの言葉』所収、彌生書房)

「喜《よろこ》べ！」――これがトルストイの一つの結論《けつろん》であった。

何があっても喜《よろこ》んでいける人生。そこには人間としての大境涯《だいきょうがい》があり、強さがあり、幸福がある。反対に、何があっても、文句《もんく》ばかり、批判《ひはん》ばかりの人生。それでは、たとえ外見《がいけん》は立派《りっぱ》そうに見えても不幸《ふこう》である。

トルストイは、一九〇一年、教会から破門《はもん》された。七十二歳という晩年《ばんねん》のことである。海外からも尊敬《そんけい》を受けている偉人《いじん》を、こうすれば困《こま》るだろうと「破門」――。

しかし、その権威《けんい》の画策《かくさく》を、彼は、歯牙《しが》にもかけない。悠然《ゆうぜん》と見おろしていた。

「喜《よろこ》べ！　喜べ！」。その信条《しんじょう》は変わらなかった。彼には、燃《も》え上《あ》がる〝闘争《とうそう》の一念《いちねん》〟があった。

トルストイの生涯《しょうがい》は、創作《そうさく》の苦しみ、家庭生活の不幸《ふこう》、自分の体《からだ》の不調《ふちょう》など、すべてが順風《じゅんぷう》というわけではなかった。しかし文豪《ぶんごう》の魂《たましい》は、どこにあっても、いかなるときでも「喜《よろこ》び」を求《もと》めた。「喜び」をつくりだしていった。

仏法に通《つう》ずる生き方といえる。皆さまも、そうした人生であっていただきたい。

日蓮大聖人は、「南無妙法蓮華経は歓喜の中の大歓喜なり」（御書七八八㌻）と仰《おお》せである。広布の人生は、「大歓喜《だいかんき》」の人生である。

さらに、「流人《るにん》なれども喜悦《きえつ》はかりなし」（御書一三六〇㌻）――流罪《るざい》の身ではあるが、喜悦は計《はか》り知《し》れない――。

「御勘気《ごかんき》をかほ《蒙》れば・いよいよ悦《よろこ》びをますべし」（御書二〇三㌻）――権力《けんりょく》による処罰《しょばつ》を受けたので、いよいよ喜《よろこ》びを増《ま》すのである――。

「大難来《だいなんきた》りなば強盛《ごうじょう》の信心弥弥悦《いよいよよろこ》びをなすべ

し」(御書一四四八ページ)――大難が来《く》れば強盛の信心(の人)は、いよいよ喜《よろこ》んでいくべきである――と。

また、竜《たつ》の口《くち》の法難《ほうなん》のさいにも、門下の四条《しじょう》金吾《きんご》に「これほどの悦《よろこ》びをば・わらへかし」(御書九一四ページ)――これほど喜《よろこ》ばしいことではないか。笑《わら》いなさい――と仰《おお》せになっている。

苦難《くなん》があれば「賢者《けんじゃ》はよろこび愚者《ぐしゃ》は退《しりぞ》く」(御書一〇九一ページ)――これが大聖人の教えである。挑戦《ちょうせん》すべきことがあればあるほど、いよいよ喜《よろこ》び勇《いさ》んで進んでいく。さっそうと戦っていく。

これが仏法の真髄《しんずい》である。人生の究極《きゅうきょく》の生き方である。

“喜《よろこ》べない人生”は不幸《ふこう》である。「またか」「たいへんだな」(笑い)などと、いつも下を向き、苦しい顔をして、文句《もんく》や批判《ひはん》ばかり。これでは御書に反《はん》してしまう。

すべてに「喜《よろこ》び」を見いだしていける人。

すべてを「喜《よろこ》び」に変えていける人。

その人こそ「人生の達人《たつじん》」である。

「佐渡《さど》御書」には、「賢聖《けんしょう》は罵詈《めり》して試《こころ》みるなるべし」(九五八ページ)――賢人《けんじん》、聖人《しょうにん》は罵《ののし》って、本物かどうか試みるものである――と仰《おお》せである。

どんな批判《ひはん》をも耐《た》え抜《ぬ》き、それでも悠々《ゆうゆう》と喜《よろこ》びの人生を送っていけるかどうか――そこに本当に偉大《いだい》な人かどうかの分《わ》かれ目《め》がある。

すべてに喜《よろこ》びを見いだしていく――自分が喜べば、周囲《しゅうい》もさわやかになる。笑顔《えがお》が広がる。価値《かち》が生まれる。

リーダーは、何より皆《みな》が「喜《よろこ》んで」前進できるように、心を砕《くだ》くことである。

5-6 「苦楽共《くらくとも》に思《おも》い合《あ》わせて」

苦難《くなん》に直面《ちょくめん》していた弟子の四条金吾《しじょうきんご》に対する日蓮大聖人の励《はげ》ましを通し、目先《めさき》の出来事《できごと》に一喜一憂《いっきいちゆう》することなく、すべてを悠然《ゆうぜん》と乗《の》り越《こ》える偉大《いだい》な境涯《きょうがい》を築《きず》いていくよう望《のぞ》んでいます。

池田先生の指針

「本部幹部会」（二〇〇五年四月二十一日、東京）

皆《みな》さんも、よく知っている御書の一節を拝《はい》したい。主君《しゅくん》を折伏《しゃくぶく》したがゆえに、冷遇《れいぐう》され、同僚《どうりょう》からも憎《にく》まれ、苦境《くきょう》にあった四条金吾《しじょうきんご》を励《はげ》まされた御手紙《おてがみ》である。

「苦《く》を苦と悟《さと》り、楽《らく》を楽と開き、苦楽共《くらくとも》に思《おも》い合《あ》わせて南無妙法蓮華経と唱《とな》えきっていきなさい。これこそ、自受法楽《じじゅほうらく》（仏《ほとけ》の悟りを自《みずか》ら楽しみとして受けること）ではないですか。ますます強盛《ごうじょう》な信心をしていきなさい」（御書一一四三㌻、通解）

今は苦しみの連続かもしれない。しかし、永遠《えいえん》に続く楽しみなどないように、永遠に続く苦しみもない。人生には、楽もあれば、苦もある。勝つこともあれば、負けることもある。

苦《く》も楽《らく》も共《とも》にあるのが人生の実相《じっそう》である。だからこそ、苦しくとも、また楽しくとも、ありのままの姿《すがた》で、南無妙法蓮華経と唱えきっていきなさいと、大聖人は教えておられるのである。

その人は、妙法の智慧《ちえ》と力《ちから》によって、最高の幸福境涯《きょうがい》となっていく。何ものにも負けない人生を生きることができるのである。

「自受法楽《じじゅほうらく》」の「自受」とは、「自《みずか》ら受ける」ということである。人ではない。自分自身で決まる。人に何かをしてもらったり、他《ほか》から与《あた》えられるものではない。自分が自分で幸福をつくり、自分で幸福を味《あじ》わっていく。どんな苦楽《くらく》の道も、悠然《ゆうぜん》と楽しんでいける強く大きな自分になっていく。それが「自受法楽」である。また、必ずそうなっていくのが、南無妙法蓮華経の力《ちから》なのである。

ゆえに私たちは、人と比《くら》べる必要などない。御本尊への信仰《しんこう》を根本《こんぽん》に、自分らしくいけばいいのである。

そして、健康で、目標《もくひょう》を持って、周りの人と仲良く、調和《ちょうわ》をとりながら進んでいくことだ。

その振《ふ》る舞《ま》いのなかに、「あの人はいいな」「すばらしい人格《じんかく》だな」「話をしてみたいな」と慕《した》われるような魅力《みりょく》がおのずと輝《かがや》いていく。自分自身を最高に発揮《はっき》できるのが妙法なのである。

そうなっていけば、もうどこへ行っても、何があっても心配ない。目先《めさき》のことに一喜一憂《いっきいちゆう》することなく、自分のやるべきことをやりきって、「私はこれで満足《まんぞく》だ！」と言いきれる、悔《く》いのない人生を生《い》き抜《ぬ》いていける。その人こそ勝利者なのである。

5-7 苦難《くなん》を前進の力《ちから》に

迫害《はくがい》と難《なん》の連続を厳然《げんぜん》と勝《か》ち越《こ》えていかれた日蓮大聖人の大境涯《だいきょうがい》を拝《はい》し、苦難《くなん》を前進へのエネルギーに変える一念《いちねん》の重要性《じゅうようせい》を語っています。

池田先生の指針

「長野県総会」（一九九一年八月四日、長野）

日蓮大聖人の御一生《ごいっしょう》は、二度に及《およ》ぶ流罪《るざい》をはじめ、迫害《はくがい》また迫害、難《なん》また難の連続であられた。いったい、どこに安楽《あんらく》があるのか――多くの門下のなかには不信《ふしん》を起こす者もいた。

しかし、大聖人は難《なん》こそ安楽《あんらく》であると述《の》べられ、さらに、繰《く》り返《かえ》し繰り返し、「幸《さいわい》なるかな」「悦《よろこ》ばしいかな」（御書二三七㌻）、「大《おお》に悦ばし」（御書五〇九㌻）、「あらうれしや・あらうれしや」（御書五〇五㌻）等と仰《おお》せになっておられる。また「幸なるかな楽《たの》しいかな」（御書九七五㌻）との大《だい》境涯《きょうがい》であられた。

難《なん》が起《お》きることは、経文《きょうもん》に照《て》らして必然《ひつぜん》である。大切なのは、それをどう「変毒為薬《へんどくいやく》」し、新たな前進への力《ちから》としていくかである。

嵐《あらし》が吹《ふ》きすさぶたびに動揺《どうよう》したり、ただ嘆《なげ》いているばかりでは意味がない。

何が起ころうとも、一切《いっさい》を〝追い風〟にしてみせるとの強靭《きょうじん》な「一念《いちねん》」さえあれば、必《かなら》ず道は開けていく。

「現在」からつねに「未来」を志向《しこう》し、ただ前へ、そして前へと進みゆく――この「現当二世《げんとうにせ》」の信心で、今日《こんにち》までの学会の大発展《だいはってん》の歴史は築《きず》かれてきたのである。

「難《なん》」がなければ、真《しん》の「仏道修行《ぶつどうしゅぎょう》」ではない。「戦い」がなければ、真の「幸福」もない。成仏《じょうぶつ》もない。それでは、本当の人生とはいえない。こう定《さだ》めた信心に行き詰《づ》まりはない。

「境涯《きょうがい》」の力《ちから》は不思議である。「一念《いちねん》」の力は無限《むげん》である。同じ環境《かんきょう》、同じ状況《じょうきょう》にあっても、わが「境涯」と「一念」しだいで、百八十度、違《ちが》う結果となり、人生となろう。

「広布前進」への一念強《いちねんつよ》き人は、風が雲をみるみるうちに追《お》い払《はら》うように、わが福運《ふくうん》の青空を晴《は》れやかに、急速《きゅうそく》に、大きく広げていくことができる。

5-8 難《なん》が生命を磨《みが》く

幸福になるために信心したのに、どうして難《なん》にあうのか。難の意味《いみ》や捉《とら》え方《かた》を明確《めいかく》に語っています。

池田先生の指針

「船橋幹部大会」(一九八七年七月十三日、千葉)

なぜ私どもが「難《なん》」を忍《しの》ばねばならないか。いうまでもなく、信心の目的《もくてき》は成仏《じょうぶつ》である。成仏とは絶対的幸福《ぜったいてきこうふく》である。幸福のために信心したのに、どうして難《なん》を越《こ》えなければならないのか。

それは、わが胸中《きょうちゅう》に仏界《ぶっかい》という金剛不壊《こんごうふえ》の生命の「我《が》」を打ち固めるためには、難《なん》という試練《しれん》が必要《ひつよう》だからである。

たとえばダイヤモンドという宝石《ほうせき》の王者《おうじゃ》がある。鉱物《こうぶつ》のなかで最高の硬度《こうど》と光沢《こうたく》をもつ。清《せい》浄無垢《じょうむく》を象徴《しょうちょう》し、その名も、「征服《せいふく》されないもの」「無敵《むてき》のもの」という意味のギリシャ語に由《ゆ》来《らい》する。

このダイヤモンド、すなわち金剛石《こんごうせき》は、どのようにしてできあがるか。

私は科学者ではないが、常識的観点《じょうしきてきかんてん》からいえば、もともとダイヤの化学組成《そせい》は炭素《たんそ》で、黒鉛《こくえん》と同じである。それが地下の深所《しんしょ》で、何《なん》らかの触媒《しょくばい》によって極度《きょくど》の高温高圧《こうおんこうあつ》のもとにダイヤの結晶《けっしょう》へと構造《こうぞう》を変化させる、と考えられている。

私どもの生命も同じである。「難《なん》」という凝縮《ぎょうしゅく》した圧力《あつりょく》と厳《きび》しい苦難《くなん》の熱に鍛《きた》えられてこそ、ダイヤモンドのごとき金剛不壊《こんごうふえ》の仏界《ぶっかい》の生命へと、わが「一念《いちねん》」、「我《が》」が結晶《けっしょう》していくと私はみたい。すなわち難《なん》があってこそ、わが色心《しきしん》も仏身《ぶっしん》という「金剛身《こんごうしん》」を得《え》、金剛石《こんごうせき》のごとく堅固《けんご》で、いかなる苦悩《くのう》や迷《まよ》いにも壊《こわ》されない、絶対《ぜったい》の光り輝《かがや》く幸福境涯《きょうがい》となる。

何《なん》の苦難《くなん》もない平穏無事《へいおんぶじ》のみの修行《しゅぎょう》では、生命を真実に磨《みが》ききることはできない。最大の難を乗《の》り越《こ》え、最高の熱と圧力《あつりょく》を乗りきってこそ、最高のダイヤのごとき〝生命の王者《おうじゃ》〟と輝《かがや》くことができる。

その生命は、純粋無垢《じゅんすいむく》にして、美しき不滅《ふめつ》の光を放《はな》っている。いかなる社会の荒波《あらなみ》にも、邪悪《じゃあく》な障害《しょうがい》にも厳然《げんぜん》として不動《ふどう》であり壊《こわ》れない。

南無妙法蓮華経に徹《てっ》し、広宣流布に徹した生命である。三世《さんぜ》にわたって、永遠《えいえん》に妙法と一体《いったい》であり、自在《じざい》に広布に活躍《かつやく》していける。

そして御本尊を正《ただ》しく受持《じゅじ》しきっていくことによって、生々世々《しょうじょうせぜ》、仏界《ぶっかい》というこの最高の生命の自身となっていける。

皆《みな》さま方は〝金剛不壊《こんごうふえ》の人生〟と輝《かがや》いていただきたい。ダイヤモンドのごとき、心美《こころうつく》しく輝く〝幸福〟の結晶《けっしょう》の自身となっていただきたい。

そのためには難《なん》を恐《おそ》れてはならない。悪口等に負けてはならない。むしろ、それらはすべて、わが生命を磨《みが》いてくれるありがたい存在《そんざい》であるからだ。

難《なん》があればあるほど、信心の大確信《だいかくしん》を強盛《ごうじょう》に発揮《はっき》して、喜々《きき》として仏道修行《ぶつどうしゅぎょう》していく人の人生こそ、金剛石《こんごうせき》のごとき王者《おうじゃ》の人生である。

この大切な一生を、〝美しい信心〟と〝美しい同志愛《どうしあい》〟で立派《りっぱ》に飾《かざ》っていただきたい。

そして金剛《こんごう》の〝美しき生命〟の光を幾重《いくえ》にも広げ、正法正義《しょうほうしょうぎ》を証明《しょうめい》しきって、生涯《しょうがい》を全《まっと》うしていただきたい。

5-9 「冬は必《かなら》ず春となる」

「冬は必《かなら》ず春となる」という有名《ゆうめい》な御《ご》聖訓《せいくん》を拝《はい》して、冬を春へと転《てん》じゆく力強《ちからづよ》い妙法の生き方を呼《よ》び掛《か》けています。

池田先生の指針

「本部幹部会」(一九九〇年四月二十九日、東京)

日蓮大聖人は仰《おお》せである。「冬は必《かなら》ず春となる」(御書一二五三ジベー)――法華経を信ずる人は冬のようであるが、冬は必ず春となるものである――と。

このお言葉を支《ささ》えに、どれほど多くの友が、蘇《そ》生《せい》の春、人生の春への道を歩《あゆ》んだことか。私どもにとって、永遠《えいえん》の指針《ししん》である。また、これから幾《いく》億《おく》、幾十億の、真実《しんじつ》の幸福を求《もと》める世界の民衆《みんしゅう》も、ここから限《かぎ》りない希望を得《え》ていくにちがいない。

その意味で、この御金言《ごきんげん》に込《こ》められた御本仏《ごほんぶつ》の大慈悲《だいじひ》の一端《いったん》を拝《はい》しておきたい。

これは、門下の妙一尼《みょういちあま》への励《はげ》ましのお言葉である。

彼女《かのじょ》の夫は、強き信仰《しんこう》の人であった。大聖人の竜《たつ》の口《くち》の法難《ほうなん》のあと、法華経信仰のために所領《しょりょう》を没収《ぼっしゅう》されたようだ。正《ただ》しいがゆえに迫害《はくがい》される。これが悪《あ》しき人間社会の法則《ほうそく》である。いずれの時代、いずこの国でも、この実相《じっそう》は不変《ふへん》である。

妙一尼《みょういちあま》の夫は、信念を貫《つらぬ》いたまま、大聖人の佐《さ》渡御流罪中《どごるざいちゅう》に亡《な》くなった。あとに残ったのは、老《お》いた妙一尼と子どもたち――。なかには病弱《びょうじゃく》な子や女の子もいる。尼自身《あまじしん》も丈夫《じょうぶ》なほうではなかった。

大聖人は、そうした状況《じょうきょう》を、よくご存《ぞん》じであられた。「亡《な》くなったご主人は、どんなにか、あなた方家族《がたかぞく》のことが心配であっただろう」と深く思いを寄《よ》せられている。そして「ご主人は、私（＝大聖人）のことも、さぞかし心配されていたことでしょう」と思いやっておられる。

極寒《ごっかん》に見舞《みま》われる佐渡《さど》、生きて帰れぬといわれる佐渡に、師匠《ししょう》は流されてしまった。その大難《だいなん》の最中《さなか》に自分は死んでいく。まことに無念《むねん》である。このような心でもあったろうか。

大聖人は、苦難《くなん》のなかに亡《な》くなった勇敢《ゆうかん》な門下をしのばれて、こう述《の》べられている。

「此《こ》の御房《ごぼう》はいかなる事《こと》もありて・いみじくならせ給《たも》うべしとおぼしつらんに、いうかいなく・ながし《流》失《うせ》しかばいかにや・いかにや法華経十羅刹《じゅうらせつ》はとこそ・をもはれけんに、いままでだにも・ながらえ《存生》給《たま》いたりしかば日蓮がゆりて候《そうら》いし時いかに悦《よろこ》ばせ給はん」（御書一二五三㌻）

――ご主人は「法華経が広まるにつれてこの御《ご》房《ぼう》（＝大聖人）はいろいろとすばらしいことがあって、立派《りっぱ》に敬《うやま》われる立場になられるにちがいない」と期待されていたことでしょう。ところが、（大聖人は）はかなくも佐渡《さど》に流《なが》されてしまった。「これは、どうしたことか、いったい法華経や諸《しょ》天善神《てんぜんじん》である十羅刹女《じゅうらせつにょ》の守護《しゅご》は、どうしたのか」と思われたでしょう。せめて今まで生きておられたなら、日蓮が佐渡から赦免《しゃめん》になった時、どれほど喜《よろこ》ばれたことでしょう――。

他の御書からもうかがえるように、多くの門下は、大聖人が赫々《かっかく》たる栄誉《えいよ》の立場になられると期待していた面《めん》があったようだ。ところが実際《じっさい》には、難《なん》また難の連続である。日本中からの悪口と嘲笑《ちょうしょう》、圧迫《あっぱく》が息《いき》つぐひまもなく襲《おそ》ってくる。自分も偉《えら》くなれると思った目算《もくさん》がはずれて、退転《たいてん》・反《はん》逆《ぎゃく》の徒《と》となる者も現《あらわ》れる。彼《かれ》らは権力者《けんりょくしゃ》の手先《てさき》となって、かつての師匠《ししょう》と同志《どうし》をいじめるために暗《あん》躍《やく》する。

そうしたなか、妙一尼《みょういちあま》の夫は最後まで信念に忠《ちゅう》実《じつ》であり、誠実《せいじつ》であった。それだけに、どんなにか大聖人の凱旋《がいせん》のお姿《すがた》を夢見《ゆめみ》ていたことであろう。また、裏切《うらぎ》りの徒《と》の卑《いや》しい心根《こころね》を、どんなにか、悔《くや》しく思っていたことであろう。

大聖人は、そうした門下の心を、すべてくみとっておられた。一切《いっさい》を知っておられた。そのうえで、いささかも悪と妥協《だきょう》することなく、あえて大《だい》難《なん》のなかへと進まれたのである。

ゆえに、亡《な》くなった妙一尼《みょういちあま》の夫が、大聖人の佐《さ》渡《ど》からの御帰還《ごきかん》という、当時だれも思いもよらなかった事実を知ったなら、どんなに喜《よろこ》んだろうか、うれしかったろうか、と仰《おお》せなのである。苦労してついてきた門下に、御自身《ごじしん》の勝利の姿《すがた》を見せたい、だれよりも喜んでもらいたい——そうした大聖人のお心が強く伝わってくる。

さらに大聖人は「かねてから言っていたとおり、蒙古襲来《もうこしゅうらい》が現実《げんじつ》となっている世相《せそう》を見たら、(ご主人は『見よ、わが師匠《ししょう》の予言どおりではないか』と) どんなに喜《よろこ》ばれたであろう。(国を思えば、襲来は悲しむべきことだが)凡夫《ぼんぷ》であるから」(御書一二五三ジペー、趣意) とも、尼《あま》に語られている。

苦《く》も楽《らく》も、すべて私たちは一体《いったい》ですよ、との御《ご》本仏《ほんぶつ》のお声が、彼女《かのじょ》には聞こえるような思いがしたのではないだろうか。

「冬は必《かなら》ず春となる」とのお言葉には、要約《ようやく》すれば、こうした背景《はいけい》があった。

――ご主人は〝冬〟のうちに亡《な》くなった。しかし〝春〟が来た。冬は必《かなら》ず春となるのです。あなたも生《い》き抜《ぬ》きなさい。信念を貫《つらぬ》く人は必ず仏《ほとけ》になります。幸福にならないはずがありません。ご主人も必ず、あなた方一家を見守っておられますよ、と。

さらに大聖人は「いざとなったら、幼《おさな》い子どもたちの世話も、私がいたしましょう」とまで、深き慈愛《じあい》をそそがれている。この、限《かぎ》りなき優《やさ》しさ、あたたかな人間性にこそ、大慈大悲《だいじだいひ》の大聖人の仏法は脈動《みゃくどう》している。いわゆる権威《けんい》のかけらすら見られない。すばらしいことである。

このように、「必《かなら》ず春となる」との御断言《ごだんげん》には、佐渡《さど》での絶望《ぜつぼう》ともいうべき状況《じょうきょう》から〝勝利の春〟を迎《むか》えられた、大聖人御自身《ごじしん》の御確信《ごかくしん》と実証《じっしょう》が込《こ》められていると拝《はい》される。

大難《だいなん》に次ぐ大難。もったいないことであるが、普通《ふつう》ならば、病《やまい》に倒《たお》れるか、神経《しんけい》をむしばまれるか、殺されるか、自殺するか、仏《ほとけ》の力《ちから》なくしては、とうてい乗《の》り越《こ》えられるものではない。

しかし大聖人は、一切《いっさい》に勝たれた。生《い》きて、生き抜《ぬ》かれた。全人類のため、三大秘法《さんだいひほう》の大仏法を末法万年尽未来際《まっぽうまんねんじんみらいさい》（未来際を尽《つ》くす＝未来永遠《えいえん》）に伝え、残していかれるために。この大慈大悲《だいじだいひ》を、私どもは深く拝《はい》さねばならない。

この〝冬から春〟への勝利を、門下よ、よく見ておきなさい、あとに続いて、あなたも生《い》き抜《ぬ》きなさい、との大聖人のお心に、妙一尼《みょういちあま》はどれほど感動したことであろうか。

もとより次元《じげん》は異《こと》なるが、私どもも、長年ともに戦ってきた同志《どうし》のためにも、自分自身が〝幸福の春〟を勝ち取らねばならない。後輩《こうはい》の人が、その姿《すがた》を見て、ああよかった、信心を続けた人はあんなに立派《りっぱ》になり、幸福になるのだと、喜《よろこ》んでいかれるだけの歴史を示《しめ》してあげねばならない。

私も、この十年で誰人《たれびと》も想像《そうぞう》しなかった〝勝利の春〟を勝ち取った。全部、広布のため、同志《どうし》のためとの一念《いちねん》であった。

ともあれ、苦労してきた友のためにも、先輩《せんぱい》は、断《だん》じて勝利の姿《すがた》を示《しめ》していく責任《せきにん》がある。もちろん、勝利とは世間的な外見《がいけん》とか、表面的な名誉《めいよ》ではない。一人の人間として、信仰者《しんこうしゃ》として、わが人生の使命を晴《は》ればれと、堂々と総仕上《そうしあ》げしていった、その無冠《むかん》にして偉大《いだい》なる境涯《きょうがい》の実像《じつぞう》こそ、真実の勝利なのである。

さて〝春〟には、いっせいに花が開く。しかしその前に、花たちはいったん、冬の寒さに十分さらされなくてはならない。――もし〝冬〟を知らないと、どうなるか。

春に咲《さ》く植物は、秋になると〝休眠《きゅうみん》〟の準備《じゅんび》に入る。春に向けてエネルギーを蓄《たくわ》え始めるのである。もしも冬の休眠の途中《とちゅう》で気温が上がり、眠《ねむ》りからさめると、春の到来《とうらい》を待っていた芽《め》が未熟《みじゅく》のまま開き始める。そこにふたたび寒さがもどれば、芽は枯《か》れてしまい、死となる。

そうならないために、植物は十二分《じゅうにぶん》に〝冬〟を経験《けいけん》したあとでなければ、咲《さ》かないようにできている。これが、春の開花《かいか》にそなえる、植物の〝知恵《ちえ》〟である。

人生も仏道修行《ぶつどうしゅぎょう》も、その原理は同じといってよい。〝冬〟は、すばらしい〝春〟のための充電《じゅうでん》と鍛《きた》えの時である。その時にこそ、永遠《えいえん》に崩《くず》れぬ「成仏《じょうぶつ》」へのエネルギーは蓄《たくわ》えられ、宇宙大《うちゅうだい》の広がりを秘《ひ》めた生命活動の力《ちから》が培《つちか》われていく。

しかも、そのエネルギーは、難《なん》にあえばあうほど大きさを増《ま》す。そして、正《ただ》しき法にのっとった人は、だれもが必《かなら》ず〝春の時〟を迎《むか》えることができる。

しかし逆《ぎゃく》に、〝冬〟のたいへんな時に、信心の向上《こうじょう》のための世界から逃《に》げたり、疑《うたが》ったりして、十分に力《ちから》と福運《ふくうん》を蓄《たくわ》えておかなければ、すべてが中途半端《ちゅうとはんぱ》となってしまう。ましてや「満足《まんぞく》」の人生を、送ることはできない。

〝冬〟の間《あいだ》にこそ、どう戦い、どれほど充実《じゅうじつ》した時を過《す》ごすか。必《かなら》ず来る〝春〟を確信《かくしん》し、どう深く生きるかである。

時いたれば、自然界には花咲《はなさ》く春が間違《まちが》いなく訪《おとず》れる。それが生命と宇宙《うちゅう》のリズムである。しかし、現実《げんじつ》の社会にあっては、〝冬〟のままで人生を終える人があまりに多い。そうならないために、〝春〟を呼《よ》ぶ宇宙のリズムに生命が合致《がっち》しなければならない。そのための妙法の仏道修行《ぶつどうしゅぎょう》なのである。

その意味で、正《ただ》しき信仰《しんこう》とは〝永遠《えいえん》の幸福の翼《つばさ》〟である。苦難《くなん》を乗《の》り越《こ》えるたびに福運《ふくうん》を積《つ》み、境涯《きょうがい》を高めていける。今世《こんぜ》において一生成仏《いっしょうじょうぶつ》すれば、三世《さんぜ》永遠に「所願満足《しょがんまんぞく》」の生命の〝大空《おおぞら》〟を悠々《ゆうゆう》と羽ばたいていくことができる。これが仏法の法理であり、生命のリズムなのである。

5-10 転重軽受《てんじゅうきょうじゅ》の人生を

仏法では、過去世・現世・未来世という三世《さんぜ》の生命観を踏《ふ》まえ、過去の宿業《しゅくごう》によって未来に大きな苦しみを受けるところを、仏法の実践《じっせん》の功徳《くどく》によって現在《げんざい》において軽く受けるという「転重軽受《てんじゅうきょうじゅ》」の法門が説《と》かれています。宿業の捉《とら》え方《かた》を大きく転換《てんかん》する、この法理を通《とお》して、難《なん》を前向きに受けとめていく確信《かくしん》ある信心を教えています。

池田先生の指針

「全国青年部幹部会」

（一九八八年四月二十九日、東京）

日蓮大聖人は、障魔《しょうま》との戦いの渦中《かちゅう》にあった池《いけ》上兄弟《がみきょうだい》に対し、次のように激励《げきれい》されている。

「今生《こんじょう》に正法《しょうほう》を行《ぎょう》ずる功徳《くどく》・強盛《ごうじょう》なれば未来《みらい》の大苦《だいく》をまね《招》きこ《越》して少苦《しょうく》に値《あ》うなり」（御書一〇八三㌻）——今世《こんぜ》において正法を行ずる功徳が強く盛《さか》んであるため、本来であれば地獄《じごく》に堕《お》ちるべき未来の大苦を、今世のうちに招《まね》きよこして、今こうして少苦にあうのである——と。

正法護持《しょうほうごじ》の功徳《くどく》、すなわち「護法《ごほう》の功徳力《くどくりき》」によって、未来に大苦《だいく》を受けるはずの重い宿業《しゅくごう》を転《てん》じ、現世に軽く受けていく。この「転重軽受《てんじゅうきょうじゅ》」の法理《ほうり》を、よくよく確信《かくしん》しきっていかなければならない。また信心の深さに応《おう》じて、あるていど、そうした実相《じっそう》は感じとれるものである。

たとえば、かりに事故《じこ》にあっても、もっとひどい、他の多くの人をまきぞえにするような大事故を未然《みぜん》に、軽く受けたという場合もあるであろう。他にも同様のケースは数多くある。

さらに、ここから、三世永遠《さんぜえいえん》の生命観に立った〝難《なん》の意義《いぎ》〟も明瞭《めいりょう》になる。

つまり、あえてさまざまな難《なん》に遭《あ》うことによって、重く暗《くら》き悪因悪果《あくいんあっか》の生命の流転《るてん》を、今世《こんぜ》においてすべて転換《てんかん》し、晴れやかにしてすがすがしき仏界《ぶっかい》の大境涯《だいきょうがい》へと、わが生命を壮大《そうだい》に開ききっていけるのである。

この「転重軽受《てんじゅうきょうじゅ》の法門《ほうもん》」また「護法《ごほう》の功徳力《くどくりき》」について、大聖人は佐渡流罪中《さどるざいちゅう》の「開目抄《かいもくしょう》」「佐渡御書」で、御自身《ごじしん》の御姿《おすがた》に即《そく》されて仰《おお》せになっておられる。

つまり、もったいなくも大聖人は、示同凡夫《じどうぼんぷ》の御立場《おたちば》から、御自身《ごじしん》が大難《だいなん》を受けておられる御姿《おすがた》をとおして、末法万年《まっぽうまんねん》の門下のために、〝なぜ難《なん》に遭《あ》うのか〟を示《しめ》してくださっている。そして〝難を乗《の》り越《こ》える信心〟を教えてくださっている。

この一点は、人生においても、広布においても、要《かなめ》となる御指南《ごしなん》であると確信《かくしん》する。

三年前（一九八五年）の秋、私は十日間、入院した。初めてのことである。しかし客観的には、いつ倒《たお》れても決して不思議ではなかった。入信以来、四十年間、また戸田先生の遺志《いし》を継《つ》いで、三十年近く、走りに走ってきたからだ。

〝三十までしか生きられない〟といわれた弱い体で、働き抜《ぬ》いてきた。走りに走ってきた。つねに嵐《あらし》と戦ってきた――。

入院の件《けん》はマスコミ等でも大きく報《ほう》じられた。あらぬ憶測《おくそく》や、利害《りがい》や思惑《おもわく》がらみの卑劣《ひれつ》な動きも数多くあった。しかし私は、それらのさざ波《なみ》を達観《たっかん》していた。

私は、この病《やまい》は仏《ほとけ》の大慈悲《だいじひ》である、と深く実感していた。もう一度、一人立って、真《しん》の総仕上《そうしあ》げを開始すべき〝時〟を教えてくださったと確信《かくしん》した。

今こそ、本当のものを語っておこう。後世のためにも、本格的《ほんかくてき》に、あらゆる角度からの指導《しどう》を、教え、残しきっておこう。そして創価学会の真実を、その偉大《いだい》なる意義《いぎ》と精神《せいしん》を伝えきっておかなければならない――と。

それまで、学会も盤石《ばんじゃく》にしたし、教えるべきことは教えたとも考えていた。しかし、この病気を契機《けいき》として、私はこれまでの十倍、二十倍の指導《しどう》を残そう。十倍、二十倍の仕事をしよう、と決意した。そして、今まで以上に、いやまして真剣《しんけん》に走り始めた。これからも走っていく。

ともあれ、これから諸君《しょくん》の人生にあっても、大なり小なり、苦労と苦難《くなん》は避《さ》けられない。しかし、すべては諸君を大樹《たいじゅ》へと育《そだ》てゆく仏《ほとけ》の慈悲《じひ》と確信《かくしん》してもらいたい。

そのことを確信《かくしん》し、堂々《どうどう》と一切《いっさい》を乗《の》り越《こ》え、難《なん》あるごとに、いよいよ強く、いよいよたくましく、いよいよ朗《ほが》らかに人生と広布を開いていく、〝信仰王者《しんこうおうじゃ》〟として生《い》き抜《ぬ》いてもらいたい。

第六章　桜梅桃李《おうばいとうり》

6-1 されど我《われ》は咲《さ》くなり

日蓮仏法は「桜梅桃李《おうばいとうり》」と説《と》きます。梅《うめ》は梅、桃《もも》は桃——皆《みな》が桜《さくら》になろうというのではなく、自分が最《もっと》も自分らしく生《い》き抜《ぬ》いていくための信心です。

誰《だれ》もが、かけがえのない使命の種《たね》を持っています。それを芽吹《めぶ》かせ、思《おも》う存分《ぞんぶん》に咲《さ》かせていくための人生です。

山形を訪問《ほうもん》した池田先生は、この桜梅《おうばい》桃李《とうり》の原理をわかりやすく示《しめ》しながら、わが使命に生きよと呼《よ》び掛《か》けました。

池田先生の指針

「山形県総会」（一九八三年四月十八日、山形）

山形へは九年ぶりの訪問《ほうもん》となった。一日も早く山形の友のもとへとの思いをいだきながら、新潟《にいがた》から列車の旅をした。車窓《しゃそう》には、山々の残雪《ざんせつ》のなかにも、青い水の流れ、木々の緑が広がっていた。黄色いレンギョウの花も、雪柳《ゆきやなぎ》も、水仙《すいせん》も、桜《さくら》も、自然を彩《いろど》って、生きいきと咲《さ》き薫《かお》っていた。

それらを眺《なが》めながら「桜梅桃李《おうばいとうり》の己己《ここ》の当体《とうたい》を改《あらた》めずして……」（御書七八四ページ）との御聖訓《ごせいくん》を思い起こしていた。

この御文は、われわれの生き方の根本的姿《こんぽんてきすがた》を御《ご》教示《きょうじ》くださっている。

桜《さくら》は桜のままに咲《さ》き、自《みずか》らの使命に生きている。梅《うめ》も、桃《もも》も、李《すもも》もそうだ。

われわれ一人一人の人間も同じでなくてはならない。

一人一人が個性《こせい》をもっている。また人格《じんかく》をもち、尊《とうと》い生命をもった存在《そんざい》である。ゆえに、あくまでも自分らしく、主体性《しゅたいせい》をもって生きていけばよいのである。

自分にしかない使命、生き方があるものだ。あの人のようでなければならないということはないのである。

桜《さくら》には桜としての生命と因縁《いんねん》がある。梅《うめ》も桃《もも》も李《すもも》も同じくそれぞれその生命となった因縁があるだろう。と同じく、信心の眼《まなこ》より見れば、自分自身のこの世に生まれた使命と、それぞれの因縁があるといってよい。それを、それぞれ心から楽しく自覚《じかく》できるのが、この妙法である。

妙法の信心の力《ちから》によって自分のなかにある仏界《ぶっかい》を涌現《ゆげん》させていくことが、人生にとって根本《こんぽん》の幸せなのである。

皆《みな》さんのなかには、東京などの大都会にいる人々をうらやましく思っている人もあるかもしれない。また、はなばなしい職場《しょくば》で働《はたら》き、大きい家に住みたいと思っている人もいるかもしれない。

しかし、澄《す》んだ空気、月の輝《かがや》き、星辰《せいしん》のまたたき、朝空《あさぞら》にうかぶ蔵王《ざおう》をはじめ、かすかに白い鎧《よろい》を着た美しい山々の自然は、とうてい東京では見られない。とともに人生の幸福境涯《きょうがい》というものは、その国土世間《こくどせけん》、その職場《しょくば》、その家々の大小で決まるものではない。

他のものはよく見えるのが、人間の常《つね》である。山形におられる方々は、大都会に生きることが幸せそうに見えるかもしれないが、大都市の人々は、山形のこの美しき自然環境《かんきょう》にあこがれる。

ゆえに、その地域《ちいき》にあって、目先《めさき》の次元に惑《まど》わされることなく、要《よう》は己《おのれ》の力《ちから》を存分《ぞんぶん》に発揮《はっき》し、使命を果《は》たしていくことである。

ある文人《ぶんじん》が「見るもよし、見ざるもよし、されど我《われ》は咲《さ》くなり」とうたったが、私どもの行動はすべて御本尊がお見通《みとお》しである。

ともあれ、桜梅桃李《おうばいとうり》の原理のごとく、誰人《たれびと》が見ていようが見ていまいが、あくまでも妙法につつまれて自分らしく生きていくことが大事なのである。

6-2 性格《せいかく》をより輝《かがや》かせるために

小説『新・人間革命』には、学生部の会合に出席《しゅっせき》した山本伸一会長が、「気が弱い」という自分の性格《せいかく》に悩《なや》むメンバーを励《はげ》ます言葉が綴《つづ》られています。

池田先生の指針

『新・人間革命16』(「入魂」の章)

「〝優《やさ》しさ〟と〝気の弱さ〟は、一つの性分《しょうぶん》のあらわれ方の違《ちが》いといえるだろうね。性分が〝優しさ〟として生かされれば長所となるし、〝気の弱さ〟となってあらわれれば短所となってしまう。

そして、性分が常《つね》に短所となって作用すれば、それが不幸《ふこう》の原因《げんいん》にもなる。

たとえば、カッとなる性格《せいかく》の人は、職場《しょくば》でもすぐに喧嘩《けんか》をしがちだ。すると、周囲《しゅうい》から疎《うと》んじられ、人間関係もうまくいかなくなる。場合によっては、会社を辞《や》めることにもなりかねない。

その要因《よういん》は自分の性分《しょうぶん》にあるから、どこに行っても同じようなことを繰《く》り返《かえ》してしまう」

「人間の性分《しょうぶん》自体《じたい》は変わらないが、信心によって、自分の性分を良い方向に生かしていくことができる。御書には『桜梅桃李《おうばいとうり》の己己《ここ》の当体《とうたい》を改《あらた》めずして無作三身《むさnumber》と開見《かいけん》すれば……』（七八四ジペー）と仰《おお》せです。

桜《さくら》は桜、梅《うめ》は梅、桃《もも》は桃、李《すもも》は李と、それぞれがありのままの姿《すがた》で、自分を最大限《さいだいげん》に生かしながら、幸福になる道を説《と》いているのが仏法なんです。

すぐにカッとなる人というのは、情熱的《じょうねつてき》で、正義感《せいぎかん》が強いということです。信心に励《はげ》めば、つまらぬことでカッとなるのではなく、悪や不正《ふせい》を許《ゆる》さぬ正義《せいぎ》の人になる。また、誰《だれ》かの言いなりになってしまう人というのは、優《やさ》しさや人と調和する力《ちから》がある。その長所の部分が引き出されていくんです。そうなっていくことが人間革命なんです。

それには、具体的《ぐたいてき》にどうしていけばよいのか

――これが大事です」

「根本的《こんぽんてき》には、唱題に励《はげ》み、生命を磨《みが》き抜《ぬ》いていくことです。自身を見つめ、自分の問題点や生命の傾向性《けいこうせい》を自覚《じかく》していくことが大切です。

たとえば、誰《だれ》にでも、〝不幸《ふこう》は人のせいだと考えてしまう〟〝堪《こら》え性《しょう》がない〟〝人の意見を聞かない〟等々《とうとう》、それぞれ欠点《けってん》がある。それは自身の成《せい》長《ちょう》や幸福を妨《さまた》げる一凶《いっきょう》となる。

ところが、人間は、言われなければ、なかなかこの一凶《いっきょう》に気づかない。だから、それを厳《きび》しく指《し》摘《てき》し、切磋琢磨《せっさたくま》してくれる、先輩《せんぱい》や友人をもつことが必要になる。

この自分の一凶《いっきょう》と戦い、転換《てんかん》していく、真剣《しんけん》な祈《いの》りがなくてはならない。

さらに、学会活動のなかで、自分を鍛《きた》え抜《ぬ》いていくことです。御書には『くろがね《鉄》をよくよくきたへ《鍛》ばきず《疵》のあらわるるがごとし』（一〇八三ページ）と仰《おお》せです。

自分に負けず、一つ一つの活動に勝利していくなかに、鍛《きた》えがあり、自身の一凶《いっきょう》に打ち勝つ人間革命の道がある。学会活動の場は、自分の生命を鍛え上《あ》げる道場です。広宣流布の使命に生きようと心を定《さだ》め、自身を鍛え抜《ぬ》くなかに、宿命《しゅくめい》の転換《てんかん》もあるんです」

6-3 自己《じこ》自身に生きよ

戸田先生の祥月命日《しょうつきめいにち》にあたって行《おこな》ったスピーチで、戸田先生の指導《しどう》を紹介《しょうかい》し、「自己《じこ》自身に生きる」ことの大切さを強調《きょうちょう》しています。

池田先生の指針

「各部代表懇談会」（一九九三年四月三日、東京）

「自己《じこ》」を知り、「人間」を知り、「生命の尊《とうと》さ」を知る——ここに宗教《しゅうきょう》の重要《じゅうよう》な意義《いぎ》がある。

戸田先生は、こう語られている。（巻頭言「自らの命に生きよ」、『戸田城聖全集1』所収。以下同じ）

「貧乏《びんぼう》して悩《なや》むのも、事業に失敗《しっぱい》して苦しむのも、夫婦《ふうふ》げんかをして悲哀《ひあい》を味《あじ》わうのも、あるいは火ばちにつまずいて、けがをするのも、結局《けっきょく》、それは皆自己《みなじこ》自身の生活である。

すなわち、自己《じこ》自身の生命現象《げんしょう》の発露《はつろ》である。かく考えるならば、一切《いっさい》の人生生活は、自己の生命の変化である。ゆえに、よりよく変化して、絶《た》えず幸福をつかんでいくということが大事ではないか。

されば、自己《じこ》自身に生きよ……いや、自己自身に生きる以外にはないのだ、ということを知らなければならない。あの人が、こうしてくれればよいのだとか、この世の中がこうであれば幸せなのだといって、他人《たにん》に生き、対境《たいきょう》（＝外にある対象）に生きるということは間違《まちが》いではないか。

しかし、人間の力《ちから》というものは弱いものである。自己《じこ》自身に生きていると、いかに力《りき》んでみても、他人《たにん》に支配《しはい》され、対境《たいきょう》に支配されやすいものなのである」

「そこで、自己《じこ》自身の生命が、もっとも強く、もっとも輝《かがや》かしく、もっとも幸福であるためには、十界互具《じっかいごぐ》、一念三千《いちねんさんぜん》の仏法に生きる以外にはないと、吾人《ごじん》（＝私）は信ずるものである」

生命力《せいめいりょく》が強い人は幸せである。確信《かくしん》が強い人は幸福である。人生を切り開いていける。

「弱い人」は不幸《ふこう》である。また、不幸を自《みずか》らつくりだしてしまう。

仏法の信仰《しんこう》は、自分自身が最《もっと》も強くなるためにある。ゆえに、すべてを「信心」で受けとめ、「信心」で乗《の》り越《こ》えていこうという生き方に、永遠《えいえん》の「幸せの道」がある。

いちばん尊《とうと》いのは「自分自身」である。皆《みな》さま方《がた》である。そのことを、大迫害《だいはくがい》を受けながら教えてくださったのが大聖人であられる。そして、この〝仏法の真髄《しんずい》〟を、そのまま信受《しんじゅ》し、民衆《みんしゅう》に教えたのが牧口先生、戸田先生なのである。

われらは大確信《だいかくしん》をもって、大聖人直結《ちょっけつ》の「この道」をまっしぐらに進んでまいりたい。

戸田先生は、青年部に、こう指導《しどう》された。（一九五七年六月、男子部幹部会。『戸田城聖全集4』。以下同じ）

「若《わか》い時代にとくに大切なものは、自分の心を信ずるということである。自分の心というものは信じがたい。中心が動揺《どうよう》し、迷《まよ》っている若い時代は、ことにありがちである」

「私はアメリカのポパイという漫画《まんが》を見た。ポパイは、あれは弱くて負けてばかりいるが、ホウレン草を食べるとすぐ強くなる。たちまち敵《てき》を投げとばしてしまう。あれはホウレン草というものを信仰《しんこう》しているのである」

「自分の心にひとつの確信《かくしん》なくしては、生きていけません。自分は御本尊様を信じている。だから、どんなに困《こま》ってもかならず助かっていく、だいじょうぶだ。この確信があれば、なにをしてもよろしい。

人生に生きる道であるなら、正しいと思ったなら、御本尊様を信じて、御本尊様を確信《かくしん》の芯《しん》にするのです。病気、貧乏《びんぼう》であろうと、絶対《ぜったい》、克服《こくふく》できる。それには、信というものが、かならずなくてはならない」

「その心が強ければ強いほど、いかなることがあっても、青年は敗《やぶ》れることはない。

青年はみずから信ずるものをもたねばならない。みずからの心を信じなければならない。この心はあぶないものであるから、御本尊様によってこの信をたてるのです。そうすれば、一生涯《いっしょうがい》、ゆうゆうと生きていけると信じます。この立場にみずからも生き、他人をも指導《しどう》していってほしい」

青年をこよなく愛《あい》し、だれよりも青年に期待を寄《よ》せる先生であられた。

信心の確信《かくしん》に満《み》ち満ちた青年の活躍《かつやく》を、先生は何よりも喜《よろこ》ばれたのである。

6-4 かけがえのない自分を大切に

アメリカSGIの友との質問会《しつもんかい》で、「自分に自信《じしん》が持てない」という率直《そっちょく》な悩《なや》みに、温かな励《はげ》ましのエールを送っています。

池田先生の指針

アメリカSGI文化本部代表との質問会

（一九九二年八月七日、長野）

みんな、自信《じしん》なんかありません。むしろ、ないのが普通《ふつう》です。

かえって「自信《じしん》がある」などという人は、傲慢《ごうまん》な場合が多く、まわりとケンカばかりして、みんなに嫌《きら》われたりする。

人間は自信《じしん》がありすぎても不幸《ふこう》であるし、自信がなくても不幸である。

要《よう》するに、大事なことは、〝自分らしく〟輝《かがや》き、〝自分らしく〟一日一日を勝ち取り、〝自分らしく〟人生を向上《こうじょう》させていくことではないでしょうか。目的《もくてき》に向かって、自分で自分を錬磨《れんま》していくような前進であればいいのです。

所詮《しょせん》、自分は自分であり、人は人です。人と比《くら》べてどうかではない。

自分の人生です。自分が心の底《そこ》で現実《げんじつ》に何を感じているかです。

仏法では「桜梅桃李《おうばいとうり》」、「自体顕照《じたいけんしょう》」と説《と》きます（御書七八四㌻）。

桜《さくら》は桜、桃《もも》は桃です。桜は絶対《ぜったい》に桃になれない。なる必要《ひつよう》もないし、なっても不幸《ふこう》でしょう。

自分も、どこまでも自分である。なりたくても、絶対《ぜったい》に他人《たにん》にはなれない――その、かけがえのない自分を、大事にし、励《はげ》まし、満足《まんぞく》できる自身になることです。

その根本《こんぽん》は唱題です。妙法を唱《とな》えることによって、ありのままの姿《すがた》で無作《むさ》の「仏《ほとけ》」と輝《かがや》いていくことになる。ここに根本的な、最高の自信《じしん》があり、この「自体顕照《じたいけんしょう》」の光がわが身を飾《かざ》り、荘厳《そうごん》にしていくのです。

堂々《どうどう》たる自信《じしん》をもっていただきたい。

〝最高の人生〟を〝美しい心〟で生きておられるのだから――。

6-5 個性《こせい》は鍛《きた》えの中に輝《かがや》く

後継《こうけい》の中学生の友に向けた『希望対話』で、個性《こせい》とは何か、自分らしく生きるとはどういうことかについて、わかりやすく語っています。

池田先生の指針

『希望対話』

「個性的《こせいてき》」になろうと思って、流行の格好《かっこう》をしてみる。ところが、その結果《けっか》、個性的どころか、反対に、「みんな同じ」に近づいてしまう。それでは、つまらない。

意地悪く見れば、「個性的《こせいてき》」というひとつの「型《かた》」があって、それに合わせているようにさえ見える。しかも、その「型」は、じつは多くの場合、マスコミや商売の人たちが「つくった」ものだったり、わざと「はやらせた」ものだったりすることも非常《ひじょう》に多い。

だから、本当は「個性的《こせいてき》に生きる」というのは、結構《けっこう》、大変《たいへん》なんです。個性的に生きるためには、自分というものを、しっかりもっていないといけない。「自分の目」を開いて、ものごとを見、「自分の耳」を澄《す》まして人の話を聞き、「自分の頭《あたま》」をフル回転させて考え、「自分の信念《しんねん》」を貫《つらぬ》く勇気《ゆうき》が必要だ。

それよりはむしろ、「みんなと同じ」という「型《かた》」に入っていたほうが「楽」なんです。だから、いろいろな束縛《そくばく》から自由になろうとするときでさえ、何か人の決めた「型」に入ろうとする。日本人は、「右むけ右」の「ファッショ」(＝全体《ぜんたい》主義《しゅぎ》)になりやすいのです。

本当の個性《こせい》は「見た目の個性」なんかではない。内から外へと、にじみ出てくる「中身の個性」です。

こんな言葉もある。

「個性《こせい》とは、この世界で、その人しかもっていない宝《たから》の一品《いっぴん》である」

その「宝《たから》」が何かは、なかなかわからないかもしれない。しかし必《かなら》ず、自分だけの「宝」をもっている。もっていない人は、ただの一人もいない。絶対《ぜったい》にいない！　いるとしたら、「自分なんか、ダメなんだ」と、自分で決めつけてしまった人だけです。その決めつけが、自分で自分の「宝」を壊《こわ》してしまうのです。

もちろん「自分らしさ」といっても、それが、何《なん》なのかわからない——そういう人も多いでしょう。わからなくて当然《とうぜん》なのです。

むしろ「これが自分らしさだ」「これが自分の個性《こせい》だ」と思っているものが、人の借《か》りものにすぎない場合も多い。だから「今の自分」が自分のすべてだと思ったら、大きな間違《まちが》いを犯《おか》してしまう。「人間は変わる」ものだからです。

「今の自分」は、もっとすばらしい「未来《みらい》の自分」への出発点でしかない。

たとえば「私は口べただから、人前に出ないようにしよう」——こういうのは「自分らしい生き方」ではない。

口べただけれども、いじめている人を見たときには、堂々《どうどう》と注意していける自分になっていこう。いざというときには、勇気《ゆうき》を出して「正しいことは正しい」と言える自分になろう――こう一《いっ》生懸命《しょうけんめい》に努力《どりょく》していくなかに、〝はじめから口達《くちだっ》者《しゃ》な人〟とは違《ちが》った、あなたならではの持《も》ち味《あじ》が光ってくる。これが「自分らしさ」です。

「自分らしさ」とは、自分のもっている力《ちから》を、ぎりぎりまで、しぼり出して努力《どりょく》したときに、初《はじ》めて輝《かがや》き始めるものなのです。

自分を鍛《きた》えないと、できない。「鍛え」のなかからしか、「個性《こせい》」は輝《かがや》かない。ちょうど「剣《つるぎ》」を炎《ほのお》の中で鍛えるみたいに。「個性」というのは、人生を切り開いていくための「自分だけの武器《ぶき》」なんです。「宝剣《ほうけん》」なんです。

そして、見事《みごと》に自分の個性《こせい》を鍛《きた》え上《あ》げた人は、美しい。だれが見ても、ほれぼれするほど美しい。すぐ消えてしまう「一時《いっとき》の美」ではなく、ずっと続く「一生涯《いっしょうがい》の美」です。

何より、その人自身の心が、夏の高原の青空のように、晴ればれとしている。その人は、人をうらやまない。人を妬《ねた》まない。

人の個性《こせい》の「足を引《ひ》っ張《ぱ》る」人が多い日本です。「出る杭《くい》は打とう」とする狭《せま》い心の日本です。それは、自分自身が、あっちを見たり、こっちを見たり、ふらふらと、ぐらついていて、個性がなく、自信《じしん》がないから、他の人を妬《ねた》むのです。

その反対に、努力《どりょく》、努力で個性《こせい》をぞんぶんに鍛《きた》え上《あ》げた人は、他の人の個性の開花を喜《よろこ》ぶものです。応援《おうえん》するものです。人の成功《せいこう》が、うれしいものです。人のために、尽《つ》くせるものです。

そういう大きな心の、本当に「美しい人」に、みなさん、なってください！

「あの人の生き方に憧《あこが》れてしまう！」と言われる人になってください！

6-6 自分が太陽になる

『青春対話』の中で、高校生をはじめとする青年に向けて、自分にしか果《は》たせない使命を見つけ、輝《かがや》かせていくために大切なことについて語っています。

池田先生の指針

『青春対話』

自分は自分らしく生《い》き抜《ぬ》くところに、自分としての価値《かち》が光る。

仏法では「自体顕照《じたいけんしょう》」と説《と》く。自《みずか》らの体を、本来の自分を顕現《けんげん》させる。顕《あらわ》し、輝《かがや》かせていく。そして周囲《しゅうい》を照《て》らしていく。これが最高の「個性《こせい》」であり、「独創性《どくそうせい》」です。

大事なのは「じっとこらえて今に見ろ」の精神《せいしん》です。青春は、あせってはならない。君たちの人間としての真価《しんか》が問われるのは十年後、二十年後、三十年後です。その時にどうかです。その時に使命を果《は》たしたかどうかです。

すべての人に、自分でなければできない、自分の使命がある。使命がなければ生まれてきません。

世界には、たくさんの山がある。高い山、低《ひく》い山。世界には、たくさんの川がある。長い川、短い川。しかし、みな山であり、みな川であることに違《ちが》いはない。

穏《おだ》やかな万葉《まんよう》の奈良《なら》の山もあれば、勇壮《ゆうそう》な阿蘇《あそ》がある。壮大《そうだい》な白雪のヒマラヤもあります。それぞれに美しいし、味がある。川も、鮭《さけ》の故郷《こきょう》となる石狩川《いしかりがわ》もあれば、詩情《しじょう》の千曲川《ちくまがわ》もある。対岸が見えない大黄河《だいこうが》があり、アマゾン川がある。その川にしかない魅力《みりょく》がある。

人間も、それぞれの使命があって存在《そんざい》するのです。いわんや若《わか》くして、妙法に縁《えん》した君たちです。君には君でなければできない、君の使命がある。必《かなら》ずある。そう確信《かくしん》し、誇《ほこ》りをもってもらいたい。

（自分の使命を見つけるためには）じっとしていたのではわからない。何《なん》でもいい、何かに挑戦《ちょうせん》することです。その努力《どりょく》の積《つ》み重《かさ》ねのなかから、自然に方向性《ほうこうせい》が決まってくるものです。だから、今、自分がやるべきことは何なのか、それを避《さ》けてはいけない。

「目の前の山を登れ」ということです。山に登れば、ともかく足は鍛《きた》えられる。鍛えられた分、次のもっと大きい山に挑戦《ちょうせん》できる。この繰《く》り返《かえ》しです。そのための生命力《せいめいりょく》を自分の中から、わきたたせていくのが唱題です。

題目をあげて、「目の前の山を登れ」。登った山頂《さんちょう》から、もっと広い人生が見えてくる。自分だけの使命も、だんだんと、わかってくるのです。

「使命があるんだ」ということを忘《わす》れない人は、強い。どんな悩《なや》みがあっても、負けない。悩みを全部、希望《きぼう》へのエネルギーに変えていけるのです。

「自分が太陽になる」ことです。そうすれば、すべての闇《やみ》は消える。

何があっても、「私は太陽なんだ」と、悠然《ゆうぜん》と生きるのです。

もちろん、太陽といっても、曇《くもり》の日もある。しかし曇《くも》っていても、太陽は太陽だ。人間も、苦しんでいても、心は輝《かがや》きを失《うしな》ってはならない。

だれにでも、自分にしかできない自分の使命がある。しかし、その使命は、努力《どりょく》もしないで、いつかだれかが教えてくれるわけではない。自分で見つけるのが根本《こんぽん》です。

宝石《ほうせき》だって、初《はじ》めは鉱山《こうざん》の中に埋《う》まっている。掘《ほ》り出《だ》す努力《どりょく》をしなければ埋まったままです。掘り出してからも磨《みが》かなければ原石《げんせき》のままです。

諸君《しょくん》は、皆《みな》、絶対《ぜったい》に宝石《ほうせき》をもっている。全員が「宝石を秘《ひ》めた山」です。それを埋《うず》めたまま一生を終わってはつまらない。

「だれでも、何かの天才である」という言葉がある。音楽や文学やスポーツの天才だけが天才ではない。人と話す天才、友《とも》だちをつくる天才、人を和《なご》やかにする天才、看護《かんご》の天才、ジョークの天才、物を売る天才、節約《せつやく》の天才、時間を守る天才、忍耐《にんたい》の天才、地道《じみち》の天才、優《やさ》しさの天才、チャレンジの天才、楽観主義《らっかんしゅぎ》の天才、平和の天才、人を幸福にする天才……。

「桜梅桃李《おうばいとうり》」です。桜《さくら》は桜、梅《うめ》は梅です。自分らしく咲《さ》けばよいのです。

自分の宝石《ほうせき》、自分の天分《てんぶん》が必《かなら》ずある。それがわかるためには、どうすればいいか。

限界《げんかい》まで努力《どりょく》するしかない。勉強でもスポーツでも何《なん》でも、限界まで全力疾走《ぜんりょくしっそう》して初《はじ》めて、自分の力《ちから》が引き出される。

いちばん大切なことは、そうやって「限界《げんかい》まで努力《どりょく》する」習慣《しゅうかん》を身につけることなのです。ある意味で、結果《けっか》はたいした問題ではない。高校時代の成績等《せいせきとう》は、それ自体が人生を決めるのではない。ただ、「限界まで努力する」習慣が身についた人は、その後、何をやっても、その習慣を発揮《はっき》して、必《かなら》ず頭角《とうかく》を現《あらわ》すものです。自分の天分《てんぶん》も光らせることができる。

「人間は自分の夢《ゆめ》以上にはなれない」とも言われる。夢は大きくていい。そのうえで、夢は夢、現実《げんじつ》は現実です。大きな夢を実現するためには、現実を冷静《れいせい》に見つめたうえで「死にもの狂《ぐる》いの努《ど》力《りょく》」が必要なのは当然《とうぜん》です。

戸田先生は「青年は、何かで第一人者になろうというだけの執念《しゅうねん》をもつことだ」と言われた。執念です。自分の宝石《ほうせき》を光らせることは、なまやさしい努力《どりょく》ではできない。

6-7 伸《の》び伸びと着実な前進を

インドを訪問《ほうもん》した池田先生は、「自由に何でも聞き合い、語り合っていくのが、釈尊《しゃくそん》以来《いらい》の仏法の伝統《でんとう》である」として、メンバーとの闊達《かったつ》な質問会《しつもんかい》を行いました。そのなかで、「SGIの指導《しどう》として『雄弁《ゆうべん》』や『知性《ちせい》』『慈愛《じあい》』などが目標《もくひょう》に挙《あ》げられていますが、自分はなかなか実行できません」と語った壮年《そうねん》を大きく包《つつ》み込《こ》むように激励《げきれい》しました。

は大切でしょう。

しかし、なかなか奥《おく》さんも大事にできないのに、他人《たにん》を大事にできるわけがない（笑い）。「慈《じ》悲《ひ》」なんか、なかなか出るものではありません。

このことは戸田先生も、よく言われていた。

ありのままの〝凡夫《ぼんぷ》〟そのもので進んでいく。題目根本《こんぽん》に、少しずつでも向上《こうじょう》していく。これが正しい姿《すがた》であり、人間らしい生き方ではないでしょうか。仏法は無理《むり》のない、万人《ばんにん》に開かれた大法《だいほう》なのです。

池田先生の指針

「記念勤行会での質問会」

（一九九二年二月十六日、インド）


ありのままの自分でよいのです。

題目をあげきりながら、自分らしく、伸《の》び伸び と進んでいけばよいのです。自体顕照《じたいけんしょう》です。本来の自分自身を輝《かがや》かせていくのが大聖人の仏法です。そうでなければ、偽善者《ぎぜんしゃ》になってしまう。

人間革命への努力《どりょく》は、当然《とうぜん》、必要ですが、つくられた「雄弁《ゆうべん》」や、つくられた「慈愛《じあい》」、見せかけの「知性《ちせい》」など必要ありません。

日々、題目をあげて、皆《みな》の幸せを祈《いの》っていく。また、できる限《かぎ》り人に親切にし、優《やさ》しくし、自分の人格《じんかく》を磨《みが》いていく。そうした努力《どりょく》を重《かさ》ねること

6-8

皆《みな》、尊《とうと》い使命がある

だれもが皆《みな》、かけがえのない使命があり、かけがえのない個性《こせい》がある。この仏法の哲理《てつり》に生きれば、互《たが》いの個性を認《みと》め合い、違《ちが》いを尊重《そんちょう》する百花繚乱《ひゃっかりょうらん》の世界が広がっていくと語っています。

『青春対話』

池田先生の指針

春が近づいてきた。梅《うめ》が咲《さ》き、桃《もも》が開き、もうすぐ桜《さくら》の季節《きせつ》になる。

「冬《ふゆ》来《き》たりなば、春遠《はるとお》からじ」と詩人のシェリーは歌ったが、どんなに苦しく寒い冬が続いても、冬は必ず春となるのです。

これが宇宙《うちゅう》の法則《ほうそく》であり、生命の法則です。

だから人間も、どんなにつらい冬が続いても、希望《きぼう》を捨《す》ててはいけない。希望をなくさない限《かぎ》り、必《かなら》ず春が来《く》る。

春とは「開花」の季節《きせつ》です。

何度も言うように、仏法では「桜梅桃李《おうばいとうり》」と説《と》いている。桜《さくら》には桜の美しさがある。梅《うめ》には梅の香《かお》りがある。桃《もも》には桃の彩《いろど》りがある。李《すもも》には李の味《あじ》わいがある。

人それぞれに使命があり、個性《こせい》があり、生き方がある。それを認《みと》め、尊重《そんちょう》することです。それが自然です。

現《げん》に、花たちの世界はそうなっている。百花繚乱《ひゃっかりょうらん》です。

ところが人間の世界は、違《ちが》いを尊重《そんちょう》できないで、「差別《さべつ》」をしたり、「いじめ」をしたりする。人権《じんけん》の破壊《はかい》です。ここに根本的《こんぽんてき》な不幸《ふこう》が生まれる。

だれもが、人間として、人間らしく開花し、人間としての使命をまっとうしていく権利《けんり》がある。自分にもある。人にもある。それが人権《じんけん》です。

人権《じんけん》を尊重《そんちょう》しないだけでなく人権を侵害《しんがい》するのは、すべての秩序《ちつじょ》を破壊《はかい》しているようなものです。

人権を大切にし、人を尊敬《そんけい》できる——そういう「自分自身の確立《かくりつ》」が必要です。

6-9 多様性輝《たようせいかがや》く調和《ちょうわ》の世界を

池田先生は、ハワイの東西センターで行《おこな》った記念講演《きねんこうえん》のなかで、桜梅桃李《おうばいとうり》の法《ほう》理《り》に触《ふ》れながら、仏法に脈《みゃく》打つ多様性《たようせい》の尊重《そんちょう》、縁起観《えんぎかん》に根《ね》ざした自他共《じたとも》の尊厳《そんげん》について論《ろん》じました。

池田先生の指針

東西センター記念講演「平和と人間のための安全保障」

（一九九五年一月二十六日、アメリカ）

仏典《ぶってん》に「桜梅桃李《おうばいとうり》の己己《ここ》の当体《とうたい》を改《あらた》めずして」（御書七八四ジペー）とあります。

すべてが桜《さくら》に、あるいはすべてが梅《うめ》になる必要はない。なれるはずもない。桜は桜、梅は梅、桃《もも》は桃、李《すもも》は李として、それぞれが個性豊《こせいゆた》かに輝《かがや》いていけばよい。それが一番正しいというのであります。

もとより「桜梅桃李《おうばいとうり》」とは一つの譬喩《ひゆ》であって、それが人間であれ、社会であれ、草木国土《そうもくこくど》であれ、多様性《たようせい》の重視《じゅうし》という点では原理は同じであります。

「自体顕照《じたいけんしょう》」ということく、自《みずか》らの本然《ほんねん》の個性《こせい》を、内から最高に開花させていく。しかも、その個性は、いたずらに他《た》の個性とぶつかったり、他の犠牲《ぎせい》のうえに成《な》り立《た》つものではない。相互《そうご》の差異《さい》を慈《いつく》しみながら、花園《はなぞの》のような調和《ちょうわ》を織《お》り成《な》していく。そこに、仏教《ぶっきょう》の本領《ほんりょう》があるのであります。

仏典《ぶってん》には、「鏡《かがみ》に向《むか》って礼拝《らいはい》を成《な》す時浮《ときうか》べる影《かげ》又我《またわれ》を礼拝するなり」（御書七六九ジペー）――鏡に向かって礼拝すれば、映《うつ》る姿《すがた》もまた、私自身を礼拝するのである――という美しい譬《たと》えがあります。

仏教《ぶっきょう》の精髄《せいずい》ともいうべき、万有《ばんゆう》を貫《つらぬ》く「因果《いんが》律《りつ》」のうえから、他者《たしゃ》の生命への尊敬《そんけい》が、そのまま鏡《かがみ》のごとく、自身の生命を荘厳《そうごん》していくという道理が示《しめ》されているのであります。

このように、人間や自然の万象《ばんしょう》は、縁《よ》りて生起《せいき》する相互関係性《そうごかんけいせい》のなかで、互《たが》いの特質《とくしつ》を尊重《そんちょう》し、生かし合いながら存在《そんざい》していくべきことを促《うなが》しているのが、仏教《ぶっきょう》の縁起観《えんぎかん》なのであります。

6-10 自他共《じたとも》に向上《こうじょう》する智慧《ちえ》

一九九八年の「SGIの日」記念提言《きねんていげん》では、調和《ちょうわ》と共生《きょうせい》の世界を構築《こうちく》しゆく視座《しざ》として、いかなる差異《さい》をも新たな価値《かち》創造《そうぞう》の源泉《げんせん》としゆく、仏法の桜梅桃李《おうばいとうり》の思想が示《しめ》されています。

池田先生の指針

第23回「SGIの日」記念提言
（一九九八年一月二十六日）

真《しん》の教育とは、（イデオロギー教育などのように）人間を一様性《いちようせい》の鋳型《いがた》にはめこもうとするのではなく、人間と人間、師匠《ししょう》と弟子という、精神《せいしん》と精神との撃《う》ち合《あ》いのなか、人間の内なる善性《ぜんせい》を薫発《くんぱつ》し、自己抑制《じこよくせい》や他者《たしゃ》への共感《きょうかん》を通じて、多様《たよう》な個《こ》性《せい》を開花させゆく直道《じきどう》であります。

仏法の知見《ちけん》には、「桜梅桃李《おうばいとうり》」といって、桜《さくら》は桜、梅《うめ》は梅、桃《もも》は桃、李《すもも》は李というように、それぞれの差異《さい》を認《みと》め合《あ》ったうえで、皆《みな》が平等に、自分自身を光輝《こうき》あらしめ、麗《うるわ》しい人間共和《きょうわ》の世界を築《きず》いていく、人間や文化の多様性《たようせい》を最大に尊重《そんちょう》し、生かし、また調和《ちょうわ》させゆく哲理《てつり》があります。

この点、牧口初代会長の教育哲学《てつがく》にも造詣《ぞうけい》が深く、アメリカ哲学界の権威《けんい》の一人であった、今は亡《な》きデイビッド・ノートン博士は、この「桜梅桃《おうばいとう》李《り》」という仏法思想の意義《いぎ》を、教育という観点《かんてん》から次のように語っております。

「来《きた》るべき再編《さいへん》された世界のために、教育者が果《は》たすべき責務《せきむ》は、生徒《せいと》たちの中に自分たちのものとは違《ちが》った文化、信条《しんじょう》、実践《じっせん》に対する理解《りかい》と尊《そん》敬《けい》の念《ねん》を育《はぐ》むことです。これはちょうど、桜《さくら》、梅《うめ》、桃《もも》、李《すもも》のそれぞれが、独自《どくじ》の美の側面《そくめん》を表しているように、他の文化や信条、実践が、真実と善《ぜん》の側面を具現《ぐげん》しているとの認識《にんしき》の上に立ったとき、初《はじ》めて可能《かのう》になると思います。

このことは、生徒《せいと》たちが、一番慣《いちばんな》れ親《した》しんでいる文化や信条《しんじょう》、実践《じっせん》が真実と善《ぜん》を独占《どくせん》しているという考え方——つまり、パロキアリズム（偏狭《へんきょう》性《せい》）、狭量《きょうりょう》な心——を捨《す》て去《さ》ることを意味します」（「世界市民と人間教育」、一九九一年十月二十七日付「聖教新聞」）と。

思えば、戸田第二代会長は、東西冷戦《とうざいれいせん》のイデオロギー対立が激《はげ》しさを増《ま》すなかで、戦後《せんご》いち早く「地球民族主義《ちきゅうみんぞくしゅぎ》」を主張《しゅちょう》しましたが、これは今日的《こんにちてき》にいえば、狭隘《きょうあい》なナショナリズムや自己中心主義《じこちゅうしん》からの脱却《だっきゃく》を目指《めざ》す「地球市民主義《ちきゅうしみん》」と同根《どうこん》であり、その先見的《せんけんてき》な思想であったといえるでしょう。

「文明の衝突《しょうとつ》」論《ろん》に見受けられるように、文明間の対立は不可避《ふかひ》であるとの見方《みかた》が一部でありますが、私は、仮《かり》に衝突するとしても、それは文明と文明ではなく、それぞれの文明に〝宿痾《しゅくあ》（＝慢《まん》性《せい》の病《やまい》）〟のようにひそむ野蛮《やばん》（＝蛮性《ばんせい》）同士《どうし》であろうと思うのです。

短兵急《たんぺいきゅう》な押《お》し付け合《あ》いではなく、忍耐強《にんたいづよ》く、長い時間をかけて接触《せっしょく》を続けていくならば、本来、文化とは人間性を豊《ゆた》かにするものであり、文化間の差異《さい》はむしろ新しい価値創造《かちそうぞう》の源泉《げんせん》と捉《とら》えるべきものなのです。

そこで宗教が薫発《くんぱつ》すべきは、〝自他《じた》ともに向上《こうじょう》するための智慧《ちえ》〟であらねばならない。仏典《ぶってん》に、

「妙《みょう》と申《もう》す事《こと》は開《かい》と云《い》う事なり」（御書九四三ジー）とあるように、人間の生命には、どこまでも可能《かのう》性《せい》を開き、向上しようという特性《とくせい》があり、その特性を最大限《さいだいげん》に発揮《はっき》させていくための宗教《しゅうきょう》こそが、今まさに要請《ようせい》されているのであります。

これまでの人類《じんるい》の歴史《れきし》には、宗教が原因《げんいん》となって血で血を洗《あら》う悲劇《ひげき》が幾度《いくど》となく引き起こされました。その流転《るてん》を止めるためにも、「まことのみち《道》は世間《せけん》の事法《じほう》」（御書一五九七ジー）と仰《おお》せのごとく、宗教は「民衆《みんしゅう》に応《こた》える」「社会的課題《かだい》に応える」という点を第一義《だいいちぎ》とし、また平和的競争《へいわてききょうそう》の精神基盤《せいしんきばん》となるものでなければならないと思われます。

ともあれ、戸田第二代会長が難《なん》じていた狭隘《きょうあい》な自己中心主義《じこちゅうしんしゅぎ》を乗《の》り越《こ》え、同じ地球社会に生きる隣人《りんじん》として、牧口初代会長の提唱《ていしょう》した人道的競争《じんどうてききょうそう》

＝「共創《きょうそう》」を通し、希望《きぼう》の未来《みらい》を開いていく――私どもSGIが目指《めざ》す「人間革命」運動の眼目《がんもく》はこの一点にあります。

第七章　自他共《じたとも》に幸福に

7-1 「喜《き》とは自他共《じたとも》に喜《よろこ》ぶ事《こと》なり」

仏法は「自他共《じたとも》に幸福になる」生き方を教えています。他人を犠牲《ぎせい》にするのでもなく、自分を犠牲にするのでもありません。池田先生は常々《つねづね》、「〝自分だけの幸福〟もなければ〝他人だけの不幸《ふこう》〟もない」「他人の不幸の上に自分の幸福を築《きず》くことはしない」と呼《よ》び掛《か》けています。

ここでは、御聖訓《ごせいくん》を拝《はい》し、智慧《ちえ》と慈悲《じひ》をもって自他共《じたとも》の幸福を目指《めざ》す仏法者の生き方を教えています。

池田先生の指針

『法華経の智慧』

日蓮大聖人は、こう仰《おお》せだ。

「喜《き》とは自他共《じたとも》に喜《よろこ》ぶ事《こと》なり」（御書七六一ページ）

「自他共《じたとも》に智慧《ちえ》と慈悲《じひ》と有《あ》るを喜《き》とは云《い》うなり」（同ページ）

自分も人も、です。「自分だけ」では利己主義《りこしゅぎ》です。「人だけ」というのは偽善《ぎぜん》でしょう。自分も人も、共《とも》に幸せになっていくのが本当の「喜《よろこ》び」です。

戸田先生は「自分が幸福になるぐらいは、なんでもない。かんたんなことです。他人《ひと》まで幸福にしていこうというのが信心の根底《こんてい》です」と言われた。

その「幸せ」の内容《ないよう》が、この御聖訓《ごせいくん》に、きちっと示《しめ》されている。

「智慧《ちえ》」と「慈悲《じひ》」です。仏界《ぶっかい》の生命です。

智慧《ちえ》があっても無慈悲《むじひ》では、生命は閉《と》ざされている。また、それでは、本当の智慧ではない。慈悲があっても、智慧がなく、愚《おろ》かであれば、自分も人も救えない。救えないなら本当に慈悲があるとは言えない。

その両方が、ただ「信心」の二字に納《おさ》まっているのです。

大聖人は「所詮今《しょせんいま》日蓮等の類《たぐ》い南無妙法蓮華経と唱《とな》え奉《たてまつ》る時必《かなら》ず無作三身《むささんじん》の仏《ほとけ》に成《な》るを喜とは云《い》うなり」（御書七六一ジペー）と明快《めいかい》です。これこそが「歓喜の中の大歓喜」（御書七八八ジペー）なのです。

戸田先生は「個人《こじん》の幸福と社会の繁栄《はんえい》が一致《いっち》しなければいけない」と言われた。

個人《こじん》の幸福と言っても、利己主義《りこしゅぎ》の幸福ではない。「自他共《じたとも》に智慧《ちえ》と慈悲《じひ》」をもっていくという真《しん》の「人間の確立《かくりつ》」です。

法華経こそが「個人《こじん》の幸福」と「社会の繁栄《はんえい》」をともに実現《じつげん》していく力《ちから》をもっているのです。

7-2 利《り》他《た》と自《じ》利《り》が共鳴《きょうめい》する菩薩道《ぼさつどう》

人のために尽《つ》くすことと、自分が幸福になることは不可分《ふかぶん》であるという「菩薩《ぼさつ》道《どう》の妙《みょう》」について語っています。

池田先生の指針

『法華経の智慧』

世の中には、無数《むすう》の「心が傷《きず》ついた人」がいる。そういう人たちに癒《い》やしの手を差《さ》し伸《の》べなければならない。そうすることによって、じつは自分自身が癒やされていくのです。

人は何かあると、「自分ほど不幸《ふこう》な人間はいない」と思いがちだ。自分を憐《あわ》れみ、自分のこと以外、何も考えられなくなってしまう。自分の苦しみにとらわれ、不平《ふへい》と失望《しつぼう》のなかで、生命力《せいめいりょく》を衰《おとろ》えさせてしまう。

その時、人に「生きる力《ちから》」を与《あた》えるのは何か。それは、自分以外のだれかのために生きようという「人間の絆《きずな》」ではないだろうか。

エゴイズムに閉《と》じこもっていては幸福はない。打《う》って出《で》て、「人のため」に行動する時、その時に、自分自身の生命の泉《いずみ》も蘇生《そせい》していくのです。

人の面倒《めんどう》をみた分《ぶん》だけ――つまり、人の「生きる力《ちから》」を引き出した分だけ、自分の「生きる力」も増《ま》していく。人の生命を拡大《かくだい》してあげた分だけ、自分の生命も拡大する。これが菩薩道《ぼさつどう》の妙《みょう》です。「利他《りた》」と「自利《じり》」の一致《いっち》です。

利他《りた》だけを言うと、傲慢《ごうまん》になる。人を救ってあげているという偽善《ぎぜん》になる。自分のためにもなっていることを自覚《じかく》して初めて、「修行《しゅぎょう》させてもらっている」という謙虚《けんきょ》さが出る。自他不二《じたふに》です。ゆえに菩薩道《ぼさつどう》しかないのです。

7-3 互《たが》いに尊敬《そんけい》し、共《とも》に向上《こうじょう》の道を

仏法の目的《もくてき》は「幸福の追求《ついきゅう》」であり、同じ幸福の追求者として互《たが》いに尊敬《そんけい》し合いながら、互いに支《ささ》え励《はげ》まし合って幸福を目指《めざ》していく「自他共《じたとも》の向上《こうじょう》」の生き方が大切であると語っています。

池田先生の指針

「ヨーロッパ代表者会議」
（一九九二年六月十一日、ドイツ）

仏法は「幸福」の追求《ついきゅう》である。信心は「幸福」になるためにある。仏道修行《ぶつどうしゅぎょう》も、自分自身の「幸

福」のためである。

釈尊《しゃくそん》の十大弟子の一人に「天眼第一《てんげんだいいち》」といわれた阿那律《あなりつ》がいる。彼《かれ》は釈尊の説法中《せっぽうちゅう》、居眠《いねむ》りをしたことを猛省《もうせい》し、以来、眠りを断《た》って修行《しゅぎょう》したあまり、失明《しつめい》してしまった。そのかわりに〝心眼《しんがん》〟を開いたとされる。（以下、増一阿含経第三十一巻『大正新脩大蔵経 第二巻』、増谷文雄『仏教百話』ちくま文庫を参照）

ある時のこと、阿那律《あなりつ》は、衣《ころも》のほころびを縫《ぬ》おうとしていた。しかし、目が見えないため、針《はり》の穴《あな》に糸を通すことができない。困《こま》った彼《かれ》はつぶやいた。

「だれか、わがために、この針《はり》に糸を通し、（仏法者を助けるという）福運《ふくうん》を積《つ》む者はいないであろうか」

そのとき、だれかが近づいてきて言った。

「私が、福運《ふくうん》を積《つ》ませてもらおう」

阿那律《あなりつ》は驚《おどろ》いた。まぎれもなく、釈尊《しゃくそん》の声だったからである。

「とんでもありません。世尊《せそん》は、すでに、何《なん》の功徳《くどく》を積《つ》む必要もない方であるはずです」

「いな、阿那律《あなりつ》よ、世《よ》に私以上に幸福を求《もと》める者はないであろう」

納得《なっとく》できないでいる阿那律《あなりつ》に、釈尊《しゃくそん》は、永遠《えいえん》に追求《ついきゅう》すべきものがあることを教えた。

真理《しんり》の追究《ついきゅう》も、「もう、これでよい」という終わりはない。人々を救う実践《じっせん》にも、「もう、これでよい」という限度《げんど》はない。自分を完成させる修《しゅ》行《ぎょう》も、「もう、これでよい」ということがない。

幸福の追求《ついきゅう》もまた、限界《げんかい》はない。「この世《よ》のさまざまな力《ちから》のうち、最《もっと》も勝《すぐ》れているのは、幸《さいわ》いの力である。これにまさるものは、天界《てんかい》にも人界《にんかい》にもない。仏道《ぶつどう》も、この幸いの力によってなる」と――。

釈尊《しゃくそん》の「私ほど、幸福を求《もと》めてきた者はいない」という言葉には、重大《じゅうだい》な意味がある。

仏法は決して、人生に背《せ》を向けたり、現実《げんじつ》から逃避《とうひ》したり、悟《さと》りすまして幸《こう》、不幸《ふこう》を超越《ちょうえつ》したような格好《かっこう》をするものではない。いわんや、自分だけは特別といった錯覚《さっかく》は、仏法とは無縁《むえん》の人間のものである。

どこまでも謙虚《けんきょ》な「幸福の追求者《ついきゅうしゃ》」として、万《ばん》人《にん》と同じように、民衆《みんしゅう》とともに、真剣《しんけん》に仏道修行《ぶつどうしゅぎょう》していく。だれよりも、「福運《ふくうん》を積《つ》む」機会《きかい》を逃《のが》さず、勇《いさ》み、喜《よろこ》んで行動していく。

「もう、これでいい」などと傲《おご》らず、「さあ、また福徳《ふくとく》を開こう。永遠《えいえん》の幸福の境涯《きょうがい》をつくろう」と戦っていく。

その永遠《えいえん》の向上《こうじょう》、永遠の闘争《とうそう》の決心に、仏法の精神《せいしん》が脈動《みゃくどう》している。

「私が、あなたの針《はり》に糸を通そう」――釈尊《しゃくそん》の短い一言には、汲《く》めども尽《つ》きぬ深い心がこめられている。その振《ふ》る舞《ま》いには、共《とも》に道を修《おさ》める同志としての人間平等《びょうどう》の哲学《てつがく》が、自然のうちに表《あらわ》れている。

日蓮大聖人は「御義口伝《おんぎくでん》」で、「鏡《かがみ》に向《むか》って礼《らい》拝《はい》を成《な》す時浮《うか》べる影又我《かげまたわれ》を礼拝するなり」（御書七六九ジペー）――鏡に向かって礼拝する時、鏡に映《うつ》った姿《すがた》もまた自分を礼拝するのである――と仰《おお》せである。

相手の生命の「仏性《ぶっしょう》」を信じて、心から尊敬《そんけい》し、大切にしていく。そのときに、相手の仏性も、根《こん》底的《ていてき》には、こちらを礼拝《らいはい》し返している。

広げていえば、自分が誠実《せいじつ》そのものの心で人に接《せっ》していくとき、多くの場合、相手もまた、こちらの人格《じんかく》を尊重《そんちょう》するようになっていく。祈《いの》りが根《こん》本《ぽん》にあれば、なおのことである。

反対に、人を軽《かろ》んじれば、最終的には、自分も軽んじられ、人への憎悪《ぞうお》に染《そ》まった生命は、自分もまた憎《にく》まれる存在《そんざい》となろう。こうした人類の宿《しゅく》命《めい》的《てき》な悪循環《あくじゅんかん》にとどめをさし、人間の「相互尊《そうごそん》敬《けい》」と「共生《きょうせい》」への道を開いていきたい。

7-4 目の前の人を大切に

ロシアの文豪《ぶんごう》トルストイの物語を通して、賢《かしこ》き人生にとって「大切な時」「大切な人」「大切な仕事」とは何かを語っています。

池田先生の指針

「SGIアジア記念総会」

（一九九三年五月十六日、香港）

トルストイは、わかりやすい民話や物語をたくさん残している。大地とともに生きる民衆《みんしゅう》のためであり、未来を託《たく》す少年・少女のためである。

そのなかに「三つの疑問《ぎもん》」という物語がある。（中村白葉訳、『トルストイ全集13』所収、河出書房新社、参照）

ある時、皇帝《こうてい》が仕事をしていくうえで、三つの疑問《ぎもん》にぶつかった。

それは第一に、仕事にとりかかるにあたって、いちばん適切《てきせつ》な「時」とはいつか、という疑問《ぎもん》である。どういう「時」をはずさなければ、悔《く》いを残さないですむのか——。

第二に、自分にとってどういう人が、いちばん必要な人物なのか、どういう人を大切にしていけばよいのか、という疑問《ぎもん》である。

そして第三に、すべての事業のなかで、どういう仕事が、いちばん大切なのか、という疑問《ぎもん》である。

皇帝《こうてい》は、この三点を知りたいと強く願《ねが》った。これがわかれば、成功《せいこう》の人生を歩《あゆ》めると、考えたからである。

皇帝《こうてい》は、正《ただ》しい答えを教えてくれた人には莫大《ばくだい》なほうびを与《あた》えようと国中に知らせた。

多くの学者が集まってきて、さまざまな答えを出した。しかし、皇帝《こうてい》はそのどれにも納得《なっとく》できなかった。

「学者」が即《そく》「賢者《けんじゃ》」とはかぎらない。物語のくわしい内容《ないよう》は略《りゃく》させていただくが、皇帝《こうてい》は、庶《しょ》民《みん》と共《とも》に生きる一人の賢者との出会いのなかで、真実の解答《かいとう》を見いだしていく。

その賢者《けんじゃ》は示《しめ》した。

いちばん大切な時とはいつか。

それは「今、この瞬間《しゅんかん》である」と。

また、いちばん重要な人とは、だれか。

それは「今、現在、自分がかかわっているその人である」と。

そして、いちばん大切な仕事とは何か。

それは「人に善《ぜん》をなすこと。人のために尽《つ》くすことである」と。

大切なのは、いつかではない。今、この瞬間《しゅんかん》である。今日《きょう》、この一日である。今、この時に全魂《ぜんこん》をかたむけていく。その「今」に勝利の未来が含《ふく》まれている。

また、どこか遠くに特別な人がいるのではない。権威《けんい》の人、知識《ちしき》の人、有名《ゆうめい》の人、富《とみ》の人が大切なのではない。自分が、今、縁《えん》している人、その人を大切にしていく。そばにいる、あの人、この人を、その人の特質《とくしつ》を考えながら、全部、生かしきっていく。それが賢人《けんじん》である。そこに万人《ばんにん》の信頼《しんらい》を勝ち取る道もある。

私が海外を訪問《ほうもん》する場合も、飛行機を降《お》りて、まず最初に会う人、その人に最大の真心《まごころ》で接《せっ》していく。そこから、私の友好は始まる。

無名《むめい》であってもよい。平凡《へいぼん》であってもよい。

〝自分のためではなく、人のため、友のために、民衆《みんしゅう》のために、私は私らしく行動の歴史を残した〟。そう言いきれる人こそが、人間としての皇《こう》帝《てい》であり、人生の皇帝である。

7-5 利他《りた》の行動が自《みずか》らを豊《ゆた》かにする

仏法は「自他共《じたとも》に幸福になる」「皆《みな》が勝者《しょうしゃ》になる」道であり、その目的《もくてき》に向かって人のために尽《つ》くしていくことが、自分自身を豊《ゆた》かにし、かけがえのない自分の財産《ざいさん》になると呼《よ》び掛《か》けています。

池田先生の指針

『青春対話』

現実《げんじつ》の一人一人の生命に「幸福の種《たね》」を植《う》えていくこと――それが遠回《とおまわ》りのように見えて、地球全体を変えていく根本的《こんぽんてき》な労作業《ろうさぎょう》なのです。

遠回《とおまわ》りのように見えても、植《う》えた種《たね》が育《そだ》って「大樹《たいじゅ》」になれば、いっぺんに花も咲《さ》くし、実《み》もなっていく。木陰《こかげ》で皆《みな》が憩《いこ》うこともできる。そういう「大樹」に、自分自身がなることです。

仏法は「自他共《じたとも》に幸福になっていく」道です。他人を犠牲《ぎせい》にするのでもない。自分を犠牲にするのでもない。自分を犠牲にするのは崇高《すうこう》だが、万人《ばんにん》にそれを要求《ようきゅう》することはできない。要求すれば、おかしなことになってしまう。

「自他共《じたとも》に幸福になっていく」のが本当です。「皆《みな》が勝者《しょうしゃ》となっていく」道が必要《ひつよう》なのです。

ゆえに、相手に尽《つ》くすといっても、「相手に感謝《かんしゃ》しながら」なのです。「あの人のために、こんなに悩《なや》んだおかげで、自分が大きくなった。ありがたい」「あの人のために、これだけ動いたから、自分は強くなった。感謝します」と。

また、実際《じっさい》、広宣流布のために行動した分《ぶん》、福《ふく》徳《とく》と智慧《ちえ》も広がっていく。「利他《りた》」と「自利《じり》」の二つが備《そな》わっているのが、学会活動なのです。

一人の人と会う。だれかのために祈《いの》る。手紙を書く。たとえ約束を破《やぶ》られても、何度も足を運《はこ》ぶ。それは、ささいなことのように思える。時には、「こんなことをしてもムダではないか」と思うことがあるかもしれない。しかし、あとから振《ふ》り返《かえ》れば、何ひとつムダではなかったと必ず、わかる。

友のために足を運《はこ》んで、どれだけ自分が強く、大きくなったか。友を思って題目を唱《とな》えて、どれだけ自分が豊《ゆた》かになったか。十年、二十年と、年月がたてばたつほど、全部、かけがえのない自分の財産《ざいさん》になっていることがわかるでしょう。

また、相手の人も、あなたに感謝《かんしゃ》してくれるときが来る。「あの人がいたから、自分は立ち上がれた」「あの先輩《せんぱい》のおかげで、今の自分がある」。そう笑顔《えがお》で言ってくれる日がくるにちがいない。

一生のうちに、そういう人が何人《なんにん》できるかです。人間にとって、それ以上の宝《たから》はない。

7-6 万人《ばんにん》を敬《うやま》う菩薩道《ぼさつどう》の実践《じっせん》

ブラジルの著名《ちょめい》な言論人《げんろんじん》であるアウストレジェジロ・デ・アタイデ氏（ブラジル文学アカデミー総裁）との対談において、法華経に説《と》かれた不軽菩薩《ふきょうぼさつ》の振《ふ》る舞《ま》いに触《ふ》れて、仏法の菩薩道について語っています。

池田先生の指針

『二十一世紀の人権を語る』

人々の幸せを離《はな》れて、自身の幸せはありません。仏法者の行動の基盤《きばん》は、慈悲《じひ》の精神《せいしん》です。

「慈悲」とは人々の不安や恐怖《きょうふ》を除《のぞ》き（抜苦《ばっく》）、喜《よろこ》びと安心と希望《きぼう》を与《あた》えること（与楽《よらく》）です。

人々の幸福のために戦うのは、仏法者として、否《いな》、人間として当然のことでしょう。だが、簡明《かんめい》なことほどむずかしい。

仏《ほとけ》の教えの真髄《しんずい》は簡明《かんめい》です。〝一人の人間を大切に〟です。仏とは、〝一人〟の幸福のために、間《かん》断《だん》なく精進《しょうじん》する者、勤《つと》め励《はげ》む者なのです。

仏法では、利他《りた》の精神《せいしん》から行動していく人を、菩薩《ぼさつ》と呼《よ》びます。仏典《ぶってん》には、文殊《もんじゅ》菩薩、普賢《ふげん》菩薩、弥勒《みろく》菩薩、観世音《かんぜおん》菩薩、薬王《やくおう》菩薩など、さまざまな菩薩が登場します。

これらの菩薩《ぼさつ》は、その特性《とくせい》を生かして、衆生《しゅじょう》のために献身《けんしん》し、苦悩《くのう》・災難《さいなん》から救《すく》う働《はたら》きをします。たとえば、文殊《もんじゅ》は智慧《ちえ》、普賢《ふげん》は学理《がくり》、弥勒《みろく》は慈悲心《じひしん》、観世音《かんぜおん》は世音《せおん》（＝世の中の状況《じょうきょう》）を観《かん》じる力《ちから》をもって、衆生の苦を救います。薬王《やくおう》は名《な》のとおり、医薬を用《もち》いて病気を治します。

日蓮大聖人は、多くの菩薩《ぼさつ》のなかでも、実践《じっせん》の模範《もはん》として、法華経に登場する不軽菩薩《ふきょうぼさつ》に注目します。「不軽」（軽《かろ》んぜず）という名にも示《しめ》されているように、どのような人も軽んずることなく、最高の敬意《けいい》を示《しめ》しました。

法華経には、彼《かれ》が次のように語って人々を敬《うやま》ったと説《と》かれています。

「私は深くあなたがたを敬《うやま》います。決して軽《かろ》んじたり、思い上がったりしません。それはなぜなのか。皆《みな》さんは、菩薩《ぼさつ》の道を修行《しゅぎょう》して、やがて成《じょう》仏《ぶつ》することができるからなのです」（法華経五五七ジペー、趣意）と。

ここに、法華経の人間尊厳《にんげんそんげん》の精神《せいしん》が凝縮《ぎょうしゅく》しています。不軽菩薩《ふきょうぼさつ》は、このように、すべての人に合《がっ》掌礼拝《しょうらいはい》したのです。

日蓮大聖人は不軽菩薩《ふきょうぼさつ》の行動を「一代《いちだい》の肝心《かんじん》は法華経・法華経の修行《しゅぎょう》の肝心は不軽品《ふきょうほん》にて候《そうろう》なり」（御書一一七四ジペー）と、仏法の実践《じっせん》の要諦《ようてい》として位置《いち》づけています。

不軽菩薩《ふきょうぼさつ》の振《ふ》る舞《ま》いは、〝一切衆生《いっさいしゅじょう》には仏性《ぶっしょう》があるゆえに尊厳《そんげん》である〟という信念《しんねん》にもとづいています。

いかなる人間であっても、内在《ないざい》する「仏性《ぶっしょう》」——普遍的《ふへんてき》な尊厳性《そんげんせい》を発揮《はっき》していけば、最極《さいごく》の人《じん》生道《せいどう》を開くことができる。その道を自他共《じたとも》に進むのが、菩薩道《ぼさつどう》の実践《じっせん》です。

7-7 「心の財《たから》」を積《つ》みゆく人生を

人生にとって大切なことは何か、何が最高の思い出として生命に刻《きざ》まれるかという観点《かんてん》から、菩薩《ぼさつ》の生き方を説《と》いています。

池田先生の指針

『法華経の智慧』

人を救《すく》うことによって、自分も救われる。

これは心理学のうえからも言われています。癒《い》やしがたい心の傷《きず》や苦しみを担《にな》って、「生きる力《ちから》」をなくしてしまった人が、どうやって立《た》ち直《なお》るか。

いくら自分の苦しみを見つめても、ますます落《お》ち込《こ》んでしまうケースが余《あま》りにも多い。それと反対に、同じような苦しみを味わっている人のもとへ行き、その人を助けることによって、自分も「生きる力《ちから》」を回復《かいふく》するというのです。

他者《たしゃ》への「思いやり」の行動が、自分を「癒《い》やす」のです。

現代は、「人に尽《つ》くす」ことが、何か「損《そん》」のような風潮《ふうちょう》がある。「慈愛《じあい》」などというと、冷笑《れいしょう》されるような雰囲気《ふんいき》もあるが、そういう傲慢《ごうまん》が、どれほど社会を不幸《ふこう》にしているか、計《はか》り知《し》れない。

ガンジーに、ある時、アメリカ人宣教師《せんきょうし》が聞いたという。「あなたの宗教《しゅうきょう》とは何《なん》ですか、インドの未来の宗教はどのような形をとるのでしょうか」

宗教論議《しゅうきょうろんぎ》をもちかけられたガンジーは、何《なん》と答えたか。

ちょうど、その部屋《へや》に二人の病人が休んでいた。ガンジーは二人を指《ゆび》さして、こう答えた。

「奉仕《ほうし》すること、仕《つか》えることがわたしの宗教《しゅうきょう》です。未来のことなど慮《おもんぱか》っていません」

ガンジーにとって、政治もまた「奉仕《ほうし》」であり、タゴールの言うように「最《もっと》も貧《まず》しい人」たちに仕《つか》えることだというのです。（森本達雄『ガンディーとタゴール』第三文明社。引用・参照）

行動です。「菩薩行《ぼさつぎょう》」にしか宗教《しゅうきょう》はない。仏法はない。本来の政治も、教育もない。

私たちの使命は大きい。

「蔵《くら》の財《たから》よりも身《み》の財すぐれたり身の財より心の財第一《だいいち》なり」（御書一一七三ジペー）です。

「蔵《くら》の財《たから》」――経済《けいざい》のことばかりいじくっても、経済そのものだって、良くはならない。かりに良くなっても、社会は幸福にならない。

人間です。心です。心がすべてを動かす。

福運《ふくうん》と智慧《ちえ》にあふれた「心の財《たから》」があれば、そこから、本当に豊《ゆた》かな「身《み》の財」「蔵《くら》の財」も備《そな》わってくるのです。

人生、最後に何が残るのか。

思い出です。生命に刻《きざ》まれた思い出が残る。

モスクワで会った作家のショーロホフ氏が、こんなことを言われていた。

「長い人生になると、いちばん苦しかったことは、思い出しにくくなります。長くなると、いろんな出来事《できごと》の色彩《しきさい》がうすくなり、いちばん嬉《うれ》しかったことも、いちばん悲しかったことも、一切合《いっさいがっ》切《さい》、過《す》ぎ去《さ》っていきます」

そして一呼吸《ひとこきゅう》おいて、こう言って微笑《ほほえ》まれた。

「私の言うことが真実だということは、池田さんが七十歳になった時にわかるでしょう」

味わい深い言葉です。（「忘れ得ぬ出会い」、『池田大作全集21』所収）

一切《いっさい》は過《す》ぎ去《さ》る。天《てん》にも昇《のぼ》らんほどの喜《よろこ》びも、死のうかと思うほどの苦しみも、過ぎてしまえば、夢《ゆめ》のようなものです。そのうえで、私は「生命を完全燃焼《かんぜんねんしょう》させた思い出は、永遠《えいえん》に消えない」と言っておきたい。なかんずく広宣流布に燃《も》やしきった思い出は永遠です。

この世に生まれて、いったい、何人《なんにん》の人を幸福にしたか。何人の人に「あなたのおかげで私は救《すく》われた」と言われる貢献《こうけん》ができたか。

人生、最後に残るのは、最後の生命を飾《かざ》るのは、それではないだろうか。

「南無妙法蓮華経と我《われ》も唱《とな》へ他《た》をも勧《すすめ》んのみこそ今生人界《こんじょうにんかい》の思出《おもいで》なるべき」（御書四六七ページ）です。

7-8 最高の利他《りた》の道とは

真《しん》に人の幸福のために尽《つ》くす道とは、妙法を語り伝えることであると強調《きょうちょう》しています。

『青春対話』

池田先生の指針

人間、ふつうは、自分のことだって救《すく》えないものだ。家族だって、本当には幸せにするのはむずかしい――それが現実《げんじつ》ではないだろうか。

政治家《せいじか》も、有名人《ゆうめいじん》も、往々《おうおう》にして格好《かっこう》だけで、本当に人のためにわが身をなげうっている人は、いったい、どれだけいるか。

草創《そうそう》の友は、皆《みな》、貧《まず》しかった。地位《ちい》もない。学歴《がくれき》もない。しかし、心は気高《けだか》かった。「あの人も、この人も、みんなを幸せに！」。人類《じんるい》の先覚者《せんかくしゃ》として、偉大《いだい》なる使命感に燃《も》えていた。

人を救《すく》おう、幸せにしよう――こんな崇高《すうこう》な生き方はない。

南米・ペルーの広布の大功労者《だいこうろうしゃ》の言葉が、忘《わす》れられない。

「私を支《ささ》えてきたのは、骨《ほね》と血のほかは、ペルーの人々の幸せを願《ねが》う気持ちだけであった」

これが、その方の「生涯最後《しょうがいさいご》の言葉」でした。

戸田先生は語っておられた。

「困《こま》っている人に、食べ物をあげるのもいい。お金を出すのもいい。しかし、困っている人全員に、平等《びょうどう》にはあげられない。物には限《かぎ》りがある。また、相手は喜《よろこ》ぶが、〝何も努力《どりょく》しなくても、またもらえばいい〟となる。

結局《けっきょく》、最高《さいこう》の布施《ふせ》（＝何かをあげること）は、法を教えることだ。そうすれば、新しく強い生命力《せいめいりょく》を得《え》て、その人は自分の仕事に取り組み、自分で健康になっていける。その力《ちから》は地面から水がわくように、絶《た》えることがない」

これこそ、最高の「利他《りた》」の道です。

第八章　病《やまい》と向き合う

8-1 病気との闘《たたか》いが生命を健康にする

生老病死《しょうろうびょうし》は戦いです。そのなかで、病《やまい》とどう向き合い、どう乗《の》り越《こ》えていくかは、万人《ばんにん》が直面《ちょくめん》する課題《かだい》といえます。仏法の叡智《えいち》は、病気を決して忌《い》むことなく、仏《ほとけ》の境涯《きょうがい》を開きゆく人間革命の契機《けいき》と捉《とら》えます。仏法に生《い》き抜《ぬ》く人は、病をも人生勝利の原動力《げんどうりょく》に変えていくことができるのです。

本章は、仏法の智慧《ちえ》に基《もと》づいた池田先生の生老病死《しょうろうびょうし》の哲学《てつがく》を収《おさ》めています。

池田先生の指針

『健康の智慧』

「生《しょう》」「老《ろう》」「病《びょう》」「死《し》」を四苦《しく》といって、仏法は「病苦《びょうく》」を人間の根本的苦悩《こんぽんてきくのう》の一つとしています。その解決《かいけつ》をめざすという点では、医学も目的《もくてき》は同じだと思います。

心身ともに、はつらつと、充実《じゅうじつ》した日々を生きるには、何が必要なのか――。

「病気がない」だけが「健康」なのではない。一生涯《いっしょうがい》、何かに挑戦《ちょうせん》する。何かを創造《そうぞう》する。前へ前へと自分の世界を広げていく――この〝創造的人生〟こそ、真《しん》の〝健康人生〟ではないだろうか。

戸田先生は、現代人に二つの誤《あやま》りがあると言われていた。

一つは「知識《ちしき》と智慧《ちえ》」の混同《こんどう》。もう一つは「病気と死」の混同です。

「知識《ちしき》と智慧《ちえ》」はイコールではない。その関係については、いろいろ論《ろん》じられます。

今、医学と仏法について、大ざっぱに言えば、医学は「知識《ちしき》」を使って病気と闘《たたか》う。一方、仏法は、人間の「智慧《ちえ》」を開発して、自身の生命のリズムを調整《ちょうせい》する。また生命力《せいめいりょく》を高める。そうすることによって、医学知識の助けを得《え》ながら、自《みずか》ら病気を克服《こくふく》する、という関係になるのではないだろうか。

要《よう》するに、「医学」を無視《むし》したり、否定《ひてい》するのは愚《おろ》かです。それでは〝狂信《きょうしん》〟になりかねない。病気を克服《こくふく》するためには、「医学」を賢明《けんめい》に活用《かつよう》することです。その「智慧《ちえ》」を引き出すのが仏法です。

「健康」も「智慧《ちえ》」です。「長生き」も「智慧」です。「幸福」には「智慧」が必要なのです。「健康の世紀」とは、「智慧の世紀」と言えるでしょう。

「病気」と「死」について、「病気」は必《かなら》ずしも「死」にはつながらない。

御書に「病《やまい》によりて道心《どうしん》はをこり候《そうろう》なり」（一四八〇ジ《ペー》）と仰《おお》せのように、病気が自分自身を見つめ、生命と人生を見つめる大きなきっかけになる場合がある。

病気と闘《たたか》うからこそ、人生の裏表《うらおもて》もわかるし、不屈《ふくつ》の精神力《せいしんりょく》も鍛《きた》えられるのです。

私自身も幼《おさな》いころから病弱《びょうじゃく》だった。結核《けっかく》のせいもあって、医師《いし》から、三十歳まで生きられるかどうか、と言われた体です。

しかし、だからこそ病弱《びょうじゃく》な人の心もわかるようになった。

だからこそ、一瞬一瞬《いっしゅん》を大切に生きよう、片時《かたとき》もむだにせず、生あるうちになすべきことをなそう、と完全燃焼《かんぜんねんしょう》で生きてこられたのです。

体が健康でも生命が病《や》んでいる人は、たくさんいる。体が病気でも、生命それ自体は健康である人もいます。

また、生きているかぎり、何《なん》らかの病気はあるでしょう。だから、どう病気と上手《じょうず》につきあうか、という智慧《ちえ》が大事なのです。

8-2 「生老病死《しょうろうびょうし》」を「常楽我浄《じょうらくがじょう》」に

病気と闘《たたか》う友に向けて、病《やまい》に負けずに常楽我浄《じょうらくがじょう》の人生を、と温かな励《はげ》ましを送っています。

池田先生の指針

「若き君へ――新時代の主役に語る」
(二〇一二年七月二十五～二十七日、聖教新聞)

「生老病死《しょうろうびょうし》」は誰《だれ》も逃《のが》れられない。その意味で、一生が病《やまい》との闘《たたか》いです。ゆえに、病気を恐《おそ》れることはない。しかし、侮《あなど》ってもいけません。迅速《じんそく》に具体的《ぐたいてき》な治療《ちりょう》に励《はげ》むことが大切です。

御聖訓《ごせいくん》には「この病《やまい》は仏《ほとけ》のお計《はか》らいだろうか。そのわけは、浄名経《じょうみょうきょう》、涅槃経《ねはんぎょう》には病がある人は仏になると説《と》かれている。病によって仏道《ぶつどう》を求《もと》める心は起こるものである」（御書一四八〇ジペー、通解）と御断言《ごだんげん》です。

病気という苦難《くなん》を糧《かて》にして、自分の信心を強め、境涯《きょうがい》を深め広げていくことができるのです。

病気との闘《たたか》いは、妙法に照《て》らして、永遠《えいえん》の次元《じげん》から見れば、すべてが幸福になり、勝利するための試練《しれん》です。

健康は、何があっても負けない自分自身の前向《まえむ》きな生き方の中にこそあるのです。

「生老病死《しょうろうびょうし》」の苦しみを転《てん》じて、最高の「常楽我浄《じょうらくがじょう》」の人生を勝《か》ち抜《ぬ》いていくのです。これが「創価」の生命です。

病気になることは、決して敗北《はいぼく》などではない。信心が弱いからでもない。広宣流布に生《い》き抜《ぬ》く中で起きた病気という苦難《くなん》は、成仏《じょうぶつ》を阻《はば》もうとする魔《ま》の働《はたら》きである。ゆえに、怯《ひる》んではならない。勇《ゆう》敢《かん》に立ち向かって、一生成仏《いっしょうじょうぶつ》を勝ち開いていく勇《ゆう》気《き》を教えられているのです。

大事なことは、病気になった時にこそ、いよいよ強盛《ごうじょう》の大信力《だいしんりき》を奮《ふる》い起こしていくことです。今こそ、信心の偉大《いだい》な力《ちから》を発揮《はっき》するのだ！　人間として大きく飛躍《ひやく》するのだ！　と腹《はら》を決めて、題目を唱《とな》えていくのです。

「南無妙法蓮華経は師子吼《ししく》の如《ごと》し・いかなる病《やまい》さはり《障》をなすべきや」（御書一一二四ジペー）です。あらゆる病苦《びょうく》を打開《だかい》する根源《こんげん》の力《ちから》が、妙法にはある。妙法は最強の「生命の大良薬《だいりょうやく》」です。戸田先生もよく「人間の体は一大製薬工場《いちだいせいやくこうじょう》だ」と言われていました。

今、受けている治療《ちりょう》が最高の効果《こうか》を発揮《はっき》していくよう、全身に仏《ほとけ》の大生命力《だいせいめいりょく》を現《あらわ》して病魔《びょうま》を打《う》ち破《やぶ》っていくよう、祈《いの》り抜《ぬ》き、祈り切ることです。

信心を根本《こんぽん》に戦っていくならば、必《かなら》ず一切《いっさい》を変毒《へんどく》為薬《いやく》できます。

「妙《みょう》とは蘇生《そせい》の義《ぎ》」（御書九四七ジペー）です。

大聖人は、病気の家族を抱《かか》えた門下に、こう仰《おお》せです。

「それは、決して鬼神《きじん》の仕業《しわざ》ではないでしょう。十羅刹女《じゅうらせつにょ》が、信心の強さをお試《ため》しなのでしょう」（御書一五四四ジペー、通解）

諸天善神《しょてんぜんじん》が守らないわけがない。絶対《ぜったい》に一家で乗《の》り越《こ》えられると励《はげ》ましてくださっています。

御書には、「大闇《おおやみ》をば日輪《にちりん》（＝太陽）やぶる」「法華経は日輪のごとし」（一一一四ジペー）とも仰《おお》せです。妙法を唱《とな》え、実践《じっせん》する私たちの胸中《きょうちゅう》には、赫々《かっかく》たる希望《きぼう》の太陽が昇《のぼ》る。あらゆる闇を打ち晴らし、どんな宿命《しゅくめい》の鉄鎖《てっさ》をも断《た》ち切っていけるのです。

自他共《じたとも》の病気との闘《たたか》いの中で、人間として本当に輝《かがや》く健康体を勝ち取っていくことができる。

ゆえに、一切《いっさい》を御本尊に任《まか》せて祈《いの》るのです。臆《おく》さず、粘《ねば》り強《づよ》く、戦《たたか》うのです。断《だん》じて負けてはいけない。一歩も退《しりぞ》いてはいけない。

最後は必ず勝利するのだから！

（うつ病など心の病《やまい》について）

長い人生だし、決して焦《あせ》る必要はありません。専門家《せんもんか》に相談して、じっくりと適切《てきせつ》な治療《ちりょう》を行《おこな》っていただきたい。

皆《みな》、いろいろな状況《じょうきょう》がある。一律《いちりつ》に「こうすればいい」という処方箋《しょほうせん》はありません。

でも、一点。妙法を持《たも》った皆《みな》さんが不幸《ふこう》になることは絶対《ぜったい》にないと、私は断言《だんげん》できます。

周《まわ》りの人は、病気で苦しむ本人を温かく、また長い目で見守りながら、ご家族に真心《まごころ》からの励《はげ》ましを送っていただきたい。

側《そば》で支《ささ》えてくださっている方々は大変《たいへん》です。時には工夫《くふう》して、休息《きゅうそく》をとっていただきたい。

心の病《やまい》を抱《かか》えた人を大切にすることは、本当に深い慈悲《じひ》の境涯《きょうがい》を開いていくことです。豊《ゆた》かな人間性の社会を築《きず》いていくことです。

ともあれ、悩《なや》んだ人ほど偉大《いだい》になれる。つらい思いをした人ほど、多くの人を救《すく》っていける。偉大な使命があるんです。これが仏法です。菩薩道《ぼさつどう》の人生です。

戸田先生は「時には、〝貧乏菩薩《びんぼうぼさつ》〟や〝病気菩薩〟のように見えるかもしれない。しかし、それは人生の劇《げき》を演《えん》じているんだよ。正真正銘《しょうしんしょうめい》の地涌《じゆ》の菩薩なんだ」と、よく言われていた。また「大《たい》病《びょう》を患《わずら》った人は人生の深さを知っている」と語っておられた。全部、意味があるのです。

日蓮大聖人は「三千大千世界《さんぜんだいせんせかい》（＝大宇宙《だいうちゅう》）に満《み》ちる珍宝《ちんぽう》をもってしても、命《いのち》に替《か》えることはできない」（御書一〇七五㌻、通解）と仰《おお》せです。

病気の姿《すがた》を現していても、その生命の偉大《いだい》さ、尊《とうと》さ、素晴《すば》らしさには何《なん》の変わりもありません。皆《みな》さん全員が、一人も残《のこ》らず、最高に尊貴《そんき》な宝《たから》の存在《そんざい》なのです。

8-3 題目は生命力《せいめいりょく》の源泉《げんせん》

病気と向き合い、病気を人間革命の契《けい》機《き》としていく原動力《げんどうりょく》こそ題目であると訴《うった》えています。

池田先生の指針

「代表幹部研修会」(二〇〇五年八月十五日、長野)

私と妻《つま》は、すべての同志《どうし》の「健康勝利の前進」を、毎日、真剣《しんけん》に祈《いの》っている。

なかには、病《やまい》と懸命《けんめい》に闘《たたか》っておられる方もいらっしゃるだろう。しかし、病気だから不幸《ふこう》なのではない。病気だから立ち上がれないということはない。妙法を持《たも》った人間が、不幸になるわけがない。

スイスの哲学者《てつがくしゃ》ヒルティは言う。

「病気は、より高い人生の階段《かいだん》を登ってゆく通《つう》路《ろ》にすぎない」(「病める魂」斎藤栄治訳、『ヒルティ著作集8』所収、白水社)

病気をした人は、その分、人のことを思いやれる。慈愛《じあい》が深まる。病気は、いろいろなことを教えてくれる。死を見つめたり、生きる意味を考えたり、人生のかけがえのなさが見えてくるものだ。

すべて、より高い人生の頂《いただき》へと登っていくための通路《つうろ》なのだ。教科書なのである。

いわんや、妙法を根本《こんぽん》にすれば、一切《いっさい》が「幸福のエネルギー」となり、「向上《こうじょう》の糧《かて》」となっていくのである。

戸田先生は、大確信《だいかくしん》をもって言われた。

「(御本尊の利益《りやく》は)生命力《せいめいりょく》が絶対的《ぜったいてき》に旺盛《おうせい》になるということである。生命力が旺盛であれば、悩《なや》みだ、苦しみだ、貧乏《びんぼう》だなどと、いろいろな愚癡《ぐち》をいう世界が、明るい楽しい世界に変わる」

「題目の力《ちから》は偉大《いだい》である。苦しい業《ごう》を感ずる生命が、あたかも美しい花園《はなぞの》に遊ぶがごとき、安らかな夢《ゆめ》のごとき状態《じょうたい》に変化するのである」

苦しい時こそ題目。行き詰《づ》まったら題目だ。題目をあげれば、生命力《せいめいりょく》がわく。勇気《ゆうき》がわく。状況《じょうきょう》も変えていける。

信心は、一切《いっさい》の勝利のエンジンなのである。

8-4 病気を幸福への発条《ばね》に

御聖訓《ごせいくん》を拝《はい》しながら、病気を絶対的《ぜったいてき》幸福への契機《けいき》としてプラスの価値《かち》に転《てん》じていくのが仏法であると教えています。

池田先生の指針

「和歌山県記念総会」

(一九八八年三月二十四日、和歌山)

大病《たいびょう》をした人は深い人生の味《あじ》を知るという。仏法では、「病《やまい》」も、至高《しこう》の目的《もくてき》である「成仏《じょうぶつ》」への契機《けいき》としていけると位置《いち》づける。苦しい病気という不幸《ふこう》が、そのまま永遠《えいえん》にわたる絶対的《ぜったいてき》幸福へのステップ台となっていく――。

御書の有名《ゆうめい》な一節《いっせつ》に「このやまひは仏《ほとけ》の御《おん》はからひか・そのゆへは浄名経《じょうみょうきょう》・涅槃経《ねはんぎょう》には病《やまい》ある人《ひと》仏《ほとけ》になるべきよしとかれて候《そうろう》、病によりて道心《どうしん》はをこり候なり」（一四八〇㌻）と仰《おお》せである。

夫が病気になった婦人《ふじん》に対して、「この病気は、仏《ほとけ》の御《おん》はからいでしょうか。なぜなら浄名経《じょうみょうきょう》や涅《ね》槃経《はんぎょう》には〝病《やまい》がある人は仏になる〟と説《と》かれています。病によって、仏道《ぶつどう》を求《もと》める心は起こるものです」とあたたかく激励《げきれい》しておられる。自在《じざい》な、また大きな、大聖人の智慧《ちえ》と慈愛《じあい》が胸《むね》に迫《せま》ってくる御指導《ごしどう》である。

たしかに、ふだんはともかく、病気で苦しければ、だれしも一生懸命《いっしょうけんめい》、題目をあげ始めるにちがいない。また、そうした苦難《くなん》のときにこそ、いやまして信心の炎《ほのお》を燃《も》やさねばならない。

大切なことは、病気を不幸《ふこう》への出発点とするか、より大いなる幸福の軌道《きどう》へのスタートとするかである。

唱題の力《ちから》は、病《やまい》を克服《こくふく》する強き生命力《せいめいりょく》をもたらすのみならず、生命の奥《おく》の宿業《しゅくごう》をも転換《てんかん》していく。生命の〝我《が》〟を仏界《ぶっかい》へと上昇《じょうしょう》させ、崩《くず》れざる絶対的《ぜったいてき》幸福の境涯《きょうがい》へと、無量《むりょう》の福運《ふくうん》を開いていく。

いわば病気というマイナスを、もとの健康体というゼロにもどすにとどまらず、より大きなプラスの方向へ、幸福の方向へと見事に転《てん》じていくことができる。その力用《りきゆう》を引きだすものこそ、苦《く》難《なん》をも勇《いさ》んで飛躍《ひやく》の発条《ばね》にする〝不屈《ふくつ》の信心〟である。

どんな病状《びょうじょう》でも、信心によって、すぐに治癒《ちゆ》するか――といえば、いちがいにそうとはいいきれない。その人の宿命《しゅくめい》の問題もあるし、信心の強弱もある。また、凡智《ぼんち》にはわからないさまざまな深い意味がある場合もあろう。

しかし、信心さえ強盛《ごうじょう》であれば、必《かなら》ずや健康の方向へ、幸福の方向へ、成仏《じょうぶつ》の方向へと転《てん》じていくことだけは絶対《ぜったい》にまちがいない。三世《さんぜ》の生命から見れば、わが生命は、もっとも良い方向へ、もっとも幸福な方向へと変化していくのである。

私どもは生あるかぎり、妙法を唱《とな》えに唱え抜《ぬ》きながら、広宣流布へ、広宣流布へという情熱《じょうねつ》の一《いち》念《ねん》を、あかあかと燃《も》やし続けていきたい。

その鍛《きた》えあげられた強き強き信心の「心」こそ、「生死《しょうじ》」の苦をも悠然《ゆうぜん》と乗《の》り越《こ》えていける唯《ゆい》一《いっ》の原動力《げんどうりょく》だからである。

『御書の世界』

8-5 病気は人生の敗北《はいぼく》ではない

病気になるのは、決して敗北《はいぼく》でも不幸《ふこう》でもありません。妙法に生きる人にとって、生老病死《しょうろうびょうし》のドラマは即《そく》、常楽我浄《じょうらくがじょう》の歓喜《かんき》の舞台《ぶたい》となると語っています。

池田先生の指針

よく戸田先生が語られていた。

「病気になるのも自然の道理です。同時に、病気になった体から、病気を治《なお》す力《ちから》も人間には備《そな》わっている」

御書に「三界之相《さんがいしそう》とは生老病死《しょうろうびょうし》なり」（七五三ジペー）と仰《おお》せです。病気そのものも人生の一つの相である。

病気になるから人生の敗北《はいぼく》があるのでは断《だん》じてない。

まして、「病気になったから信心がない」などと、周囲《しゅうい》の人が決めつけるのは、あまりにも無慈《むじ》悲《ひ》です。病気と闘《たたか》う友には、心から励《はげ》ましてこそ同志愛《どうしあい》です。

門下が病気になった時は、大聖人御自身《ごじしん》が、全《ぜん》力《りょく》で励《はげ》まされている。

病気と闘《たたか》う力《ちから》の究極《きゅうきょく》が、南無妙法蓮華経の師子《しし》吼《く》です。「南無妙法蓮華経は師子吼の如《ごと》し・いかなる病《やまい》さはり《障》をなすべきや」（御書一一二四ジペー）との仰《おお》せを絶対《ぜったい》に忘《わす》れてはならない。

病気との対決を通して、新たな生命の充実《じゅうじつ》をもたらしてこそ価値創造《かちそうぞう》の人生です。だからこそ、あらゆる障魔《しょうま》と戦《たたか》い抜《ぬ》く師子王《ししおう》の心が大切になってくる。

「負けない魂《たましい》」「負けじ魂《だましい》」です。だからこそ日々、「信」「行《ぎょう》」にわたり、また自行化他《じぎょうけた》にわたって南無妙法蓮華経と唱《とな》え、いかなる病魔《びょうま》にも狂《くる》わされない強き信心の一念《いちねん》を鍛《きた》えていくことが大切なのです。

大聖人は、富木尼《ときあま》が重い病気になった時に、何度も何度も激励《げきれい》を繰《く》り返《かえ》されていました。勇気《ゆうき》を吹《ふ》き込《こ》まれていた。

（大聖人は「尼《あま》ごぜん又《また》法華経の行者《ぎょうじゃ》なり御信心月《ごしんじんつき》のまさるがごとく・しを《潮》のみつがごとし、いかでか病《やまい》も失《う》せ寿《いのち》ものびざるべきと強盛《ごうじょう》にをぼしめし身を持《じ》し心に物をなげかざれ」〈御書九七五ジペー〉と激励《げきれい》されている）

「なげかざれ」です。戦う心が大切です。法華経の行者《ぎょうじゃ》としての気迫《きはく》です。また「身を持《じ》し」とも仰《おお》せです。病気を治《なお》すための、しっかりとした行動が大事です。

最初から〝病気に負けよう〟なんて思っている人はいない。しかし、病気のために、生活や仕事に支障《ししょう》をきたし、弱気《よわき》になり、絶望感《ぜつぼうかん》が募《つの》るような場合もある。

おそらく、富木尼《ときあま》の場合も、なかなか良くならないことから、あきらめの気持ちが芽生《めば》えてしまったのかもしれない。大聖人は、〝生《い》きて生きて生き抜《ぬ》きなさい〟と指導《しどう》されている。

（富木尼《ときあま》に与《あた》えられた「可延定業書《かえんじょうごうしょ》」に、「命というものは、この身の中で一番貴重《きちょう》な宝です。一日であっても命を延《の》ばすならば、千万両もの莫大《ばくだい》な金にもまさるものです。〈中略〉早く志《こころざし》の財《たから》を積《つ》み重《かさ》ね、急ぎ急ぎ病《やまい》を治《なお》しなさい」〈御書九八六ページ、通解〉とある）

もちろん、信心していて短命《たんめい》の場合もある。しかし、必《かなら》ず深い意味がある。人生の価値《かち》は寿命《じゅみょう》の長さで決まるものではない。

「百二十まで持《も》ちて名を・くた《腐》して死せんよりは生きて一日なりとも名をあげん事《こと》こそ大切なれ」（御書一一七三ページ）と仰《おお》せです。

ただ、ここで大聖人が富木尼《ときあま》に強調《きょうちょう》されているのは、「志《こころざし》の財《たから》」と仰《おお》せのように、「生《い》き抜《ぬ》こうとする意志《いし》」です。意欲《いよく》と言ってもいいかもしれない。

私たちの一日の生命は広宣流布に直結《ちょっけつ》した生命です。一日の活動がそのまま広宣流布の大願成就《だいがんじょうじゅ》につながっていく。

だから絶対《ぜったい》に病魔《びょうま》、障魔《しょうま》に負けてはならない。

大聖人は、病《やまい》は仏《ほとけ》の御《おん》はからいであると仰《おお》せられている。病によって求道心《きゅうどうしん》が起こるからです。

私たちが、現実社会の万人《ばんにん》に向かって、慈悲《じひ》の振《ふ》る舞《ま》いをするための長寿《ちょうじゅ》であり、健康です。

もちろん、自分自身のために健康・長寿《ちょうじゅ》を祈《いの》っていくことは当然《とうぜん》です。まして不摂生《ふせっせい》や油断《ゆだん》から、自分の健康を損《そこ》ねてしまっては反価値的行為《はんかちてきこうい》です。

生活は賢《かしこ》くなければいけない。その日のうちに疲《つか》れを取るとか、疲れたら休むとか、賢明《けんめい》な行動で健康は勝ち取るものです。健康は賢者《けんじゃ》の勲章《くんしょう》です。

そのうえで、何《なん》のための健康なのか、何のための長寿《ちょうじゅ》なのか。

法《ほう》のため、家族のため、同志《どうし》のため、民衆《みんしゅう》のため、わが使命の実現のため、広宣流布の大願成就《だいがんじょうじゅ》のための健康・長寿です。

大事なことは、広宣流布のなかで戦う生老病死《しょうろうびょうし》です。その姿《すがた》そのものが、三世永遠《さんぜえいえん》の常楽我浄《じょうらくがじょう》の実証《じっしょう》です。

生老病死《しょうろうびょうし》は忌《い》むべき苦悩《くのう》ではなく、常楽我浄《じょうらくがじょう》の凱歌《がいか》をとどろかす生命の舞台《ぶたい》です。私たちは、生老病死のドラマを通して、人間勝利の歓喜《かんき》の劇《げき》を演《えん》じているのです。

8-6 真の健康とは何か

小説『新・人間革命』には、関西を訪《ほう》問《もん》した山本伸一会長が、体調《たいちょう》が優《すぐ》れない壮年部の友を励《はげ》ます場面が描《えが》かれています。

池田先生の指針

『新・人間革命10』（「桂冠」の章）

「寿量品《じゅりょうほん》に『更賜寿命《きょうしじゅみょう》』（更《さら》に寿命を賜《たま》う）とありますが、死ななければならない寿命さえも延《の》ばしていけるのが仏法です。強盛《ごうじょう》に信心に励《はげ》んでいくならば、ほかの病《やまい》が克服《こくふく》できないわけがありません。どうか、たくさんお題目を唱《とな》え、うんと長生きをしてください」

「大聖人は、病《やまい》の原因《げんいん》について、天台大師《てんだいだいし》の『摩《ま》訶《か》止観《しかん》』を引かれて、こう述《の》べられています。『一には四大順《しだいじゅん》ならざる故《ゆえ》に病《や》む・二には飲食節《おんじきせつ》ならざる故に病む・三には坐禅調《ざぜんとと》わざる故に病む・四には鬼便《きたよ》りを得《う》る・五には魔《ま》の所為《しょい》・六には業《ごう》の起《おこ》るが故に病む』（御書一〇〇九ページ）」

――この意味を詳述《しょうじゅつ》すると、次のようになる。

最初にある「四大順《しだいじゅん》ならざる」の四大は、地《ち》・水《すい》・火《か》・風《ふう》をいう。東洋思想では、大自然も、また人間の身体《しんたい》を含《ふく》めた宇宙《うちゅう》の万物《ばんぶつ》も、四大から構《こう》成《せい》されていると教えている。「四大順ならざる故《ゆえ》に病《や》む」とは、気候《きこう》の不順等《ふじゅんとう》で大自然の調和が乱《みだ》れると、人間の身体に重大《じゅうだい》な影響《えいきょう》をもたらし、各《かく》種《しゅ》の病気が発生することをいう。

第二の「飲食節《おんじきせつ》ならざる故《ゆえ》に」と、第三の「坐《ざ》禅調《ぜんととの》わざる故に」は、飲食《いんしょく》と生活の不節制《ふせっせい》のことである。

生活のリズムが乱《みだ》れ、その結果《けっか》、食生活が不節《ふせっ》制《せい》になったり、また、運動不足《うんどうぶそく》や睡眠《すいみん》不足になると、内臓《ないぞう》や神経《しんけい》、筋肉《きんにく》の病気につながっていくことをいわれたものである。

さらに、第四の「鬼便《きたよ》りを得《う》る」の鬼は、身体《しんたい》の外側《そとがわ》から襲《おそ》いかかる病因《びょういん》であり、細菌《さいきん》、ウイルス等々の病原性微生物《びょうげんせいびせいぶつ》もあれば、外界《がいかい》からのさまざまなストレスも、ここに含《ふく》まれるといえる。

第五の「魔《ま》の所為《しょい》」とは、生命に内在《ないざい》する各種《かくしゅ》の衝動《しょうどう》や欲求《よっきゅう》などが、心身の正常《せいじょう》な働《はたら》きを混乱《こんらん》させることである。この「魔の所為」によって、仏《ぶつ》道修行《どうしゅぎょう》を妨《さまた》げるための病《やまい》が起きる。

第六の「業《ごう》の起《おこ》るが故《ゆえ》に」は、生命の内奥《ないおう》から起こる病気の原因《げんいん》である。生命自体がもつ歪《ゆが》み、傾向性《けいこうせい》、宿業《しゅくごう》が、病気の原因になっている場合をいう。仏法では、この生命の歪みを「業」ととらえているのである。

病気の原因《げんいん》は、このように六種に分けて考えることができるが、具体的《ぐたいてき》な病気について分析《ぶんせき》してみると、これらのうちの、幾《いく》つかの原因が重《かさ》なり合《あ》っている場合が多い。

インフルエンザの流行を例《れい》にとれば、ウイルスが原因《げんいん》であり、それは「鬼便《きたよ》りを得《う》る」にあたると考えることができる。しかし、この「鬼便りを得る」には、気候《きこう》の不順等《ふじゅんとう》、つまり「四大順《しだいじゅん》ならざる」ことが引《ひ》き金《がね》になったり、「飲食節《おんじきせつ》ならざる」生活から体力《たいりょく》を弱め、それが機縁《きえん》になったとみることもできよう。

さらに、その奥《おく》には、仏道修行《ぶつどうしゅぎょう》を妨《さまた》げようとする魔《ま》の働《はたら》きがあったという場合もあるし、人によっては、「業《ごう》」まで考慮《こうりょ》しなければならない場合もある。

伸一は、この病《やまい》の起こる六つの原因《げんいん》を、御書の御文に即《そく》して、詳細《しょうさい》に説明《せつめい》していった。

「つまり、病気を防《ふせ》ぐには、まず、環境《かんきょう》の変化に適応《てきおう》できるように、衣服《いふく》などにも十分《じゅうぶん》に気をつけることが大事です。また、規則正《きそくただ》しい生活をし、暴飲暴食《ぼういんぼうしょく》を慎《つつし》み、運動不足《うんどうぶそく》、睡眠《すいみん》不足にならないようにすることです。

これで、三番目までの病《やまい》の原因《げんいん》は除《のぞ》けます。この予防《よぼう》のための知恵《ちえ》を働《はたら》かせていくことが信心です。また、医学の力《ちから》を借《か》りることによって、第四の細菌《さいきん》などによる病の原因も、除くことはできます。

ただし、どんな病気でも、それを、どれだけ早く治《なお》せるかどうかは、生命力《せいめいりょく》によります。その生命力の源泉《げんせん》こそ、信心なんです。

また、同じ病気であっても、その根本原因《こんぽんげんいん》が『魔《ま》』と『業《ごう》』によるものである場合には、いかに医学の力《ちから》を尽《つ》くしても、それだけでは治《なお》りません。

御本尊への強い信心によって、『魔《ま》』を打《う》ち破《やぶ》り、『業《ごう》』を転換《てんかん》していく以外にないんです」

(〝糖尿病《とうにょうびょう》のためインスリンの注射《ちゅうしゃ》を続けているが、医師《いし》から、一生《いっしょう》、治《なお》らないと言われ、人生の希望《きぼう》を断《た》たれたように感じている〟との壮年の声に)

「強盛《ごうじょう》に信心に励《はげ》んでいくならば、持病《じびょう》があっても、必《かなら》ず希望《きぼう》に満《み》ちあふれた、最高に幸福で、充実《じゅうじつ》した人生が歩《あゆ》めます。

御書には、『南無妙法蓮華経は師子《しし》吼《く》の如《ごと》し・いかなる病《やまい》さはり《障》をなすべきや』(一一二四㌻)と仰《おお》せです。南無妙法蓮華経は師子吼です。その声を聞けば、どんなに獰猛《どうもう》な動物も逃《に》げ出《だ》すように、いかなる病も、幸福への、また、広宣流布への障害《しょうがい》にはなりません。

現代人《げんだいじん》は、みんな〝半健康〟であるといわれるぐらい、なんらかの病気をかかえているし、年齢《ねんれい》とともに、体も弱っていきます。

では、病気だから不幸《ふこう》なのか。決して、そうではない。病《やまい》に負けて、希望《きぼう》を失《うしな》ってしまうから不幸なんです。広布の使命を忘《わす》れてしまうから不幸なんです。

体は健康でも、精神《せいしん》が不健康で、不幸《ふこう》な人は、たくさんいます。反対に、病気をかかえたり、体が不自由《ふじゆう》であっても、自《みずか》らも幸福を満喫《まんきつ》し、人をも幸福にしている同志《どうし》もいる。

生命の根源《こんげん》においては、健康と病気は、本来、一体であり、〝健病不二《けんびょうふに》〟なんです。ある時は、健康な状態《じょうたい》として現《あらわ》れることもあれば、ある時は病気の状態となって現れることもある。この両者は、互《たが》いに関連《かんれん》し合っているがゆえに、信心に励《はげ》み、病気と闘《たたか》うことによって、心身ともに、真実《しんじつ》の健康を確立《かくりつ》していくことができるんです。

インスリンの注射《ちゅうしゃ》を続けることは、大変《たいへん》かもしれない。でも、考えてみれば、人間は、毎日、食事をし、睡眠《すいみん》をとらなければ、生きていけないではないですか。そこに、もう一つ、やることが加《くわ》わっただけだと思えばいいではないですか。打《う》ちひしがれていても、何も開けません。

あなたの場合は、病気をかかえていても、『あそこまで、元気に生きられるんだ』『あれほど、長生きができるんだ』『あんなに幸福になれるんだ』と、同じ病《やまい》をもった方が、感嘆《かんたん》するような、人生を歩《あゆ》んでいってください。そうすれば、仏法の力《ちから》の見事《みごと》な証明《しょうめい》になります。それが、あなたの使命です。絶対《ぜったい》に、自分に負けてはいけない。頑《がん》張《ば》るんです。挑戦《ちょうせん》し抜《ぬ》くんですよ。

広宣流布に生《い》き抜《ぬ》く人を、大聖人がお守りくださらないはずがありません。

大聖人は、南条時光《なんじょうときみつ》が病《やまい》にかかった時、お手紙に、こう記《しる》されています。

『鬼神《きじん》めら《奴》め此《こ》の人をなやますは剣《つるぎ》をさかさ《逆》まに・のむか又大火《またたいか》をいだくか、三世十方《さんぜじっぽう》の仏《ほとけ》の大《だい》怨敵《おんてき》となるか』（御書一五八七ページ）

日蓮門下を病《やまい》で苦しめる鬼神《きじん》は、『剣《つるぎ》を逆《さか》さまにして飲《の》むことになるぞ。大きな火を抱き、身を焼《や》かれることになるぞ。全宇宙《ぜんうちゅう》の仏《ほとけ》の大怨敵《だいおんてき》になるぞ』と、鬼神をも激《はげ》しく叱咤《しった》し、門下を守ってくださっている。

私たちは、この大聖人の大確信《だいかくしん》、御一念《ごいちねん》に包《つつ》まれているんです。

ですから、皆《みな》さんも、『鬼神《きじん》めらめ！　絶対《ぜったい》にお前たちなどに負けるか！』という大信念《だいしんねん》と不屈《ふくつ》の心をもつことです。勇気《ゆうき》を奮《ふる》い起《お》こすことです。

かつては、私も病弱《びょうじゃく》で、医者からは、『三十まで生きられないだろう』と言われていた体です。

しかし、今は、元気になり、どんな激務《げきむ》にも耐《た》えられるようになりました。皆《みな》さんも、必《かなら》ず健康になれます！」

8-7 信心とは信じ抜《ぬ》くこと

病気の苦しみや死の恐怖《きょうふ》を乗《の》り越《こ》えて、荘厳《そうごん》な生のドラマを綴《つづ》り残《のこ》した一人の少女の話を紹介《しょうかい》しながら、たとえ病気を抱《かか》えたままであっても、強盛《ごうじょう》な信心を貫《つらぬ》いていけば必《かなら》ずや勝利の人生を飾《かざ》っていけると語っています。

池田先生の指針

『青春対話』

「生と死」の法則《ほうそく》は、全宇宙《ぜんうちゅう》に通《つう》じる普遍的《ふへんてき》なものです。しかし、その表れ方は、どこまでも個《こ》別的《べってき》であり、人によって千差万別《せんさばんべつ》です。あまりにも複雑《ふくざつ》に、いろいろなものがからみ合っている。

たとえば、「定業《じょうごう》」と言って、その人の過去世《かこせ》の行《おこな》いによって、寿命《じゅみょう》とか根本的《こんぽんてき》な軌道《きどう》が決まっている面がある。また「不定業《ふじょうごう》」と言って、報《むく》いを受けるかどうか決まっていないものもある。

病気に譬《たと》えれば、定業《じょうごう》は「重病《じゅうびょう》」であり、不定《ふじょう》業《ごう》は軽い風邪《かぜ》の症状《しょうじょう》のような「軽病《けいびょう》」です。

業《ごう》とは「行《おこな》い」のことです。心に思ったこと、口で言ったこと、実際《じっさい》にやったこと、そういう「行い」が、すべて自分の生命に刻《きざ》まれる。善《ぜん》の行いをすれば、幸福な善《よ》い結果《けっか》が、悪の行いをすれば、不幸《ふこう》な悪い結果が、いつか出てくる。

生命に刻《きざ》まれた善悪《ぜんあく》のエネルギーは、死によっても消えない。次の生へも続いて、持《も》ち越《こ》していく。「エネルギー不滅《ふめつ》の法則《ほうそく》」に似《に》ているかもしれない。

そういう「宿業《しゅくごう》」も、しかし日蓮大聖人の仏法では全部、転換《てんかん》できるのです。

定業《じょうごう》も転換《てんかん》できる。いな、転換しなければならない。

どんな苦しいことがあろうと、最後の最後まで生《い》き抜《ぬ》き、戦い抜き、勝たねばならない。最後に勝てば、その人が「人生の勝者」です。途中《とちゅう》で決まるのではない。最後に勝てば、それまでのすべてが「意味があった」と言える。

最後に負ければ、それまで、どんなに順調《じゅんちょう》でも、すべて無意味《むいみ》になってしまう。

(たとえ病気が治《なお》らなくとも)本当に強盛《ごうじょう》な信心を貫《つらぬ》いて死んだ場合は、その人は「勝った」のです。

自分が病気で苦しみながら、最後まで広布のために祈《いの》り、友のために祈り、周囲《しゅうい》の人を励《はげ》ましながら亡《な》くなった人も、いっぱいいます。

そういう生き方、死に方が、どれほど多くの人に「勇気《ゆうき》」を与《あた》えたかわからない。すぐに健康な体で生まれてきます。

ある少女は、十一歳のときに脳腫瘍《のうしゅよう》になり、十四歳で亡《な》くなった。

しかし、病院の大人の人たちにも「明るさを分けてあげる」くらい快活《かいかつ》に振《ふ》る舞《ま》っていた。

病気が、どんなに苦しかったか、わからない。しかし彼女《かのじょ》は題目をあげ抜《ぬ》いて、皆《みな》を励《はげ》ましていった。

そして最後には、お見舞《みま》いにきた人に、こう言っていた。

「私ね、病気なんて、どうなってもいいんだ。自分のこと祈《いの》るのなんか、もうやめたの。私より不幸《ふこう》な人がいるんだもの。その人が、この信心をやって、一日も早く御本尊のすばらしさをわかるように、一生懸命《いっしょうけんめい》、祈るんだ」

そして家族にも、にこやかに、こう語ったそうだ。

「もし、この病気、お父《とう》さんがなったらどうする？　困《こま》るでしょ！　お母《かあ》さんがなっても困るし、弟《おとうと》がなったら乗《の》り越《こ》えられない。だから、私がなってよかったんだよ」

「私は、きっと生まれる前に、こうなることを約束《やくそく》してきたんだと思うの。だから私を知っている人たちが、私の姿《すがた》を通して何かを感じてくれたら、それで幸せ」

私も、少女の闘病《とうびょう》を聞いて、「バラの花」を贈《おく》った。「福光」としたためて扇《おうぎ》を贈ったり、あやめが群《む》れ咲《さ》く風景《ふうけい》を撮《と》った写真も贈った。本当に喜《よろこ》んでくれたようです。

少女が、周囲《しゅうい》の人に残《のこ》した言葉は「信心とは、信じて信じ抜《ぬ》くものよ」の一言だった。

彼女《かのじょ》は、その一言を、自分の生き方で示《しめ》しきったのです。

葬儀《そうぎ》には、長い長い弔問《ちょうもん》の列が続いた。十四年半の生涯《しょうがい》に、千人を超《こ》えるであろう人々に、妙法の偉大《いだい》さを少女は語り続けたのです。

彼女《かのじょ》は「勝った」のです。私はそう思う。全部、意味があった。いな、自分の戦いで、自分の苦悩《くのう》に意味を与《あた》えた。

〝前世《ぜんせ》で約束《やくそく》してきた〟という言葉があったが、「願兼於業《がんけんおごう》」（願《ねがい》、業《ごう》を兼《か》ぬ）と言って、「あえて願《ねが》って、苦しみの姿《すがた》で生まれ、その苦しみと戦い、打ち勝つ姿を見せて、人々に仏法の力《ちから》を教える」生き方がある。菩薩《ぼさつ》の生き方です。

信仰者《しんこうしゃ》が、初《はじ》めからすべてに恵《めぐ》まれていたならば、人々は仏法のすごさを知ることができない。だから、あえて悩《なや》みの姿《すがた》で生まれて、「人間革命」してみせるのです。劇《げき》です。ドラマみたいなものです。

8-8 病魔《びょうま》を笑《わら》い飛《と》ばして

病魔《びょうま》に負けずに晴《は》れやかに勝《か》ち越《こ》えた婦人部の友の姿《すがた》を通して、何があろうと希望《きぼう》を失《うしな》わず、冬を春に変えていく強盛《ごうじょう》な信心を貫《つらぬ》くことの大切さを語っています。

池田先生の指針

『母の詩』

ある日、婦人部の会合の終了後《しゅうりょうご》であった。私のよく知る婦人が入院するという報告《ほうこく》を受けた。学生時代からずっと見てきたし、ご両親もよく存《ぞん》じ上《あ》げている。

あごの下にしこりができ、気になったので診《み》てもらったところ、まだ病名は定《さだ》かではなかったが、どうも軽い病《やまい》ではないらしい。日ごろ、まったく健康で、元気いっぱいに活動してきた彼女《かのじょ》である。まさかと思った。本人自身、どれほど不安《ふあん》なことだろう。

そう思った私は、すぐに歌をよみ、伝言《でんごん》として託《たく》した。

堂々《どうどう》と
　生《い》き抜《ぬ》け 勝ち行《ゆ》け
　　病魔《びょうま》をも
笑《わら》い飛《と》ばして
　長寿《ちょうじゅ》の 王女《おうじょ》と

その翌日《よくじつ》、あらためて色紙《しきし》にしたためて、贈《おく》らせていただいた。

いよいよ入院するという前日、重《かさ》ねて伝言《でんごん》した。

「心配することはありません。毅然《きぜん》としていきなさい。私も妻《つま》も祈《いの》っています。安心して、何《なん》と言われようとも、病気に対して臆病《おくびょう》ではいけない。負けるようではいけない。心配することはないよ。お元気で」と。

そして、翌日《よくじつ》（入院日）も、またその翌日も、私は、伝言《でんごん》を託《たく》した。連日《れんじつ》、検査《けんさ》が続いているはずだったから、少しでも励《はげ》ましたかった。

「ともかく朗《ほが》らかにいきなさい。三世《さんぜ》の生命観《せいめいかん》に立てば〝生《せい》も仏《ほとけ》、死《し》も仏〟ではないか。生きていて苦しんだのでは損《そん》をする。何があっても朗らかにいくことが大事です」と。

私の代わりに、婦人部の方にお見舞《みま》いに行ってもらった。彼女《かのじょ》はとても元気で、私の伝言《でんごん》を本当に喜《よろこ》んでくれ、しっかり病魔《びょうま》と戦う決意で祈《いの》っている、と報告《ほうこく》してくれた。

半月後、検査結果《けんさけっか》が出るという前日、私はまた伝言《でんごん》を、電話で伝《つた》えてもらった。

「元気にしていますか。私がしっかり祈《いの》っているから大丈夫《だいじょうぶ》だよ。必《かなら》ず良くなる。病気をしたことで、祈りが深くなるし、体験《たいけん》となって力《ちから》になる」と。

検査《けんさ》の結果《けっか》は、悪性《あくせい》のリンパ腫《しゅ》。お腹《なか》の奥《おく》に、握《にぎ》りこぶし大《だい》の腫瘍《しゅよう》も認《みと》められた。手術《しゅじゅつ》はできないので、化学療法《かがくりょうほう》で抗《こう》ガン剤《ざい》を点滴《てんてき》で投与《とうよ》。月一回ずつ十回続ける。二、三カ月入院し、あとは通院で行うとのこと。

医師《いし》からは、髪《かみ》の毛《け》が抜《ぬ》けること、食べられなくなったり、気分が悪くなるなどの強烈《きょうれつ》な副作用《ふくさよう》があることが伝《つた》えられたという。

それまで、痛《いた》いとか、苦しいとか、自覚症状《じかくしょうじょう》はまったくなかっただけに、彼女《かのじょ》は初《はじ》めて〝命にかかわる〟という実感をもった。お年をとられたご両親はじめ家族の衝撃《しょうげき》は大きかった。どれほど心《しん》痛《つう》され悩《なや》まれたか、察《さっ》するにあまりある。

彼女《かのじょ》からは、決意の手紙が届《とど》いた。

「先生の重《かさ》ねての激励《げきれい》のおかげで、冷静《れいせい》に受け止めることができました。『病魔《びょうま》を笑《わら》い飛《と》ばして』との言葉どおり、朗《ほが》らかに戦いきって、必《かなら》ず乗《の》り越《こ》えてみせます」

心が決まった人は強くなる。腹《はら》を決めた祈《いの》りは、生命力《せいめいりょく》をますます強めていく。

病棟《びょうとう》は、皆同《みなおな》じような病《やまい》の患者《かんじゃ》ばかり。いかにも辛《つら》そうな姿《すがた》、苦しさのあまり死んだほうがましと言う人。側《そば》で見ていれば、その厳《きび》しさは十分《じゅうぶん》わかる。不安《ふあん》も恐怖《きょうふ》もあって当然《とうぜん》であろう。しかし彼女《かのじょ》は毅然《きぜん》として挑《いど》んだ。

第一回の抗《こう》ガン剤投与《ざいとうよ》は、不思議《ふしぎ》と何《なん》の苦しみも痛《いた》みもなく、無事終《ぶじお》わった。喜《よろこ》びにあふれた報《ほう》告《こく》を聞いて、私はうれしかった。

まもなく髪《かみ》が抜《ぬ》け始めた。しかし、二回目も無《ぶ》事終了《じしゅうりょう》。そして退院《たいいん》が許《ゆる》された。食欲《しょくよく》も減退《げんたい》することなく、かえって太るほどだったという。しかも、腹部《ふくぶ》のしこりは、三分の一に縮小《しゅくしょう》していた。

その報告《ほうこく》が訪問先《ほうもんさき》のロシアに届《とど》いた。私はさっそく「おめでとう、無理《むり》をしないように」と伝言《でんごん》。妻《つま》も絵葉書に「まずは第一段階の勝利です。これからは、焦《あせ》らずに、完全勝利《かんぜんしょうり》の日まで、ご養生《ようじょう》なさってください。病魔《びょうま》を笑《わら》い飛《と》ばしてください」と書いて送った。なんとか、このまま全快《ぜんかい》してほしいと祈《いの》りながら——。

その後、通院しながら毎月の抗《こう》ガン剤投与《ざいとうよ》も順《じゅん》調《ちょう》に進み、終了《しゅうりょう》した。腹部《ふくぶ》のしこりはほとんど消えていた。約一年間、免疫機能《めんえききのう》の低下《ていか》するなか、決して油断《ゆだん》はできなかったが、髪《かみ》が抜《ぬ》けた以外、何《なん》の苦しい症状《しょうじょう》もなく、出勤《しゅっきん》もし、病気と言わなければわからないほど、明るく元気で過《す》ごせた闘《とう》病生活《びょうせいかつ》であった。医師《いし》も、本当にびっくりされたようだ。

喜《よろこ》びと感謝《かんしゃ》にあふれた手紙が、彼女《かのじょ》から届《とど》いた。逐一《ちくいち》、経過《けいか》は聞いていたが、本当に良かったと思う。私の「病魔《びょうま》を笑《わら》い飛《と》ばして」との一言を、いつも自分に言い聞かせ、心の支《ささ》えにしたとあった。

今、以前《いぜん》にもまして活躍《かつやく》する彼女《かのじょ》のもとに、病気の人からの相談がとみに増《ふ》えたという。彼女が大病《たいびょう》を乗《の》り越《こ》えたことを知ってのうえである。

彼女《かのじょ》は、その一人一人に真心《まごころ》こめて、自分の体《たい》験《けん》を語り、激励《げきれい》している。体験にもとづく確信《かくしん》から の励《はげ》ましほど、安心と希望《きぼう》を与《あた》えるものはない。

自分自身だけでなく、多くの同じ悩《なや》みをもつ人たちに希望《きぼう》を与《あた》え、救《すく》うことができる。それが、病気を克服《こくふく》した、もう一つの意味であろう。

いろいろなことが人生には起きる。常《つね》に変化、変化である。

結局《けっきょく》、大事なことは、何があっても負けないこと。戦うこと。希望《きぼう》を失《うしな》わないことである。

人生も、「これ以上無理《いじょうむり》だ」とあきらめる自分、「もうこれくらいでいいだろう」と妥協《だきょう》しそうになる自分との戦いである。「断《だん》じてあきらめない」「断じて負けない」と、自己《じこ》との闘争《とうそう》に勝ちゆくことだ。

苦労《くろう》を避《さ》けてはならない。断《だん》じて悩《なや》みに勝たなければならない。自分の宝《たから》は自分でつくる以外ない。自分自身が自分自身で「良かった」「勝った」と言える人生の価値《かち》を創《つく》ること、その人が栄《えい》光《こう》の人、人格《じんかく》の人である。

8-9 健康のための四つのモットー

健康のための四モットーとして、「張《は》りのある勤行」「無理《むり》と無駄《むだ》のない生活」「献身《けんしん》の行動」「教養《きょうよう》のある食生活」を挙《あ》げています。

池田先生の指針

「熊本・大分合同記念会合」
（一九九〇年九月二十八日、熊本）

健康について、少々お話ししたい。

以前、関西でドクター部と女子部白樺《しらかば》グループの方と懇談《こんだん》した折《おり》のこと。私は人生を健康で生《い》き抜《ぬ》いていくための、四つのモットーを提案《ていあん》した。仏法の眼《まなこ》、信心の眼から見て、私なりにわかりやすく申し上げたものだが、〝医学・看護《かんご》のうえからも、納得《なっとく》できます〟と賛同《さんどう》をいただいた。

すなわち①張《は》りのある勤行、②無理《むり》と無駄《むだ》のない生活、③献身《けんしん》の行動、④教養《きょうよう》のある食生活、の四項目である。

健康の基本要素《きほんようそ》として、医学的《いがくてき》に「食生活」「運動」「睡眠《すいみん》」「ストレスの排除《はいじょ》」などが挙《あ》げられているが、四モットーのなかには、この基本要素はすべて含《ふく》まれている。

①張《は》りのある勤行

第一に「張《は》りのある勤行」である。

勤行に張《は》りがなくなってくると、体調もさえない。これは多くの人が実感されていることであろう。

真剣《しんけん》に唱《とな》えゆく福徳《ふくとく》は、計《はか》り知《し》れない。体も心も頭脳《ずのう》も、その秘《ひ》めた力《ちから》を限《かぎ》りなく発揮《はっき》しはじめるのである。

なお、背筋《せすじ》を伸《の》ばし、深く呼吸《こきゅう》することは、医《い》学的《がくてき》にも正しい呼吸法の一つとされる。そして呼吸機能《きのう》の活性化《かっせいか》は、心臓《しんぞう》や血管《けっかん》の循環《じゅんかん》機能も高めていく。

また、声を出すことは体によく、ストレス解消《かいしょう》にもなると、あるドクター部の方が言われていた。声を出さなくなると、早く老《ふ》けこんでしまう。

端座《たんざ》し合掌《がっしょう》して勤行・唱題することは、あらゆる意味で、大宇宙《だいうちゅう》の法則《ほうそく》にのっとった、もっとも荘厳《そうごん》にして意義《いぎ》ある儀式《ぎしき》である。小宇宙である私どもの色心《しきしん》も、根本《こんぽん》のリズムに合致《がっち》していく。日々、若々《わかわか》しい生命となっていく。これが「健康」「長寿《ちょうじゅ》」の第一の基本《きほん》である。

②無理《むり》と無駄《むだ》のない生活

第二に「無理《むり》と無駄《むだ》のない生活」である。

ともかく、十分《じゅうぶん》な「睡眠《すいみん》」こそ健康の基盤《きばん》である。睡眠をとらないのは、車がつねにエンジンをかけっ放《ぱな》しにしているようなもので、どうしても狂《くる》いや故障《こしょう》が生《しょう》じてくる。

戸田先生はよく「夜十二時前の睡眠《すいみん》は、それより後の二倍の深さがある。できるだけ早めに休むようにしなさい」と言われていた。これは医学的《いがくてき》にも裏《うら》づけられるようだ。

時間を価値的《かちてき》にやりくりして、早めに勤行し、早めに休む。そして朝をさわやかに出発する。そうできる知恵《ちえ》と自律《じりつ》が、自分自身を守っていくのである。

何《なん》となく惰性《だせい》と習慣《しゅうかん》で夜ふかしし、疲《つか》れがとれないまま、朝も寝坊《ねぼう》してしまう。そうした悪循環《あくじゅんかん》は、正しい「信心即《そく》生活」とはいえない。

また最近、「マイクロスリープ」（＝ごく短い睡《すい》眠《みん》）ということが注目されている。昼間、五分や十分という短い仮眠《かみん》をとることが、健康維持《いじ》や、仕事の能率《のうりつ》のうえで、効果《こうか》があるというのである。休憩《きゅうけい》の時間などをうまく利用《りよう》して、自分で自分の体調を整《ととの》えていくことだ。

③献身《けんしん》の行動

次に、第三の「献身《けんしん》の行動」に触《ふ》れておきたい。

体を動かすことは、もとより健康増進《ぞうしん》のための大きなポイントである。そのなかでとくに、法《ほう》のため、人のため、社会のために尽《つ》くしゆく行動が、どれほど生命を革新《かくしん》させ、はつらつと人生を生きる源泉《げんせん》となりゆくことか。

それを、人のために体を動かすことを面倒《めんどう》に思ったり、利己《りこ》主義《しゅぎ》、悪《あ》しき個人《こじん》主義のカラに閉《と》じこもって、人々のために行動しないようになれば、これはまさに心身の停滞《ていたい》となる。そこに病魔《びょうま》もつけ入りやすくなる。

人間を含《ふく》め、動物とは〝動くもの〟である。自《みずか》ら動かなければ、木石《ぼくせき》にも等《ひと》しい。また、生命の躍動《やくどう》をもつものが〝動き〟を失《うしな》えば、腐《くさ》ってしまう。

川の水も同じである。流れがよどみ停滞《ていたい》すれば、いつしか濁《にご》って、変質《へんしつ》する。妙法の世界にあっても、献身《けんしん》の行動をいとい、退転《たいてん》した人間は、信心の清流《せいりゅう》が濁り、心が腐《くさ》ってしまった姿《すがた》にほかならない。

それに対し皆《みな》さまは、弘法《ぐほう》に、同志《どうし》の激励《げきれい》に、また地域《ちいき》の発展《はってん》のために、尊《とうと》い「献身《けんしん》の行動」を、日夜、展開《てんかい》されている。

たまには、「今日《きょう》は、家でゆっくりテレビでも見ているほうが楽だな」（笑い）と思われる人がいるかもしれない。しかし、人々のために、妙法の友のために、心軽《こころかろ》やかに歩き、動いたほうが、どれだけ充実《じゅうじつ》した日々となっていることか。

さらに、現代は「ストレス社会」といわれる。自身を取《と》り巻《ま》くすべての環境《かんきょう》が、ストレッサー（＝ストレスの因《いん》となる刺激《しげき》）となりうる。

ストレスは、一次元でいえば〝心に加《くわ》えられる外からの攻撃《こうげき》〟である。それと戦わねばならない。じっとしていれば、その圧迫《あっぱく》に押《お》しつぶされ、心身ともに破壊《はかい》されてしまう。

自《みずか》ら外に打って出る行動。これがストレスをはね返す最善《さいぜん》の方法とはいえまいか。その意味でも、御本尊へ連《つら》なった私どもの行動は、もっとも生命の法則《ほうそく》にかなった蘇生《そせい》と活性化《かっせいか》の行動なのである。

また、「歩く」ことの意義《いぎ》については、これまでも何度かお話ししたが、運動不足《うんどうぶそく》の解消《かいしょう》のためには、一日一万歩が一つの目安になるという。

「老化《ろうか》は足から」といわれるが、学会活動で歩いた分は、体力の維持《いじ》、健康の増進《ぞうしん》にとっても大きなプラスとなる。

御書には、こう仰《おお》せである。「人のために火《ひ》をともせば・我《わ》がまへあきらか《明》なる」（一五九八ページ）——人のために灯《ひ》をともせば、その光は自分の前をも明るくする——と。

友に希望《きぼう》の光を送りゆく「献身《けんしん》の行動」は、そのまま、自身の生命を、みずみずしい希望で照《て》らし、福徳《ふくとく》で輝《かがや》かせていくのである。

④教養《きょうよう》のある食生活

第四に「教養《きょうよう》のある食生活」である。

「食いしんぼう」は肥満《ひまん》のもとである。

御書にも「飲食節《おんじきせつ》ならざる故《ゆえ》に病《や》む」（一〇〇九ジ゙ー）――食事の不節制《ふせっせい》のゆえに病気になる――との仰《おお》せがある。

不節制《ふせっせい》な食生活をどう正していくか、必要以上に食べたいという欲望《よくぼう》を、どう上手《じょうず》にコントロールしていくか。そこにも教養《きょうよう》と人格《じんかく》があらわれる。

とくに、ドクター部、白樺《しらかば》グループの方は、夜食のとりすぎを心配されていた。学会活動を終えたあと、つい夜食をとりすぎてしまうという場合もあるからだ。

しかし、医学的《いがくてき》にも、寝《ね》る前の三時間は食べないほうが望《のぞ》ましい。どうしても、おなかがすいて我慢《がまん》できないという場合には、野菜《やさい》などカロリーの低《ひく》いものですませるよう工夫《くふう》したい。

ともあれ、皆《みな》さま方は広宣流布にとっても、それぞれの一家にとっても大切な方々である。肥満《ひまん》から糖尿病《とうにょうびょう》や、さまざまなやっかいな病気になったりしてはたいへんである。

教養《きょうよう》ある食生活で、快適《かいてき》な日々であっていただきたい。自身の体は、自分で責任《せきにん》をもって管理《かんり》していくことである。

どうか、心身ともに健康で、すばらしき生活を送っていただきたい。

そして、すがすがしい信心と同志愛《どうしあい》で、この尊《とうと》い一生を、勝利と幸福で飾《かざ》っていただきたい。

第九章　黄金《おうごん》の総仕上《そうしあ》げを

9-1 豊《ゆた》かな「第三の人生」を

日蓮大聖人は「年《とし》は・わかう《若》なり福《ふく》はかさなり候《そうろう》べし」（御書一一三五㌻）と門《もん》下《か》を励《はげ》まされています。

誰人《たれびと》も、年齢《ねんれい》とともに生身《なまみ》の体《からだ》の老化《ろうか》は避《さ》けられません。しかし、年輪《ねんりん》を重《かさ》ねるごとに、ますます若々《わかわか》しく生命を輝《かがや》かせ、福徳《ふくとく》を豊《ゆた》かに積《つ》みつつ、共《とも》に励《はげ》まし合い、共々《ともども》に人間革命の勝利の人生を飾《かざ》っていく——これが、妙法を行《ぎょう》ずる創価家族の人生の旅です。

一般的《いっぱんてき》に、修学期《しゅうがくき》などを「第一の人生」、自立《じりつ》して仕事等に励《はげ》む年代《ねんだい》を「第二の人生」、そして、それらを終えた後《あと》の人生の総仕上《そうしあ》げの年代を「第三の人生」と捉《とら》えます。この「第三の人生」を、どう豊《ゆた》かに生きていくか——。池田先生は、そのための大切な指針《ししん》を示《しめ》しています。

池田先生の指針

『「第三の人生」を語る』

仏教《ぶっきょう》は生老病死《しょうろうびょうし》の解決《かいけつ》を眼目《がんもく》としている。しかし、日蓮大聖人の仏法の真髄《しんずい》は、その「四苦《しく》」を乗《の》り越《こ》えることだけにあるのではない。

御書に「四面《しめん》とは生老病死《しょうろうびょうし》なり四相《しそう》を以《もっ》て我等《われら》が一身《いっしん》の塔《とう》を荘厳《そうごん》するなり」（七四〇ジペー）とあるように、仏法ではさらに一重深《いちじゅうふか》く、四苦《しく》そのものが「一身の塔」、すなわち「生命の宝塔《ほうとう》」を荘厳する宝《たから》に変わる、と説《と》いているのです。

「愚者《ぐしゃ》にとって、老年《ろうねん》は冬である。賢者《けんじゃ》にとって、老年は黄金期《おうごんき》となる」という言葉もある。

いっさいは、自分の心をどの方向へ向けていくかに、かかっているのです。

老《お》いを、たんに死にいたるまでの衰《おとろ》えの時期とみるのか、それとも、人生の完成《かんせい》へ向けての総仕《そうし》上《あ》げの時ととらえるのか。老いを人生の下り坂とみるのか、上り坂とみるのか――同じ時間を過《す》ごしても、人生の豊《ゆた》かさは天と地の違《ちが》いがあるのです。

「第三の人生」は「第三の青春」でありたい。青春は、年とともに消え去っていくものではない。自分がどう思うかです。

いくつになっても、前向《まえむ》きの挑戦《ちょうせん》の心があるかぎり、ますます深みを増《ま》し、ある人は黄金《おうごん》に、ある人はいぶし銀に輝《かがや》いていくのです。

広く「第三の人生」の重要課題《じゅうようかだい》を言えば、いかに最後の最後まで自分らしい生き方を貫《つらぬ》き、周囲《しゅうい》に示《しめ》しきっていけるかということです。

亡《な》くなった人の記憶《きおく》や思い出、生き方の規範《きはん》が、残《のこ》った人を大きくつつみ込《こ》んでいく、ともいえるでしょう。

「第三の人生」で、周囲《しゅうい》に何をあたえ、残《のこ》していくか。それは、財産《ざいさん》や名誉《めいよ》や地位《ちい》などいっさいをはぎ取《と》った後《あと》に、生死を超《こ》えて厳然《げんぜん》と残る〝人間としての生き方〟しかないのです。

御書に「人のために灯《ひ》をともせば、自分《じぶん》の前《まえ》も明《あか》るく照《て》らされる」（一五九八㌻、通解）とあるが、高齢社会《こうれいしゃかい》では、〝人のために点《とも》す〟心が大切です。それが、最後は自身をも照らすことになる。

仏法では、「皆《みな》が恩《おん》ある衆生《しゅじょう》だから、皆の成仏《じょうぶつ》を祈《いの》っていきなさい」（御書一五二七㌻、通解）と教える。

人間が大切にされている。人間関係が大切にされている。そこに長寿社会《ちょうじゅしゃかい》の急所《きゅうしょ》がある。

大切なのは、生きているうちに、どれだけ「生命の質《しつ》」を高めることができるかです。

長く生きることだけが、長寿《ちょうじゅ》ではない。たとえ短命に終わっても、充実《じゅうじつ》した生をまっとうできれば、その人は、手応《てごた》えのある人生を生きた分、長寿といえるでしょう。

大切なのは、きょう一日を、広布の前進とともに悔《く》いなく生きることです。いくつになっても、生きる目標《もくひょう》を胸中《きょうちゅう》に燦然《さんぜん》と輝《かがや》かせていくことです。その日々の積《つ》み重《かさ》ねしかないのです。

自行化他《じぎょうけた》の修行《しゅぎょう》に励《はげ》み、南無妙法蓮華経と唱《とな》え抜《ぬ》いた思い出は、三世《さんぜ》に永遠《えいえん》です。たとえ認知症《にんちしょう》になっても消えることはない。厳然《げんぜん》と「魂《たましい》の日記帳」に綴《つづ》られているのです。

人生の最高の誉《ほま》れは、学会活動です。人のために祈《いの》り、動くことで、自分も幸福になる。これほどの価値《かち》ある人生はないのです。

御書にも、「どこまでも一心《いっしん》に、南無妙法蓮華経と自分《じぶん》も唱《とな》え、人にも勧《すす》めていくのです。まさに、それだけが、人間界《にんげんかい》に生まれてきた今世《こんぜ》の思い出となるのです」（四六七㌻、通解）と仰《おお》せです。

だから、なんの心配もいらない。信仰《しんこう》で積《つ》んだ福徳《ふくとく》は、老《お》いることはないのです。認知症《にんちしょう》になっても、生命に冥伏《みょうぶく》されているのです。

根本的《こんぽんてき》には、たとえ認知症《にんちしょう》になった人でも、人生の先輩《せんぱい》として、また今日《こんにち》の繁栄《はんえい》を築《きず》いた先達《せんだつ》として、尊《とうと》んでいく気風《きふう》が社会全体に広がっていかなければならない。このまま高齢化《こうれいか》が進めば、いやおうなしに万人《ばんにん》が介護《かいご》にたずさわる社会になるのですから。

長寿社会《ちょうじゅしゃかい》とは、競争《きょうそう》よりも協調《きょうちょう》が、効率《こうりつ》よりもゆとりが、物の豊《ゆた》かさよりも心の豊かさが、求《もと》められる時代です。

自分が「してもらう」のではなく、わずかでもいい、自分には「何ができるのか」を考える時代です。いくつになっても、わが身を律《りっ》しながら、貢献《こうけん》の道を探《さぐ》っていく。それが、「価値創造《かちそうぞう》」の生き方です。

哲人《てつじん》プラトンは、〝年をとったら、若《わか》い人の生き生きとした姿《すがた》に、あなたの若い日を重《かさ》ね合《あ》わせながら、若い人の動きをエネルギーの源《みなもと》にしなさい〟とアドバイスしたと言います。

老若男女《ろうにゃくなんにょ》が集《つど》う学会の座談会は、年配者が若者《わかもの》から、みずみずしい生命力《せいめいりょく》を吸収《きゅうしゅう》する。反対に、若い人が年配者の経験《けいけん》や知恵《ちえ》を学んでいける。

仏法にいっさい、ムダはないのです。高齢《こうれい》社会の先取《さきど》りです。

ともあれ、つねに希望《きぼう》に生きるのです。理想に生きるのです。命あるかぎり、この世で果《は》たさん使命あり、です。

アメリカの詩人ロングフェローは謳《うた》いました。

「老《お》いは、装《よそお》いこそ違《ちが》え、青春に勝《まさ》るとも劣《おと》らぬ好機《こうき》なり。あたかも、黄昏《たそがれ》過《す》ぎし夜空に、白昼隠《はくちゅうかく》れて見えぬ星の、満天《まんてん》に輝《かがや》けるに似《に》たり」（Henry Wadsworth Longfellow, '*Morituri Salutamus*,' *The Masque of Pandora and Other Poems*, James R. Osgood and Company）

ともどもに、星降《ほしふ》るようなすばらしい満天《まんてん》の夜空のような総仕上《そうしあ》げの人生を描《えが》いていきたいものです。

人生、最後の最後まで戦いきった人は、美しい。

ですから、生涯《しょうがい》、青春の心と行動が大切なのです。〝自分は年をとったから、ほどほどにしてもいいだろう〟などという逃《に》げの人生であってはならないのです。

釈迦教団《しゃかきょうだん》の長老《ちょうろう》たちも、多くは年をとるにつれて枯《か》れてしまった。〝自分には立場もあるし、それなりの悟《さと》りも得《え》たんだから、これで十分《じゅうぶん》だろう。長い間、修行《しゅぎょう》もしてきたんだ。師匠《ししょう》の釈尊《しゃくそん》の悟りはすばらしい。しかし、自分たちにはおよびもつかない。このままでいいんだ〟——と安住《あんじゅう》してしまっていた。

そこで釈尊《しゃくそん》は、舎利弗《しゃりほつ》への授記《じゅき》を通し、〝そうではない、一生涯《いっしょうがい》、仏道《ぶつどう》に精進《しょうじん》し続けるのだ、そこにしか仏《ほとけ》になる道はない、頑張《がんば》れ〟と、叱咤《しった》・激励《げきれい》をした。

長老《ちょうろう》たちも、自分たちの惰性《だせい》に気がつき、あらためて、戦いを再開《さいかい》し、歓喜《かんき》した。それで、今まで絶対《ぜったい》に成仏《じょうぶつ》できないとされてきた二乗《にじょう》も仏《ほとけ》になれることになったのです。

「月月《つきづき》・日日《ひび》につより《強》給《たま》へ」（御書一一九〇ページ）が、法華経の精神《せいしん》であり、学会の魂《たましい》なのです。

アメリカの詩人サムエル・ウルマンの有名な

「青春」の詩に、

青春とは人生のある期間ではなく、
心の持《も》ちかたを言う。

青春とは臆病《おくびょう》さを退《しりぞ》ける勇気《ゆうき》、
安《やす》きにつく気持《きもち》を振《ふ》り捨《す》てる冒険心《ぼうけんしん》を意味する。
ときには、二〇歳の青年よりも六〇歳の人に
青春がある。

（『青春とは、心の若さである』作山宗久訳、
TBSブリタニカ）

とあります。
若《わか》さとは、年齢《ねんれい》で決まるものではない。燃《も》え上《あ》がるような広宣流布の情熱《じょうねつ》があるかぎり、九十歳でも青春そのものなのです。

避《さ》けられぬ死と老《お》いを前にして、人生のうえでも、社会のうえでも、自分らしく、いかに活力《かつりょく》にあふれた、輝《かがや》かしい最終章《さいしゅうしょう》を生きていけるか。それが高齢社会《こうれいしゃかい》を迎《むか》えた二十一世紀の日本の最重要《さいじゅうよう》の眼目《がんもく》です。

その問いに事実のうえで正しい解答《かいとう》を示《しめ》すことができるのは、日蓮仏法しかないのです。創価学会しかないのです。その大確信《だいかくしん》で、ともどもに、「われ、かく生《い》き抜《ぬ》いたり」との勝利の歴史《れきし》を綴《つづ》りながら、広宣流布という希望《きぼう》の大遠征《だいえんせい》に進んでまいりましょう。

9-2 挑戦《ちょうせん》また挑戦の総仕上《そうしあ》げを

仏法で説《と》く「不老不死《ふろうふし》」の深き意義《いぎ》を示《しめ》しながら、「老《お》い」のもつ黄金《おうごん》の価値《かち》について語っています。

池田先生の指針

『「生老病死と人生」を語る』

「老《お》いとの戦い」——それは、新しい挑戦《ちょうせん》を避《さ》ける「臆病《おくびょう》との戦い」といってよい。

「もう、これでいいだろう」という妥協《だきょう》。若《わか》い人を育《そだ》てようとしないエゴ。過去《かこ》への執着《しゅうちゃく》。そんな心の隙間《すきま》に「老《お》い」は忍《しの》び寄《よ》ってきます。

最後まで戦い続ける人が、一番尊《いちばんとうと》く、一番若《わか》い。その人こそが、不老《ふろう》の生命であり、人生の勝利者なのです。

思えば、あの文豪《ぶんごう》ゲーテが、畢生《ひっせい》の傑作《けっさく》『ファウスト』の第二部を完成《かんせい》させたのは、八十歳を超《こ》えてでした。

私たち創価の父・牧口先生も、人生の総仕上《そうしあ》げを「前進また前進！」「挑戦《ちょうせん》また挑戦！」の歴史《れきし》で飾《かざ》っておられます。

仏法に巡《めぐ》りあったのは、五十七歳の時です。五十九歳で、創価教育学会を創立《そうりつ》されました。七十代に入ってからも、はつらつと遠い九州へも汽車に揺《ゆ》られて、個人指導《こじんしどう》や折伏《しゃくぶく》に訪《おとず》れておられます。「我々《われわれ》、青年は！」——これが、牧口先生の口癖《くちぐせ》でした。

牧口先生は、亡《な》くなられる約《やく》一カ月前、獄中《ごくちゅう》から「カントの哲学《てつがく》を精読《せいどく》している」と、はがきをつづっておられます。この燃《も》えるような求道心《きゅうどうしん》、挑戦《ちょうせん》の心こそ、若《わか》さの源泉《げんせん》でしょう。

「不老不死《ふろうふし》」といっても、もちろん、「年を取らない」とか「死なない」ということではありません。それは「境涯《きょうがい》」のことであり、「生命力《せいめいりょく》」のことです。

法華経には「若《も》し人病有《ひとやまいあ》らんに、是《こ》の経《きょう》を聞《き》くことを得《え》ば、病は即《すなわ》ち消滅《しょうめつ》して、不老不死《ふろうふし》ならん」（法華経六〇二ジペー）とあります。

また御聖訓《ごせいくん》には「法華経の功力《くりき》を思《おも》ひやり候《そうら》へば不老不死《ふろうふし》・目前《もくぜん》にあり」（御書一一二五ジペー）と仰《おお》せです。

つまり、妙法を信受《しんじゅ》していくならば、いかなる病《やまい》にも負けず、年を取っても若々《わかわか》しい生命力《せいめいりょく》で前進し、三世永遠《さんぜえいえん》にわたって崩《くず》れることのない幸福境涯《きょうがい》を築《きず》き上《あ》げることができるとの御約束《おやくそく》です。

これは、決して特別《とくべつ》なことではありません。常《つね》に新鮮《しんせん》な息吹《いぶき》で、快活《かいかつ》に、さっそうと活躍《かつやく》されている、わが大切な大切な「多宝会《たほうかい》」（＝高齢者《こうれいしゃ》の集い。東京では宝寿会《ほうじゅかい》、関西では錦宝会《きんぽうかい》）の皆《みな》さま方《がた》の姿《すがた》こそ、その模範《もはん》です。

一面から言えば、「老《お》い」は嫌《きら》われる宿命をもっています。なぜなら、その延長線上《えんちょうせんじょう》に、避《さ》けられない「死」を想起《そうき》させるからです。

しかし人生の各時期には、それぞれ、かけがえのない固有《こゆう》の価値《かち》があるものです。

では、本来、「老《お》い」の意義《いぎ》とは何か——。

それは、若《わか》かりし日を思い、感傷《かんしょう》にひたる時期などではありません。最《もっと》も荘厳《そうごん》にして悠然《ゆうぜん》と光を放《はな》ちゆく深紅《しんく》の夕日のごとく、最も生の充実《じゅうじつ》を図《はか》るべき、人生の総仕上《そうしあ》げの時ではないでしょうか。

そこには、暗《くら》く侘《わび》しい「老《お》い」のイメージはありません。

「はればれとした老人《ろうじん》の顔には、なんとも言えない曙《あけぼの》のようなところがある」（『レ・ミゼラブル3』辻昶訳、『ヴィクトル・ユゴー文学館4』所収、潮出版社）とは、文豪《ぶんごう》ユゴーの至言《しげん》です。

しかし残念《ざんねん》なことに、「死」という根本問題《こんぽんもんだい》から目を背《そむ》けた現代社会《げんだいしゃかい》は、そうした「老《お》い」のもつ黄金《おうごん》の価値《かち》まで見失《みうしな》ってしまったように感じます。

御聖訓《ごせいくん》に「先臨終《まずりんじゅう》の事《こと》を習《なら》うて後《のち》に他事《たじ》を習うべし」（御書一四〇四ジベー）とあるように、死から目をそらすのではなく、死を真正面《ましょうめん》から見つめていかねばなりません。そうすれば、必然的《ひつぜんてき》に「老《ろう》」も人生に正しく位置付《いちづ》けられる。「老《お》い」の真《しん》の価値《かち》も輝《かがや》いていくのではないでしょうか。

仏法の永遠《えいえん》の生命観から見るならば、「死」は新たな「生」への出発です。

御書に、妙法は「生死《しょうじ》の長夜《ちょうや》を照《てら》す大燈《だいとう》」（九九一ジベー）とあります。

妙法という永遠《えいえん》の法《ほう》を手にした人に、死の恐怖《きょうふ》はない。不安《ふあん》もないし、動揺《どうよう》もない。「生も歓喜《かんき》！ 死も歓喜《き》！」と、生命の旅路《たびじ》を自在《じざい》に遊戯《ゆうげ》していける。

「生老病死《しょうろうびょうし》」の苦悩《くのう》の人生を「常楽我浄《じょうらくがじょう》」の歓喜《かんき》の人生へと転換《てんかん》する、根本《こんぽん》の方途《ほうと》を説《と》き明《あ》かしたのが、この仏法なのです。

9-3 すこやかな長寿《ちょうじゅ》の秘訣《ひけつ》

長寿《ちょうじゅ》の秘訣《ひけつ》について、さまざまな面から語っています。

池田先生の指針

「本部幹部会」(一九九二年九月二十五日、東京)

「長生き」の秘訣《ひけつ》は何か。個人差《こじんさ》もあり、さまざまな考え方がある。

私どもでいえば、唱題行が根本《こんぽん》であることは当《とう》然《ぜん》である。

そのうえで、一般的《いっぱんてき》に、心のもち方が大きく関係しているといわれる。

たとえば、①「くよくよしない」ことが大切とされる。

釈尊《しゃくそん》は、ある仏典《ぶってん》で言われている。

「過去《かこ》を追うことなかれ。未来《みらい》を願《ねが》うことなかれ。過去は捨《す》て去《さ》ったもの。未来はいまだ来《き》ていない。ならば、現在《げんざい》することをおのおのよく心得《こころえ》て、揺《ゆ》るがず、動《どう》ぜず、それを正しく実践《じっせん》せよ。ただ、きょう、まさに作《な》すべきことを熱心《ねっしん》になせ」(『中部経典4』、『南伝大蔵経11〈下〉』を参照)

過去《かこ》にいつまでもとらわれて苦しんだり、どうなるかわからない未来《みらい》のことで、思いわずらうのは愚《おろ》かである。それよりも、ただ「きょう、なすべきこと」を、立派《りっぱ》に果《は》たせ。「きょう」という一日を一生懸命《いっしょうけんめい》、ていねいに生きることだ。こう説《と》くのである。

長生きされている方は、だいたい楽天的《らくてんてき》な方が多いようである。いい意味での楽観主義《らっかんしゅぎ》で、楽しく毎日を送っていただきたい。

また、②「目標《もくひょう》をもって生きる」ことである。

フランスのド・ゴール元大統領は、個人《こじん》にとって「希望《きぼう》の終わりは、死の始まり」と語っている。(Andre Malraux, *Fallen Oaks: Conversations with De Gaulle*, translated by Irene Clephane)

「希望《きぼう》」が「生命」なのである。希望を失《うしな》うことは、人間としての生命を失うことである。

そして信仰《しんこう》とは、永遠《えいえん》に「希望に生きる」ことである。自《みずか》ら希望《きぼう》を生みだし、希望を実現《じつげん》し、さらに、より大きな希望に向かって、いよいよ元気に進み続ける。その原動力《げんどうりょく》が「信心」なのである。

③「ユーモア、笑《わら》いを忘《わす》れない」ことも大切である。

ヨーロッパには、「愉快《ゆかい》な心はお医者さん」という古い言葉もある。

哲学者《てつがくしゃ》のカントも、「大声の笑《わら》いは、肉体にとって医師《いし》の働《はたら》きをする」と論《ろん》じている(趣意、『判断力批判』)。

ユーモアとは、ふざけではない。伸《の》び伸びと開かれた心であり、心のゆとりである。

「愉快《ゆかい》な心」をもって生きたい。そのためには日々、人生に〝勝つ〟ことである。堂々《どうどう》たる生命《せいめい》力《りょく》をもって、前へ前へと進むことである。

さらに、④「何《なん》らかの仕事、使命に励《はげ》む」ことである。

ノーベル平和賞も受けたシュヴァイツァー博士は、「私は、仕事ができるうちは死ぬつもりはないんだ。そして、仕事をしているかぎり、何も死ぬ必要はない。だから私は長生きするよ」と言っていたそうである。事実、九十歳を超《こ》えて生《い》き抜《ぬ》いた。(Norman Cousins, *Anatomy of an Illness as Perceived by the Patient: Reflections on Healing and Regeneration*)

〝自分には、なすべき使命があるんだ。使命があるかぎり、死ぬ必要はない。死ぬはずがない〟――この〝確信《かくしん》〟が長寿《ちょうじゅ》への生命力《せいめいりょく》のもとであったと考えられる。

ほかにもあるかもしれないが、こうした諸点《しょてん》も、すべて仏法のなかに、学会活動のなかに含《ふく》まれている。

広宣流布という「大目的《だいもくてき》」に向かって、「希望《きぼう》」と「愉快《ゆかい》な心」と「使命感」をもって、朗《ほが》らかに進む創価学会。その学会とともに進む皆《みな》さまの人生が、だれよりも充実《じゅうじつ》した、すばらしい人生となることは当然《とうぜん》である。

大聖人は、四条金吾《しじょうきんご》の夫人《ふじん》に「年《とし》は・わかう《若》なり福《ふく》はかさなり候《そうろう》べし」(御書一一三五ページ)――年は若くなり、福運《ふくうん》は重《かさ》なりますよ――と約束《やくそく》しておられる。

この「妙法の大功力《だいくりき》」を実感できる皆《みな》さまであっていただきたい。

9-4 「幸齢社会《こうれいしゃかい》」の光明《こうみょう》に

「高齢社会《こうれいしゃかい》」を、自他共《じたとも》に長寿《ちょうじゅ》を喜《よろこ》びあえる「幸齢《こうれい》社会」へと輝《かがや》かせていく時代変革《へんかく》の主体者《しゅたいしゃ》こそ、創価学会員であると語っています。

池田先生の指針

「『多宝』の賢者よ 永遠に前へ!」

(「大白蓮華」巻頭言、二〇一四年四月)

生老病死《しょうろうびょうし》は誰人《たれびと》も避《さ》けられぬ根本《こんぽん》の命題《めいだい》である。特《とく》に空前《くうぜん》の高齢社会《こうれいしゃかい》は「老《お》い」の期間《きかん》が長くなり、これまでにない課題《かだい》に直面《ちょくめん》している。だからこそ、多宝会《たほうかい》・宝寿会《ほうじゅかい》・錦宝会《きんぽうかい》の皆《みな》さまを中心に、我《われ》ら創価家族の新たな挑戦《ちょうせん》と開拓《かいたく》の使命は、一段《いちだん》と大きい。

どんな財産《ざいさん》も権力《けんりょく》も、「老《お》い」そして「死」という峻厳《しゅんげん》な現実《げんじつ》の前には、儚《はかな》い幻《まぼろし》と消え去ってしまう。鋭《するど》く問われるのは、いかなる哲学《てつがく》を持《も》ち、いかなる人生を生きてきたのか。この一点であろう。

御義口伝《おんぎくでん》には、「自身法性《じしんほっしょう》の大地を生死《しょうじ》生死と転《めぐ》ぐり行《ゆ》くなり」(御書七二四ジペー)と仰《おお》せになられた。

妙法は、永遠不滅《えいえんふめつ》の大法則《だいほうそく》である。なれば、妙法を唱《とな》え、広宣流布に生《い》き抜《ぬ》く私たちの生命もまた、永遠不滅であり、金剛不壊《こんごうふえ》である。生の時も、死の時も、私たち自身が南無妙法蓮華経の当体《とうたい》として、「法性《ほっしょう》の大地」すなわち「常楽我浄《じょうらくがじょう》の大地」の上を、必《かなら》ず必ず悠然《ゆうぜん》と進んでいくことができるのだ。

ゆえに、何があっても、断《だん》じて恐《おそ》れることはない。

日蓮大聖人は、齢《よわい》九十の老《お》いたる姑《しゅうとめ》を真心《まごころ》込《こ》めて介護《かいご》し、その安《やす》らかな臨終《りんじゅう》を慈愛《じあい》深《ぶか》く看取《みと》った富木常忍《ときじょうにん》の夫人《ふじん》を最大に労《ねぎら》い、讃《たた》えてくださっている。

看病《かんびょう》の辛労《しんろう》もあったのであろう、夫人《ふじん》は自《みずか》らも大病《たいびょう》との闘《たたか》いが続いた。しかし負けなかった。

大聖人は、「我《わ》れ等《ら》は仏《ほとけ》に疑《うたが》いなしとをぼせば・なに《何》のなげき《歎》か有《あ》るべき」（御書九七六㌻）と励《はげ》まされた。

長年、信心してきたのに、なぜ自分が病気になるのか、なぜ家族の介護《かいご》が必要になるのか、などと、思い歎《なげ》く必要は全《まった》くない。一切《いっさい》が「転重軽《てんじゅうきょう》受《じゅ》」（重《おも》きを転じて軽《かる》く受《う》く）であり、「変毒為薬《へんどくいやく》」できる。

一つ一つ力《ちから》を合わせ、信心で勝《か》ち越《こ》えていく中で、家族が共《とも》に仏《ほとけ》になる道が深く大きく開かれるのだ。

わが学会員が、確信《かくしん》に満《み》ちて、生命の宝塔《ほうとう》を輝《かがや》かせながら、大歓喜《だいかんき》の人生を総仕上《そうしあ》げしゆく姿《すがた》こそ、長命《ちょうめい》を寿《ことほ》ぐ幸齢社会《こうれいしゃかい》への何よりの光明《こうみょう》であろう。

恩師《おんし》・戸田城聖《じょうせい》先生は、「烈風《れっぷう》の中を、にっこり笑《わら》って、最後の日まで戦え！」と叫《さけ》ばれた。

「多宝《たほう》」の賢者《けんじゃ》のわが友よ、永遠《えいえん》に希望《きぼう》に燃《も》えて、一緒《いっしょ》に前へ前へ、進みゆこうではないか！

9-5 わが生命に永遠《えいえん》の宮殿《きゅうでん》を築《きず》く

仏法者の終極《しゅうきょく》の目的《もくてき》は「仏《ほとけ》になること」です。それを見据《みす》えていくならば、人生の晩年《ばんねん》は、豊《ゆた》かな経験《けいけん》や知恵《ちえ》を生かして、いよいよ人々に尽《つ》くし、わが仏の境涯《きょうがい》を完成《かんせい》させていく好機《こうき》であると語っています。

池田先生の指針

「全国代表研修会」（一九九七年二月一日、静岡）

大聖人は、身延《みのぶ》から遠く離《はな》れた佐渡《さど》の老夫婦《ろうふうふ》、国府入道夫妻《こうにゅうどうふさい》に、励《はげ》ましの手紙を送っておられる。

大聖人は、夫妻《ふさい》に、こう言われている。

「いづくも定《さだ》めなし、仏《ほとけ》になる事《こと》こそつゐ《終》のすみか《栖》にては候《そうら》いしと・をもひ切らせ給《たも》うべし」（御書一三二三ジー）——どの地も、永久《えいきゅう》のものではありません。仏になることこそ、〝ついのすみか〟（最終の住まい）であると、心を決めていかれることです——と。

「ついのすみか」——最後にたどりつくべき安《あん》穏《のん》のわが家、安住《あんじゅう》の地。それは、どこにあるのか。それは、ここにある。自分の中にある。自分が自分の胸中《きょうちゅう》に開く仏界《ぶっかい》こそ、永久《えいきゅう》の「安住の地」なのである。

環境《かんきょう》で決まるのではない。どんなすばらしい住まいに住んでいても、自分がわびしい心であれば、安穏《あんのん》とはいえない。喜《よろこ》びの人生とはいえない。また今はよくても、それが永久《えいきゅう》に続くわけではない。自分自身の生命の中に、仏道修行《ぶつどうしゅぎょう》で築《きず》いた「安穏の宮殿《きゅうでん》」こそ、三世永遠《さんぜえいえん》である。

この国府入道夫妻《こうにゅうどうふさい》は、同じ佐渡《さど》の阿仏房《あぶつぼう》、千日尼《せんにちあま》の夫妻と、いつも一緒《いっしょ》に活動していた。大聖人は、その友情《ゆうじょう》をあたたかく見守りながら、仲良《なかよ》く心を合わせていけるよう、こまやかに配慮《はいりょ》されている。

守りあい、励《はげ》ましあう友がいる幸福――それは、年配になればなるほど、ありがたさを増《ま》していくにちがいない。その「宝《たから》の友情《ゆうじょう》」のスクラムを、学会は、地域《ちいき》に、社会に広げているのである。

釈尊《しゃくそん》は、高齢者《こうれいしゃ》を大切にする人は、自《みずか》らが「寿命《じゅみょう》」と「美しさ」と「楽しみ」と「力《ちから》」を増《ま》していくと説《と》いている。因果《いんが》の理法《りほう》のうえから、たしかに納得《なっとく》できる道理である。

「老人《ろうじん》を尊敬《そんけい》する社会」こそ「人間を尊敬する社会」であり、それでこそ「生き生きと栄《さか》えゆく社会」となろう。

御書には、法華経を引かれて、「長寿《ちょうじゅ》を以《もっ》て衆生《しゅじょう》を度《ど》せん」（六五七ジー）とある。

「長寿《ちょうじゅ》」とは、根本的《こんぽんてき》には、法華経の如来寿量品《にょらいじゅりょうほん》で明《あ》かされた「如来の長遠《ちょうおん》の寿命《じゅみょう》」のことである。法華経を行《ぎょう》ずる人には、わが胸中《きょうちゅう》に「永遠《えいえん》なる仏《ほとけ》の生命」がわいてくる。

「更賜寿命《きょうしじゅみょう》（更《さら》に寿命を賜《たま》え）」（法華経四八五ジー）といって、生命力《せいめいりょく》が強くなり、寿命を延《の》ばすこともできる。

しかも、菩薩《ぼさつ》は、自分のためだけに長生きしようとするのではない。自《みずか》らの経験《けいけん》や、慈悲《じひ》と一体の知恵《ちえ》を生かして、いよいよ人々に存分《ぞんぶん》に尽《つ》くすために、長生きしようというのである。微妙《びみょう》にして、しかも重大な一念《いちねん》の違《ちが》いである。

大聖人は、「地涌《じゆ》の菩薩《ぼさつ》」を率《ひき》いる指導者《しどうしゃ》のことを、「上行菩薩《じょうぎょうぼさつ》と申《もう》せし老人《ろうじん》」（御書一四五八㌻）と仰《おお》せである。

仏法上、これには深き意義《いぎ》があるが、ここでは「老人《ろうじん》」という言葉に否定的《ひていてき》なイメージがまったくない。むしろ反対に、荘厳《そうごん》なまでの偉大《いだい》さがうかがわれる。

たとえば——。揺《ゆ》るぎない信念《しんねん》の固《かた》さ。たゆみなき慈愛《じあい》の行動。何ものをも恐《おそ》れぬ勇気《ゆうき》。絶妙《ぜつみょう》な対話の力《ちから》。決定《けつじょう》した忍耐《にんたい》の心。何《なん》ともいえぬ気品《きひん》と威厳《いげん》。何が起こっても、自在《じざい》に解決《かいけつ》していく大《たい》海《かい》のごとき知恵《ちえ》——など。

「人生の達人《たつじん》」のもつ人徳《じんとく》が、馥郁《ふくいく》と薫《かお》っている——そうした姿《すがた》が浮《う》かんでくる。

これが、悪世《あくせ》の真《ま》っただ中《なか》で、人間主義《にんげんしゅぎ》を広げゆく、「地涌《じゆ》の菩薩《ぼさつ》」の姿《すがた》といえよう。

9-6 〝最初の誕生日《たんじょうび》〟

老《お》いてなお一日一日を大切にして自《みずか》らの使命に生き抜《ぬ》いたガルブレイス博士のエピソードを紹介《しょうかい》しながら、日々、勤行・唱題し、学会活動に励《はげ》んでいくことが、生命の根本《こんぽん》の健康法であると語っています。

池田先生の指針

「本部幹部会」（一九九九年七月三日、東京）

世界的《せかいてき》な経済学者《けいざいがくしゃ》のガルブレイス博士（ハーバード大学名誉教授）も、九十歳というお年で、今なお、新しい著書《ちょしょ》を書き、どんどん仕事をしておられる。

博士とは、二十年来の交友《こうゆう》である。

ある時は、ボストンの博士のご自宅《じたく》にお邪魔《じゃま》し（一九九三年）、また、ある時は、東京で（一九七八、一九九〇年）、お会いした。

ハーバード大学での私の二度目の講演《こうえん》には、講《こう》評者《ひょうしゃ》として出席《しゅっせき》してくださった。（一九九三年。講演は「二十一世紀文明と大乗仏教」）

九年前（一九九〇年十月五日）、聖教新聞社で博士が言われた一言が、たいへん印象《いんしょう》に残《のこ》っている。

「私は再来週《さらいしゅう》（十月十五日）、八十二歳になります。それを、私にとって〝最初の誕生日《たんじょうび》〟と思うつもりです。人間は、年をとればとるほど、ますます学んでいくべきだと信ずるからです」

いつも若々《わかわか》しい博士の人生哲学《じんせいてつがく》である。博士は「健康法」を、こう言われた。

「何よりも大事なことは――朝起きた時、『今日《きょう》一日《いちにち》の計画が決まっていない、考えていない』といったことが、ないようにすることです！」

朝を「さあ、今日《きょう》も！」と元気に出発することである。

その意味で、みずみずしい一日の出発をする「朝の朗々《ろうろう》たる勤行・唱題」が、どれほどすばらしい健康法か――。

勤行・唱題は、小宇宙《しょううちゅう》である自分自身を、大宇《だいう》宙《ちゅう》の根本《こんぽん》のリズムに合致《がっち》させゆく崇高《すうこう》な儀式《ぎしき》である。御本尊へ合掌《がっしょう》し、勤行・唱題する。その声は、すべての仏《ぶつ》・菩薩《ぼさつ》、諸天善神《しょてんぜんじん》のもとに届《とど》いている。そして、目には見えないが、全宇宙《ぜんうちゅう》の仏・菩薩、諸天善神が、その人を守《まも》り囲《かこ》んでいく。その〝真《ま》ん中《なか》〟に自分がいることになる。

題目をあげるということが、どれほど、すごいことか。すべての仏《ぶつ》・菩薩《ぼさつ》、諸天《しょてん》が味方《みかた》になるのである。だから人類《じんるい》を救《すく》う力《ちから》がある。救う使命がある。

博士は言われた。

「年配者の最大の誤《あやま》りは、仕事から引退《いんたい》してしまうことです。やるべき仕事がなくなれば『肉体《にくたい》的努力《てきどりょく》』と『精神的《せいしんてき》な努力』を、しなくなってしまう。とくに『精神的な努力』をやめることは、非常《ひじょう》によくありません」

いわんや、信心に「引退《いんたい》」はない。

広宣流布への学会活動は、生命力《せいめいりょく》を増《ま》す「最極《さいごく》の精神《せいしん》の努力《どりょく》」であり、生命の根本的《こんぽんてき》な健康法なのである。

9-7 「老《お》い」の価値観《かちかん》を変える

「老《お》い」や「病《やまい》」「死」から目をそむけるのは「心のおごり」の表れであるという釈尊《しゃくそん》の洞察《どうさつ》に触《ふ》れながら、「老い」をどう捉《とら》えるべきかを語っています。

※池田先生は、この〝釈尊《しゃくそん》の「心のおごり」の指摘《してき》〟について、二〇一三年発表の「SGIの日」記念提言でも言及《げんきゅう》しています（提言の抜粋を併せて掲載）。

池田先生の指針

『「第三の人生」を語る』

仏典に、釈尊《しゃくそん》が、「生老病死《しょうろうびょうし》」のうち「老」と「病」と「死」について考えて、「三つのおごり」を乗《の》り越《こ》えたという話があります。

人間には、「老者《ろうしゃ》に対する嫌悪《けんお》」があるが、これは「若者《じゃくしゃ》のおごり」である。

「病者《びょうしゃ》に対する嫌悪《けんお》」があるが、これは「健者《けんじゃ》のおごり」である。

「死者に対する嫌悪《けんお》」があるが、これは「生者《せいじゃ》のおごり」である。

釈尊《しゃくそん》が示《しめ》した、この「三つのおごり」は、決して過去《かこ》の昔話ではありません。

今、高齢社会《こうれいしゃかい》の問題が語られ、社会の変化や制《せい》度《ど》の不備《ふび》などがあげられています。それはそれで大切なことですが、より本質的《ほんしつてき》には、今の人々に巣《す》食《く》う「心のおごり」に光をあて、人間自体を変えていかなければいけないのではないか、と思います。

人間は、ともすると自分とは違《ちが》うものを軽蔑《けいべつ》したり、嫌悪《けんお》したりする場合がある。アメリカのハーバード大学の記念講演（一九九三年九月、「二十一世紀文明と大乗仏教」、『池田大作全集2』所収）で語った、〝差異《さい》へのこだわり〟です。釈尊《しゃくそん》は、それを、人の心に刺《さ》さった、見がたき「一本の矢」であると表現《ひょうげん》しました。

この〝差異《さい》へのこだわり〟が、自分の生命の領《りょう》域《いき》を自分で小さくし、ふさいでしまうことになる。今の自分でしか、生きていけないということになる。

いずれだれもが老《お》い、病《や》み、死んでいくことを考えるならば、現代人が、そうやって老いや病《やまい》や死から目をそむけているかぎり、自分の未来を自分で閉《と》ざして、否定《ひてい》していることになる。

「老《お》い」に対する価値観《かちかん》を変えることです。高齢者《こうれいしゃ》がもっている大きな人生経験《じんせいけいけん》は、本人にとっても、まわりにとっても、世の中にとっても、かけがえのない財産《ざいさん》です。

御書には、中国古代の周《しゅう》の文王《ぶんおう》は、年配者を大切にし、その知恵《ちえ》を尊敬《そんけい》した人であり、〝周王朝《しゅうおうちょう》八百年の栄《さか》えの根本《こんぽん》は、この王の治世《ちせい》にある〟と述《の》べられています（一二五〇ジペー）。

年配者の円熟味《えんじゅくみ》から発せられる言葉には、ハッとさせられるような知恵《ちえ》と重《おも》みを感じることがあるものです。美しく光っている人を、私は数多く知っています。

広布の活動のなかで、崩《くず》れぬ自己《じこ》を築《きず》いてきた人は、輝《かがや》いています。胸《むね》をはって、堂々《どうどう》と生きていくことです。

【参考】

第38回「ＳＧＩの日」記念提言（二〇一三年一月二十六日）

仏法の成立《せいりつ》にあたって、その出発点に横《よこ》たわっていたのも、〝さまざまな苦しみに直面する人々に、どう向き合えばよいのか〟とのテーマでした。

何不自由のない生活が約束《やくそく》された王族に生まれた釈尊《しゃくそん》が、若《わか》き日に出家《しゅっけ》を決意するまでの心境《しんきょう》の変化は、四門出遊《しもんしゅつゆう》の伝承《でんしょう》に凝縮《ぎょうしゅく》した形で描《えが》かれています。しかし釈尊の本意《ほんい》は、生老病死《しょうろうびょうし》を人生に伴《ともな》う根本苦《こんぽんく》として、無常《むじょう》をはかなむことにはなかった。

釈尊《しゃくそん》は後《のち》に当時の心境《しんきょう》について、「愚《おろ》かな凡夫《ぼんぷ》は、自分が老《お》いゆくものであって、また、老いるのを免《まぬか》れないのに、他人が老衰《ろうすい》したのを見ると、考えこんで、悩《なや》み、恥《は》じ、嫌悪《けんお》している――自分のことを看過《かんか》して」との思いがよぎり、病《やまい》や死に対しても人々が同じ受け止め方をしていることを感じざるを得《え》なかったと回想しています（中村元「ゴータマ・ブッダⅠ」、『中村元選集［決定版］11』所収、春秋社）。

あくまで釈尊《しゃくそん》の眼差《まなざ》しは、老《お》いや病《やまい》に直面した人々を――それがやがて自分にも訪《おとず》れることを看《かん》過《か》して――忌《い》むべきものと差別《さべつ》してしまう〝心の驕《おご》り〟に向けられていたのです。

であればこそ釈尊《しゃくそん》は、周囲から見放《みはな》された高齢《こうれい》の人や、独《ひと》りで病気に苦しんでいる人を見ると、放《ほう》っておくことができなかった。

それを物語る逸話《いつわ》が残っています。

――一人の修行僧《しゅぎょうそう》が病《やまい》を患《わずら》い、伏《ふ》せっていた。その姿《すがた》を目にした釈尊《しゃくそん》が「汝《なんじ》はどうして苦しんでいるのか。汝はどうして一人で居《い》るのか」と尋《たず》ねると、彼《かれ》は答えた。「私は生まれつき怠《なま》けもので、［他人を］看病《かんびょう》するに耐《た》えられませんでした。それで今、病気にかかっても看病してくれる人がありません」

それで釈尊《しゃくそん》は「善男子《ぜんなんし》よ。私が今、汝《なんじ》を看《み》よう」と述《の》べ、汚《よご》れていた敷物《しきもの》を取《と》り換《か》えただけでなく、彼《かれ》の体を自《みずか》ら洗《あら》い、新しい衣《ころも》にも着替《きが》えさせた。

その上で釈尊《しゃくそん》は、「自《みずか》ら勤《つと》め励《はげ》みなさい」との言葉をかけ、修行僧《しゅぎょうそう》は心も身も喜《よろこ》びにあふれた、

と（玄奘「大唐西域記」水谷真成訳、『中国古典文学大系22』所収、平凡社。引用・参照）。

思いもよらない献身的《けんしんてき》な介護《かいご》もさることながら、釈尊《しゃくそん》が他の健康な弟子たちにかけるのと何《なん》ら変わらない言葉を自分にもかけてくれたことが、尽《つ》きかけようとしていた彼《かれ》の生命に〝尊厳《そんげん》の灯《ともし》火《び》〟を再《ふたた》び燃《も》え立《た》たせたに違《ちが》いないと、私には思えてなりません。

その上で、この逸話《いつわ》を、他の経典《きょうてん》における伝承《でんしょう》と照らし合わせると、もう一つの釈尊《しゃくそん》の思いが浮《う》かび上《あ》がってきます。

——釈尊《しゃくそん》は、修行僧《しゅぎょうそう》の介護《かいご》をした後、弟子たちを集めて、次々と尋《たず》ね聞いた。その結果《けっか》、修行僧が重病《じゅうびょう》に苦しんできたことも、どんな病気を患《わずら》っていたかも、弟子たちが以前から承知《しょうち》していたことを知った。

にもかかわらず、誰一人《だれひとり》として手を差《さ》し伸《の》べようとしなかったのはなぜか。

弟子たちから返ってきた答えは、修行僧《しゅぎょうそう》が病床《びょうしょう》で語っていた言葉の鏡写《かがみうつ》しともいうべき、「彼《かれ》が他の修行僧のために何もしてこなかったので、自分たちも看護《かんご》しなかった」との言葉だった（「律蔵大品」から趣意）。

この答えは、現代的に表現《ひょうげん》すれば、「日頃《ひごろ》の行《おこな》いが悪いから」「本人の努力《どりょく》が足《た》りないから」といった自己責任論《じこせきにんろん》に通じる論理《ろんり》といえましょう。

それが、修行僧《しゅぎょうそう》にとっては運命論《うんめいろん》を甘受《かんじゅ》する〝あきらめ〟となって心を萎《な》えさせ、他の弟子たちにとっては傍観視《ぼうかんし》を正当化《せいとうか》する〝驕《おご》り〟となって心を曇《くも》らせていた。

そこで釈尊《しゃくそん》が、弟子たちの心の曇《くも》りを晴《は》らすべく、気づきを促《うなが》すように説《と》いたのが、「われに仕《つか》えようと思う者は、病者《びょうしゃ》を看護《かんご》せよ」（中村元「ゴータマ・ブッダI」、『中村元選集〔決定版〕11』所収、春秋社）との言葉でした。

つまり、仏道《ぶつどう》を行《ぎょう》じるとはほかでもない。目の前で苦しんでいる人、困《こま》っている人たちに寄《よ》り添《そ》い、わが事《こと》のように心を震《ふる》わせ、苦楽《くらく》を共《とも》にしようとする生き方にこそある、と。

ここで留意《りゅうい》すべきは、そうした過程《かてい》で尊厳《そんげん》の輝《かがや》きを取《と》り戻《もど》すのは、苦しみに直面してきた人だけでなく、その苦しみを共《とも》にしようとする人も同時に含《ふく》まれているという点です。

生命は尊厳《そんげん》であるといっても、ひとりでに輝《かがや》くものではない。こうした関《かか》わり合いの中で、他者の生命は真《しん》に〝かけがえのないもの〟として立《た》ち現《あらわ》れ、それをどこまでも守り支《ささ》えたいと願《ねが》う心が自分自身の生命をも荘厳《そうごん》するのです。

また釈尊《しゃくそん》が、先《さき》の言葉で「われ（仏《ほとけ》）」と「病《びょう》者《しゃ》」を等値関係《とうちかんけい》に置くことで諭《さと》そうとしたのは、病気の身《み》であろうと、老《お》いた身であろうと、人間の生命の尊《とうと》さという点において全く変わりはなく、差別《さべつ》はないという点でした。

その意味から言えば、他人が病気や老《お》いに苦しむ姿《すがた》を見て、人生における敗北《はいぼく》であるかのようにみなすことは誤《あやま》りであるばかりか、互《たが》いの尊厳《そんげん》を貶《おとし》めることにつながってしまう。

釈尊《しゃくそん》の思想の中で「法華経」を最重視《さいじゅうし》した日蓮大聖人は、「法華経」において生命尊厳《せいめいそんげん》の象徴《しょうちょう》として登場する宝塔《ほうとう》の姿《すがた》を通し、「四面《しめん》とは生老病《しょうろうびょう》死《し》なり四相《しそう》を以《もっ》て我等《われら》が一身《いっしん》の塔を荘厳《そうごん》するなり」（御書七四〇ジペー）と説《と》きました。

つまり、宝塔《ほうとう》を形づくる四つの面は、生老病死《しょうろうびょうし》に伴《ともな》う苦しみを乗《の》り越《こ》えていく姿《すがた》（四つの相《そう》）をもって輝《かがや》きを増《ま》すのであり、一見、マイナスでしかないように思われる老《お》いや病《やまい》、そして死さえも、人生を荘厳《そうごん》する糧《かて》に昇華《しょうか》できる、と。

生命の尊厳《そんげん》といっても、現実《げんじつ》のさまざまな苦悩《くのう》を離《はな》れて本来の輝《かがや》きを放《はな》つことはできず、苦悩を分《わ》かち合《あ》い、どこまでも心を尽《つ》くす中で、「自他《じた》共《とも》の幸福」への道を開く生き方を、仏法は促《うなが》しているのです。

9-8 わが生涯《しょうがい》を芸術のように

近代看護《きんだいかんご》の創始者《そうししゃ》であるナイチンゲールの晩年《ばんねん》の姿《すがた》を通して、最後まで使命の炎《ほのお》を赤々と燃《も》やし続けていく荘厳《そうごん》な生き方を、と呼《よ》び掛《か》けています。

池田先生の指針

『「女性の世紀」に寄せて──ナイチンゲールを語る』

ナイチンゲールは看護学校《かんごがっこう》の学生たちに約束《やくそく》した。

「私は、自分の生命の最後の時まで毎日毎日努《ど》力《りょく》して学びつづけることでしょう」

「他者を看護《かんご》しながら学ぶことが不可能《ふかのう》になったときには、看護されながら、つまり《私を》世話してくださる看護婦さんの看護を見ながら学ぶことでしょう」（『ナイチンゲール著作集3』湯槇ます・薄井坦子・小玉香津子・鳥海美恵子・小南吉彦訳、現代社）

この言葉通りに彼女《かのじょ》は生《い》きた。生き抜《ぬ》いた。

看護学校《かんごがっこう》を創立《そうりつ》した四十歳のころ、彼女《かのじょ》の体力《たいりょく》は限界《げんかい》にきていた。頭痛《ずつう》。吐《は》き気《け》。呼吸困難《こきゅうこんなん》の発作《ほっさ》。体の不調《ふちょう》に絶《た》えず悩《なや》まされた。長時間、話をすると、ぐったりとした。多くの人が、早すぎる死を心配した。実際《じっさい》、危《あぶ》ない場面も何度もあった。それでも、彼女は立ち止まらなかった。

「忙《いそが》しくて死んでいる暇《ひま》などありません」（ザカリイ・コープ著『ナイチンゲールと医師たち』小池明子・田村真訳、日本看護協会出版会）

そう言って、病魔《びょうま》を笑《わら》い飛《と》ばした。

自由に動けなくても、まだ、書くことができる――彼女《かのじょ》のベッドの傍《かたわ》らには、常《つね》に鉛筆《えんぴつ》やペンがあった。彼女が書いた論文《ろんぶん》、統計《とうけい》だけでも膨大《ぼうだい》であった。そのうえ、手紙は一万二千通にも上《のぼ》ったという。医者から「書くこと」を止《と》められても、

「だからこそ、私はなおいっそう書き続けるのです」と一歩も引かなかった。

「私があの報告書を仕上げていなかったら、私が『守《まも》り得《え》た』はずの健康など、私に何《いか》ほどの意味があるでしょう」（セシル・ウーダム＝スミス著『フロレンス・ナイチンゲールの生涯〈上〉』武山満智子・小南吉彦訳、現代社）

これが彼女《かのじょ》の変わらぬ信念《しんねん》だった。

わが身を赤々と燃《も》やして輝《かがや》く〝戦いの炎《ほのお》〟――それがナイチンゲールだった。

やがて視力《しりょく》まで衰《おとろ》えた。それでも彼女《かのじょ》は、ぴしゃりと言い放《はな》った。

「とんでもない。私は断《だん》じて心が冷《ひ》えたりなどしません」(『フロレンス・ナイチンゲールの生涯〈下〉』)

八十歳を超《こ》え、まったく目が見えなくなった。それでも、彼女《かのじょ》は「絶望《ぜつぼう》」とは無縁《むえん》だった。

まだ聞く耳がある！

まだ話す口がある！

訪《おとず》れた客が驚《おどろ》くほど、彼女《かのじょ》は社会の動きに精通《せいつう》していた。

仏典《ぶってん》は教えている。〝手がなくとも足がある。足がなくとも目がある。目がなくとも口がある。口がなくとも命《いのち》がある〟と。

この決心で、命《いのち》ある限《かぎ》り、法《ほう》を弘《ひろ》めていく。それが仏法者の魂《たましい》である。

釈尊《しゃくそん》も、自分の臨終《りんじゅう》の間際《まぎわ》に訪《おとず》れた一人の修行《しゅぎょう》者《しゃ》にまで法《ほう》を説《と》き、帰依《きえ》させ、最後の弟子としたのである。

戸田先生は、よく語っておられた。

「人生の幸不幸《こうふこう》は、最後の数年間で決まる。途《と》中《ちゅう》ではない」

ナイチンゲールの晩年《ばんねん》は、生涯《しょうがい》のなかでも、いっそう美しく、いっそう豊《ゆた》かに彩《いろど》られている。彼女自身《かのじょじしん》が、最晩年《さいばんねん》を「生涯《しょうがい》の最良の日々」と語っていた。

晩年《ばんねん》の彼女《かのじょ》ほど、人々から愛《あい》され、慕《した》われた女《じょ》性《せい》もいないだろう。

「だれでもみんな、あなたの名前を聞くと明るくなる」(エルスペス・ハクスレー著『ナイチンゲールの生涯』新治弟三・嶋勝次訳、メヂカルフレンド社)と敬《うやま》われた。

〝フローレンス・ナイチンゲールのように！〟

――これが女性《じょせい》たちの合言葉《あいことば》になった。指導《しどう》や助言を求《もと》めて、イギリス中から、世界中から、多くの人々が彼女《かのじょ》のもとに来た。

世界の王族や政治家《せいじか》たちも、一目会《ひとめあ》いたいと、こぞって彼女《かのじょ》を訪《たず》ねた。しかし、どんな高位《こうい》の人間でも、「看護《かんご》に関心《かんしん》をもつ」人でなければ、彼女は会わなかった。

彼女《かのじょ》は若《わか》い人を大事にした。〝世界を継《つ》ぐべき人たちと交《まじ》わっていきたい〟と願《ねが》って。看護《かんご》の仕事がしたい！――そう希望《きぼう》する少女たちから何百通という手紙が届《とど》いた。そのほとんどに返事を書いた。最後の最後まで、やるべきことを見つけ、挑《いど》み、〝未来《みらい》の種《たね》〟を植《う》え続けていったのである。

「生涯《しょうがい》を一個《いっこ》の芸術とすることこそ、すべての芸術のうちで最《もっと》もすばらしいものだと私は考えています！」（エドワード・クック著『ナイティンゲール――その生涯と思想3』中村妙子・友枝久美子訳、時空出版。引用・参照）

そう語った通りの人生を生きた。

一九一〇年八月十三日。芸術のごとき人生は、静《しず》かに幕《まく》を閉《と》じた。九十歳。ナイチンゲール看護《かんご》学校《がっこう》の創立《そうりつ》五十周年の佳節《かせつ》であった。彼女《かのじょ》の生前の希望《きぼう》で、葬儀《そうぎ》は質素《しっそ》だった。

ナイチンゲールは、死を「限《かぎ》りない活動への旅立ち」と捉《とら》えていた。

御書には、「自身法性《じしんほっしょう》の大地《だいち》を生死《しょうじ》生死と転《めぐ》り行《ゆ》くなり」（七二四ページ）と仰《おお》せである。

妙法を信ずる人は、自身の「法性《ほっしょう》の大地」すなわち「仏界《ぶっかい》の大地」の上を、「生も歓喜《かんき》」「死も歓喜」と進んでいける。

生命は永遠《えいえん》である。だからこそ、この一生で、絶対《ぜったい》に崩《くず》れない「常楽我浄《じょうらくがじょう》」の生命を築《きず》き上《あ》げることだ。そのために、正しい信仰《しんこう》が必要《ひつよう》であり、人に尽《つ》くしゆく正義《せいぎ》の行動が不可欠《ふかけつ》になる。

ひとすじに広宣流布に生き抜《いぬ》いた人は、「歓喜の中の大歓喜」の永遠《えいえん》の幸福の軌道《きどう》を歩んでいけるのである。

第十章　生も歓喜《かんき》、死も歓喜

10-1　一生成仏《いっしょうじょうぶつ》の軌道《きどう》

池田先生は、ハーバード大学での記念《きねん》講演《こうえん》「二十一世紀文明と大乗仏教《だいじょうぶっきょう》」において、日蓮仏法の哲理《てつり》に基《もと》づき、「生も歓喜《かんき》、死も歓喜」という壮大《そうだい》な生死観《しょうじかん》を展開《てんかい》しました。

人は何《なん》のために生きるのか。真《しん》に価値《かち》ある生とは何か。そして、死とは何か。人は死んだらどうなるのか——。日蓮大聖人は「先臨終《まずりんじゅう》の事《こと》を習《なら》うて後《のち》に他事《たじ》を習うべし」（御書一四〇四ページ）と仰《おお》せです。死の問題と真正面《ましょうめん》から向き合ってこそ、真に幸福な人生を確立《かくりつ》することができるのです。

本章は、生死《しょうじ》の苦悩《くのう》といかに向き合い、いかに乗《の》り越《こ》えていくかを教えた池田先生の指導《しどう》を、まとめています。

池田先生の指針

「ニューヨーク文化会館の集い」
（一九九六年六月十五日、アメリカ）

信仰《しんこう》は何《なん》のためにするのか。

それは、「だれよりもすばらしい人生」を生きるためである。だれも避《さ》けられない「生老病死《しょうろうびょうし》」の苦悩《くのう》を、悠々《ゆうゆう》と乗《の》り越《こ》えるためである。

「生」――人生、生《い》きねばならない。何があろうと、生き抜《ぬ》かなければならない。あらゆる悩《なや》みを乗《の》り越《こ》え、あらゆる苦難《くなん》を乗り越え、どのように力強《ちからづよ》く、毎日毎日を生きていくか。そのための偉大《いだい》なる生命力《せいめいりょく》をあたえてくれるのが妙法の信仰《しんこう》である。

何《なん》のために生まれたのか。それがわからない無《む》価値《かち》な人生ではつまらない。目的観《もくてきかん》もなく、ただ「何となく」生き、食べ、むなしく死んでいくのでは、次元《じげん》の低い動物的人生ではないだろうか。

そうではなく、人のため、社会のため、自分のために、何かを為《な》す。何かを創《つく》る。何か貢献《こうけん》する。そのために、生ある限《かぎ》り、一生涯《いっしょうがい》、挑戦《ちょうせん》し抜《ぬ》いていく。それでこそ「充実《じゅうじつ》の人生」である。「価値《かち》の人生」である。人間らしい「高次元《こうじげん》の生き方」である。そして、妙法の信仰《しんこう》は、そのなかでも最高の価値を、人のため、自分のために創造《そうぞう》できる原動力《げんどうりょく》なのである。

「老」――人生、あっという間に過《す》ぎてしまう。またたく間に、老人となり、体力《たいりょく》も衰《おとろ》える。あちこち故障《こしょう》も出てくる。

そのときに、わびしく、寂《さび》しい老人になるのではなく、秋の黄金《おうごん》の実《み》りのような豊《ゆた》かな自分自身となるための信仰《しんこう》である。大いなる夕日は、天地を荘厳《そうごん》に染《そ》めて輝《かがや》きわたる。その〝輝きの光景〟のような老年を、後悔《こうかい》なく、にっこりと迎《むか》えるための信仰なのである。

「病」――生身《なまみ》の体である。だれしも、何《なん》らかの病気の苦しみがある。

その病苦を、たくましく克服《こくふく》する力《ちから》をわき出す妙法である。

日蓮大聖人は「南無妙法蓮華経は師子《しし》吼《く》の如《ごと》

し・いかなる病《やまい》さはり《障》をなすべきや」（御書一一二四ジペー）――南無妙法蓮華経は獅子《しし》が吼《ほ》えるようなものである。いかなる病気が障害《しょうがい》になろうか（否《いな》、どんな病気にも負けず、乗《の》り越《こ》えることができる）――と仰《おお》せである。

また、病気になろうと、どんな境遇《きょうぐう》になろうとも、広宣流布に生きる人を必《かなら》ず御本仏《ごほんぶつ》は守ってくださる。諸仏《しょぶつ》・諸菩薩《しょぼさつ》・諸天《しょてん》がこぞって、その人を守る。

大聖人は、こう約束《やくそく》してくださっている。

「此《こ》の良薬《りょうやく》を持《たも》たん女人《にょにん》等をば此の四人の大菩薩《だいぼさつ》・前後左右に立《たち》そひて・此の女人たたせ給《たま》へば此の大菩薩も立たせ給《たも》ふ乃至《ないし》此《こ》の女人・道を行く時は此の菩薩も道を行き給ふ、譬《たと》へば・かげと身《み》と水と魚と声とひびきと月と光との如《ごと》し」（御書一三〇六ジペー）

――この良薬《りょうやく》（御本尊）を信受《しんじゅ》する女性《じょせい》等を、この四人の大菩薩《だいぼさつ》（地涌《じゆ》の菩薩のリーダーである上行《じょうぎょう》・無辺行《むへんぎょう》・浄行《じょうぎょう》・安立行《あんりゅうぎょう》菩薩）が、前と後ろ、右と左に立ち添《そ》って、この女性が立たれたならば、この四大《しだい》菩薩もお立ちになる。そのようにして、この女性が道を行くときには、この菩薩も道を行きます。たとえば「影《かげ》と身《み》」「水と魚」「声と響《ひび》き」「月と光」とのように、決して離《はな》れないのです――。

このように、必《かなら》ず守ってくださる。しかも、それが生死《しょうじ》を超《こ》えて永遠《えいえん》に続くのである。

「死」――これは厳《きび》しい。誰人《たれびと》も、いつかは死に直面する。

そのときに、妙法の軌道《きどう》を行く人は、法華経（譬喩品《ひゆほん》）に説《と》かれる「大白牛車《だいびゃくごしゃ》」という車に乗《の》って、悠々《ゆうゆう》と霊山《りょうぜん》に向かっていける。大宇宙《だいうちゅう》の仏界《ぶっかい》と融合《ゆうごう》するのである。

大白牛車《だいびゃくごしゃ》は、長さも幅《はば》も高さも壮大《そうだい》な大きさであり、しかも、すべて金銀をはじめとする無数の宝石《ほうせき》で飾《かざ》られている。

今世《こんぜ》で一生成仏《いっしょうじょうぶつ》すれば、その「仏《ほとけ》」の境涯《きょうがい》は永《えい》遠《えん》に続く。

「生死《しょうじ》」「生死」と、生々世々《しょうじょうせぜ》、生まれるたびに、健康で、裕福《ゆうふく》で、頭もよく、最高の環境《かんきょう》に恵《めぐ》まれ、福運《ふくうん》に満《み》ちみちた人生となる。また、自分でなければならない使命をもち、使命にふさわしい姿《すがた》で生まれてくる。それが永遠《えいえん》に続く。もう二度と壊《こわ》れない。

この「永遠《えいえん》の幸福」のために、今世《こんぜ》で仏界《ぶっかい》を固めなさい、仏道修行《ぶつどうしゅぎょう》に励《はげ》みなさい、というのである。私が勝手に言うのではない。大聖人が、そう言っておられるのである。


ゆえに、ともかく成仏《じょうぶつ》への「軌道《きどう》」を離《はな》れないことである。広宣流布、仏道修行《ぶつどうしゅぎょう》の「軌道」を忍《にん》耐強《たいづよ》く、前へ前へと進むことである。

時にはいやになったり、休みたいこともある。私どもは凡夫《ぼんぷ》であるゆえに、それも当然《とうぜん》であろう。

大事なことは、ともかく「軌道《きどう》」を離《はな》れないことである。忍耐強《にんたいづよ》く、励《はげ》ましあいながら、「仏《ほとけ》の道」を歩《あゆ》み続けることである。

「軌道《きどう》」を外《はず》れたら、車でも、飛行機でも事故《じこ》を起こす。目的地《もくてきち》にも着けない。人生は、不幸《ふこう》へと墜落《ついらく》していってしまう。目には見えないが、「生命の軌道」がある。「絶対的幸福《ぜったいてきこうふく》への軌道」は厳然《げんぜん》と存在《そんざい》する。それが妙法の軌道である。

退転《たいてん》することなく、この道を歩《あゆ》み通《とお》せば、必《かなら》ず最後には、物心《ぶっしん》ともに「所願満足《しょがんまんぞく》」の人生となっていく。

10-2 人生を高める契機《けいき》に

死から目をそらすのではなく、生死《しょうじ》という根本《こんぽん》の一大事《いちだいじ》を正《ただ》しく見据《みす》え、死の重みを意識《いしき》していくことが、人生を高める契機《けいき》になると訴《うった》えています。

池田先生の指針

『法華経の智慧』

人間はだれしも、「いつかは」自分は死ぬと知っている。しかし、あくまで「いつかは」であって、まだまだ先《さき》のことだと思っている。青年はもちろん、年をとっても、否《いな》、年をとればとるほど、「死」から目をそらす場合がある。

しかし、人生の実相《じっそう》はどうか。じつは人間、次の瞬間《しゅんかん》には死んでいるかもしれない。

地震《じしん》、事故《じこ》、急病《きゅうびょう》その他、死の可能性《かのうせい》は「いつでも」あるのです。それを忘《わす》れているだけです。

「死は自分の前にあるのではない。死は背中《せなか》から自分に近づいてくる」と言った人がいる。

「いつか頑張《がんば》ろう」「これが終わったら頑張ろう」と思っているうちに、あっという間《ま》に年月は過《す》ぎ去《さ》ってしまう。気がついてみると、何ひとつ、生命の財宝《ざいほう》を積《つ》まないで、死に臨《のぞ》まなければならなくなっている。それが多くの人の人生でしょう。その時に後悔《こうかい》しても遅《おそ》いということです。

よく考えてみれば、死が三日後であっても、三年後であっても、三十年後であっても、本質《ほんしつ》は同じなのです。ゆえに、いつ死んでもいいように、

「今」を生きるしかない。

また永遠《えいえん》から見れば、百年も一瞬《いっしゅん》です。文字通り、「臨終只今《りんじゅうただいま》にあり」なのです。

戸田先生も「本当は、死ぬときのために信心するんだ」とおっしゃっていた。

何が確実《かくじつ》といって、「死」ほど確実なものはない。だから、今、ただちに、三世永遠《さんぜえいえん》にわたる「心の財《たから》」を積《つ》むことです。その一番大事なことを「あと回し」にし、「先送り」して生きている人が人類の大半なのです。

生死一大事《しょうじいちだいじ》というが、生死ほどの「一大事」は人生にない。この一番の大事に比《くら》べれば、あとはすべて小さなことです。そのことは「臨終《りんじゅう》」のときに実感するにちがいない。

多くの人の死をみとってきた、ある人が言っていた。

「人生の最期《さいご》に、パーッと、パノラマのように自分の人生が思い出されるようです。その中身は、自分が社長になったとか、商売がうまくいったとかではなくて、自分がどんなふうに生きてきたか、だれをどんなふうに愛したか、優《やさ》しくしたか、どんなふうに冷たくしたか。自分の信念を貫《つらぬ》いた満足感《まんぞくかん》とか、裏切《うらぎ》った傷《きず》とか、そういう『人間として』の部分が、ぐわぁーっと迫《せま》ってくる。それが『死』です」と。

「死」を意識《いしき》することが、人生を高めることになる。「死」を自覚《じかく》することによって、「永遠《えいえん》なるもの」を求《もと》め始めるからです。そして、この一瞬《いっしゅん》一瞬を大切に使おうと決意できる。

もし「死」がなかったら、どうなるか。さぞかし人生は間《ま》のびして、退屈《たいくつ》なのではないだろうか。「死」があるからこそ、「今」を大切に生きようとするのです。
現代文明《げんだいぶんめい》は「死を忘《わす》れた文明」と言われる。それが同時に「欲望《よくぼう》を野放《のばな》しにした文明」となったことは偶然《ぐうぜん》ではない。一個人《いちこじん》と同じく、社会も文明も、「生死《しょうじ》」という根本《こんぽん》の大事を避《さ》けていては、その日暮《ひぐ》らしの堕落《だらく》におちいってしまう。

10-3 死苦《しく》を乗《の》り越《こ》える仏法の生命観

釈尊《しゃくそん》は、人間の根源的《こんげんてき》な苦しみである「死苦《しく》」と向き合うなかで、永遠《えいえん》の生命観に達《たっ》しました。その釈尊の悟《さと》りに迫《せま》りながら、生死《しょうじ》を見据《みす》えた仏教の本質《ほんしつ》を語っています。

池田先生の指針

『生命を語る』

生あるものはすべて、本能的《ほんのうてき》に死を恐《おそ》れる。とくに人間は、自分が生という状態《じょうたい》をやめるとき、そのかなたにいったいどんな世界があるのかと考えることに、いいようのない恐怖《きょうふ》を感じる。

釈尊《しゃくそん》は、死にたくない、死を受けいれたくない、死を見つめたくないという、人間本来《ほんらい》の本能《ほんのう》のようなものを乗《の》り越《こ》えて、偉大《いだい》なる勇気をもって、人生の苦の相《そう》、真実相《しんじつそう》を受けいれた。そしてそのうえで、生と死の本質《ほんしつ》に対し、思索《しさく》に思索を重《かさ》ねたのだろう。

仏法は永遠《えいえん》の生命を説《と》くけれども、それは決して、安易《あんい》に民衆《みんしゅう》の不死への願望《がんぼう》を受けいれた理論《りろん》ではない。諸行無常《しょぎょうむじょう》や、苦集滅道《くじゅうめつどう》（＝四諦《したい》。仏教が説く苦の原因《げんいん》と解決《かいけつ》の法理《ほうり》）という教えは、人間が避《さ》けたがる人生の苦の相《そう》を、そのまま如実《にょじつ》にさらけだして見せているのだと思う。空想的仮説《くうそうてきかせつ》で真実《しんじつ》を糊塗《こと》するのではなく、冷徹《れいてつ》な眼《まなこ》で真実を凝視《ぎょうし》した。生あるものはかならず死ぬ。この大前提《だいぜんてい》をそのまま認《みと》めた。

なぜ死ぬのか。死と生とはまったくかけ離《はな》れた存在《そんざい》なのか。それとも密接《みっせつ》な関係にあるのか。生命はどのような流れがあるのか。勇気と忍耐《にんたい》と冷静さをもって、釈尊《しゃくそん》は自《みずか》らの生命に光をあて、その真実相《しんじつそう》を悟《さと》ろうとした。そうして得《え》た悟りが、永遠《えいえん》の生命だったのです。

生と死を、人間生命は本然《ほんねん》のうちにもっている。生と死を交互《こうご》に繰《く》り返《かえ》しながら、人間生命は雄大《ゆうだい》なうねりをもって永遠《えいえん》に流れている――このことを、自《みずか》らの生命の奔流《ほんりゅう》のなかに釈尊《しゃくそん》はみた。

それはもはや、生に執着《しゅうちゃく》するがゆえに打ち立てられた霊魂不滅《れいこんふめつ》のごとき思想ではなく、厳然《げんぜん》たる、一個の生命を貫《つらぬ》く因果《いんが》の法則《ほうそく》を見きわめたうえでの永遠《えいえん》の生命観である。

この永遠《えいえん》の生命観に立って、死というものを意《い》義《ぎ》づけるならば、死はむしろ生のためのものであるということになる。あたかも、眠《ねむ》りが次の目覚《めざ》めのための休息《きゅうそく》であるようなものです。

死は生のための方便《ほうべん》である。生をより輝《かがや》かせるためのものであり、生こそ生命の活動の本態《ほんたい》（＝もともとの姿《すがた》）である。生と死とは相対立《あいたいりつ》したものではなく、死はむしろ、生のためのものとして位置《いち》づけられる。

これが法華経に説《と》かれる「方便現涅槃《ほうべんげんねはん》」（＝釈《しゃく》尊《そん》の仏《ほとけ》の生命は永遠《えいえん》であり、衆生《しゅじょう》に仏を求《もと》める心を起こさせるために方便として涅槃を現《げん》じたとする法理《ほうり》。法華経四八九㌻）ということになるでしょう。

仏教の本質《ほんしつ》は、いたずらな悲観主義《ひかんしゅぎ》、厭世観《えんせいかん》でもなければ、根拠《こんきょ》のない楽天主義《らくてんしゅぎ》でもない。人生の苦を直視《ちょくし》し、そこから逃避《とうひ》するのでなく、むしろ徹底的《てっていてき》に取り組んだ末《すえ》に到達《とうたつ》した、生の歓喜《かんき》の思想だといってもよい。


苦しみから逃避《とうひ》して、真実《しんじつ》の喜《よろこ》びはない。人が目をそむけ、逃避しようとしている苦しみを如実《にょじつ》に知見《ちけん》し、それに勇敢《ゆうかん》に挑戦《ちょうせん》し乗《の》り越《こ》えてこそ初めて、金剛不壊《こんごうふえ》の、つきることなき歓喜《かんき》が込《こ》み上《あ》げてくるのです。

10-4 生と死は不二《ふに》である

法華経の哲理《てつり》をもとに、「生」として顕在化《けんざいか》し「死」として潜在化《せんざいか》しながら生死を無限《むげん》に持続していくという「永遠《えいえん》の生命観」を示《しめ》しています。

池田先生の指針

「生死一大事血脈抄」講義（『池田大作全集24』）

生と死は、生命の変化の姿《すがた》であり、逆《ぎゃく》に言えば、生と死にしか生命はあらわれないのであります。

凡夫《ぼんぷ》の眼《まなこ》には、生命は生で始まり、死で終わるとしか映《うつ》らない。しかし、仏法の視点《してん》は、この限《げん》界《かい》を打《う》ち破《やぶ》って、生とあらわれ、死として持続している全体を貫《つらぬ》く「生命」そのものをとらえたのであります。

この観点から、仏法では、生命の変化相《へんかそう》としての生と死を、どうとらえているのでしょうか。

法華経寿量品《じゅりょうほん》に「若退若出《にゃくたいにゃくしゅつ》」（法華経四八一ジペー）――もしは退《しりぞ》き、もしは出《い》づる、と説《と》かれております。

この「退《しりぞ》く」というのが「死」にあたり、「出《い》づる」というのが「生」にあたります。

また寿量品《じゅりょうほん》では、永遠《えいえん》の生命観から、生命は、退《しりぞ》いたり、生《しょう》じたり、生まれたり、死んだりするものではない、という説《と》き方《かた》をしておりますが、日蓮大聖人の「御義口伝《おんぎくでん》」では、更《さら》に深く本有《ほんぬ》の生死《しょうじ》、つまり本来《ほんらい》もともとの生死であり、（本来もともとの）退出《たいしゅつ》であるととらえるのが、本当の正《ただ》しい生命観であると説き明かしております（御書七五二〜四ジペー）。

ゆえに、生命が顕在化《けんざいか》した状態《じょうたい》を「生」とし、その生《しょう》潜在化《せんざいか》した状態を「死」と捉《とら》え、しかも、その生死《じ》を無限《むげん》に持続しているのが、生命そのものなのであります。

生を顕在化《けんざいか》、死を潜在化《せんざいか》と捉《とら》える仏法の究極《きゅうきょく》の哲理《てつり》は、何《なん》と、悠久《ゆうきゅう》、偉大《いだい》な生命をみてとっていることでしょうか。

しかも、その生と死は不二《ふに》であると説《と》いているのです。

生を働《はたら》かしているものは潜在化《せんざいか》した妙《たえ》なる力《ちから》であり、また、潜在化した生命は、やがて縁《えん》に触《ふ》れて顕在化《けんざいか》し、ダイナミックな生を営《いとな》み、色彩豊《しきさいゆた》かに個性《こせい》を発揮《はっき》していきます。

やがて、その生は静かに退《しりぞ》き、死へとおもむく。

しかし、その潜在化《せんざいか》は新しいエネルギーを蓄《たくわ》えつつ、新しい次の生を待《ま》つのであります。

言わば、生は、それまで休息《きゅうそく》し、蓄《たくわ》えた生命の力《ちから》の爆発《ばくはつ》であり、燃焼《ねんしょう》であり、やがてその生涯《しょうがい》の一巻の書を綴《つづ》り終えて、死におもむく。その、宇《う》宙《ちゅう》それ自体に冥伏《みょうぶく》し、潜在化《せんざいか》した生命は、宇宙《うちゅう》生命の力をそこに充電《じゅうでん》させながら、生への飛翔《ひしょう》を待《ま》つのであります。

これが、本来《ほんらい》の生死《しょうじ》であり、この宇宙本然《うちゅうほんねん》のリズムの根源《こんげん》が、南無妙法蓮華経であります。

10-5 生も死も喜《よろこ》び

ハーバード大学講演《こうえん》で論《ろん》じた仏法の生《しょう》死観《じかん》について触《ふ》れ、広宣流布に生《い》き抜《ぬ》き、絶対《ぜったい》の幸福境涯《きょうがい》を築《きず》いた人は、「生も歓喜《かんき》、死も歓喜」という生命の軌道《きどう》を進んでいけることを強調《きょうちょう》しています。

（講演の抜粋を併せて掲載）

池田先生の指針

「各部合同研修会」（二〇〇五年八月十九日、長野）

私は、全米最高峰《さいこうほう》の学府であるハーバード大学からお招《まね》きを受け、二回、講演《こうえん》している（＝一九九一年、九三年）。このうち、二回目の講演で論《ろん》じたのが、「生も歓喜《かんき》、死も歓喜」という仏法の生《しょう》死観《じかん》であった。

ハービー・コックス学部長（当時）は「死に対する、今までとはまったく異《こと》なった観点を紹介《しょうかい》してくれた」と評価《ひょうか》してくださった。

「死」はすべての終わりではない。

「生」も、「死」も、永遠《えいえん》の生命の一側面《いちそくめん》である。妙法に根《ね》ざした生と死は、永遠常住《えいえんじょうじゅう》の大生命を舞台《ぶたい》としたドラマなのである。広布に戦《たたか》い抜《ぬ》けば、必《かなら》ず一生のうちに、絶対《ぜったい》の幸福境涯《きょうがい》を築《きず》き、固めていける。その人は、永遠に「生も歓喜《かんき》」「死も歓喜」という生命の軌道《きどう》を進んでいくことができる。

生まれてくる場所も、地球だとは限《かぎ》らない。この広い宇宙《うちゅう》には、生命が存在《そんざい》する惑星《わくせい》が数多《かずおお》くある――そう予測《よそく》する研究者は少なくない。

法華経には壮大《そうだい》な宇宙観《うちゅうかん》が展開《てんかい》され、衆生《しゅじょう》の住《じゅう》する国土が、数限《かずかぎ》りなく存在《そんざい》することが説《と》かれているが、それは最先端《さいせんたん》の天文学の知見《ちけん》とも一致《いっち》するのである。

善人《ぜんにん》ばかりの星もあれば、地球のように、ずるい人間がたくさんいる星もあるかもしれない。

朝から晩《ばん》まで、すばらしい音楽を聴《き》きながら、健康で、長生きして、ありとあらゆる喜びを感じながら暮《く》らしていける星もあるかもしれない。

わが心の作用《さよう》と、大宇宙《だいうちゅう》の作用とが合致《がっち》して、自分の望《のぞ》むとおりの姿《すがた》で、自分の望むとおりの場所に生まれてこられる〈法華経に「生《しょう》ぜんと欲《ほっ》する所《ところ》に自在《じざい》」〈法華経三六〇ジペー〉とある〉。

これが、仏法の真髄《しんずい》なのである。

戸田先生は、よく死を睡眠《すいみん》に譬《たと》えられていた。

ぐっすり眠《ねむ》って、翌朝、元気になって、はつらつと目覚《めざ》めるように、妙法を唱《とな》え抜《ぬ》いて亡《な》くなった方は、死という休息《きゅうそく》をとって、すぐに生まれて、広宣流布の陣列《じんれつ》に戻《もど》ってくる――と。

大聖人は、御書の中で、臨終《りんじゅう》について、繰《く》り返《かえ》し教えてくださっている。

「（妙法を唱《とな》える人の臨終《りんじゅう》は）何《なん》と喜《よろこ》ばしいことであろうか。一仏《いちぶつ》・二仏ではなく、また百仏・二百仏でなく、千仏までも来迎《らいごう》し、手を取ってくださるとは、歓喜《かんき》の涙《なみだ》をおさえがたい」（一三三七ジペー、通解）

「あなたの御臨終《ごりんじゅう》のさい、生死《しょうじ》の中間《ちゅうげん》（＝生から死へ移《うつ》る間《あいだ》）には、日蓮が必《かなら》ず迎《むか》えにまいるであろう」（一五五八ジペー、通解）

「生きておられた時は生《せい》の仏《ほとけ》、今は死の仏、生《しょう》死《じ》ともに仏です。即身成仏《そくしんじょうぶつ》という大事な法門は、

これなのです」（一五〇四ページ、通解）

世界の大文豪《だいぶんごう》や、大思想家の多くは、生命の永《えい》遠性《えんせい》を感じていた。仏法の生命観を志向《しこう》していたともいえよう。

ロシアの文豪《ぶんごう》トルストイも、そうであった。

トルストイは晩年《ばんねん》（一九〇七年、七十九歳の年）、ある書簡《しょかん》に、こうつづっている。

「生きることが喜《よろこ》ばしく、死ぬことも喜ばしいのです」（「書簡抄」除村吉太郎訳、『トルストイ全集21』所収、岩波書店）

大文豪《だいぶんごう》が、波瀾万丈《はらんばんじょう》の生涯《しょうがい》を戦《たたか》い抜《ぬ》いて、たどり着いた、不動《ふどう》の境地《きょうち》の一端《いったん》をしのばせる文章である。

思えば、トインビー博士も、仏法の生命観に深く共感されていた。

私たちは、人類最高峰《じんるいさいこうほう》の知性《ちせい》が求《もと》めた、最高峰の仏法を信じ、行《ぎょう》じ、教え、実践《じっせん》している。これ以上の人生はない。

【参考】

ハーバード大学記念講演《こうえん》

二十一世紀文明と大乗仏教《だいじょうぶっきょう》（抜粋）

（一九九三年九月二十四日）

ギリシャの哲人《てつじん》ヘラクレイトスは、「万物《ばんぶつ》は流《る》転《てん》する」（パンタ・レイ）との有名な言葉を残しました。

確《たし》かに、人間界であれ自然界であれ、すべては変化、変化の連続であり、一刻《いっこく》も同じ状態《じょうたい》にとどまっているものはない。どんなに堅牢《けんろう》そうな金石《きんせき》であっても、長いスパン（＝間隔《かんかく》）で見れば、歳月《さいげつ》による摩滅作用《まめつさよう》を免《まぬか》れることはできません。まして、人間社会の瞠目《どうもく》すべき変容《へんよう》ぶりは、「戦争と革《かく》命《めい》の世紀」といわれる二十世紀の末を生きる我々《われわれ》が、パノラマのように、等《ひと》しく眼前《がんぜん》にしているところであります。

仏教の眼《まなこ》は、この変化の実相《じっそう》を〝「諸行《しょぎょう》」（＝もろもろの現象《げんしょう》）は「無常《むじょう》」（＝常《つね》に変化している）である〟と捉《とら》えております。これを宇宙観《うちゅうかん》からいえば「成住壊空《じょうじゅうえくう》」、つまり一つの世界が成立し、流《る》転《てん》し、崩壊《ほうかい》し、そして次の成立に至《いた》ると説《と》いています。

また、これを人生観のうえから論《ろん》ずれば「生老《しょうろう》病死《びょうし》」の四苦《しく》、すなわち生まれ生きる苦しみ、老《お》いる苦しみ、病《や》む苦しみ、死ぬ苦しみという流転《るてん》を、誰人《たれびと》たりとも逃《のが》れることはできません。この四苦、なかんずく生あるものは必《かなら》ず死ぬという生《しょう》死《じ》、死の問題こそ、古来、あらゆる宗教や哲学《てつがく》が生まれる因《いん》となってきました。

釈尊《しゃくそん》の出家の動機となったとされる〝四門出《しもんしゅつ》遊《ゆう》〟のエピソードや、哲学《てつがく》を「死の学習」としたプラトンの言葉は、あまりにも有名《ゆうめい》であります し、日蓮大聖人も、「先臨終《まずりんじゅう》の事《こと》を習《なら》うて後《のち》に他《た》事《じ》を習うべし」（御書一四〇四ページ）と言われております。

私も、二十年前、このテーマを中心に、不世出《ふせいしゅつ》の歴史家トインビー博士と、何日《なんにち》にもわたり幅広《はばひろ》く論《ろん》じ合《あ》いました。

なぜ、人間にとって死がかくも重《おも》い意味をもつかといえば、何よりも死によって、人間は己《おの》が有《ゆう》限性《げんせい》に気づかされるからであります。どんなに無《む》限《げん》の「富《とみ》」や「権力《けんりょく》」を手にした人間であっても、いつかは死ぬという定《さだ》めからは、絶対《ぜったい》に逃《のが》れることはできません。この有限性を自覚し、死の恐怖《きょうふ》や不安を克服《こくふく》するために、人間は何《なん》らかの永遠性《えいえんせい》に参画《さんかく》し、動物的本能《どうぶつてきほんのう》の生き方を超《こ》えて、一個の人格《じんかく》となることができました。宗教が人類史とともに古いゆえんであります。

ところが「死を忘《わす》れた文明」といわれる近代《きんだい》は、この生死《しょうじ》という根本課題《こんぽんかだい》から目をそらし、死をもっぱら忌《い》むべきものとして、日陰者《ひかげもの》の位置《いち》に追《お》い込《こ》んでしまったのであります。近代人にとって死とは、単なる生の欠如《けつじょ》・空白状態《くうはくじょうたい》にすぎず、生が善《ぜん》であるなら死は悪、生が有で死が無、生が条理《じょうり》で死が不条理《ふじょうり》、生が明《めい》で死が暗《あん》、等々と、ことごとに死はマイナス・イメージを割《わ》り振《ふ》られてきました。

その結果《けっか》、現代人《げんだいじん》は死の側から手痛《ていた》いしっぺ返《がえ》しを受けているようであります。今世紀（＝二十世紀）が、ブレジンスキー博士の言う「メガ・デス（＝大量死）の世紀」となったことは、皮肉にも「死を忘《わす》れた文明」の帰結《きけつ》であったとはいえないでしょうか。

近年、脳死《のうし》や尊厳死《そんげんし》、ホスピス、葬儀《そうぎ》の在《あ》り方《かた》、また、キューブラー・ロス博士による「臨死医学《りんしいがく》」の研究などの関心の高まりは、等《ひと》しく死の意味の、のっぴきならない問《と》い直《なお》しを迫《せま》っているように思えてなりません。やっと現代文明《げんだいぶんめい》は、大きな思《おも》い違《ちが》いに気づこうとしているようです。

死は単なる生の欠如《けつじょ》ではなく、生と並《なら》んで、一つの全体を構成《こうせい》する不可欠《ふかけつ》の要素《ようそ》なのであります。その全体とは「生命」であり、生き方としての「文化」であります。ゆえに、死を排除《はいじょ》するのではなく、死を凝視《ぎょうし》し、正《ただ》しく位置づけていく生命観、生死観《しょうじかん》、文化観の確立《かくりつ》こそ、二十一世紀の最大の課題となってくると私は思います。

仏教では「法性《ほっしょう》の起滅《きめつ》」を説《と》きます。法性とは、現象《げんしょう》の奥《おく》にある生命のありのままの姿《すがた》をいいます。生死《しょうじ》など一切《いっさい》の事象《じしょう》は、その法性が縁《えん》に触《ふ》れて「起《き》」すなわち出現《しゅつげん》し、「滅《めつ》」すなわち消滅《しょうめつ》しながら、流転《るてん》を繰《く》り返《かえ》していくと説くのであります。

従《したが》って死とは、人間が睡眠《すいみん》によって明日《あす》への活《かつ》力《りょく》を蓄《たくわ》えるように、次なる生への充電期間《じゅうでんきかん》のようなものであって、決して忌《い》むべきではなく、生と同じく恵《めぐ》みであり、嘉《よみ》せらるべきことと説《と》くのであります。

ゆえに、大乗仏典《だいじょうぶってん》の精髄《せいずい》である法華経では、生《しょう》死《じ》の流転《るてん》しゆく人生の目的《もくてき》を「衆生所遊楽《しゅじょうしょゆらく》」（法華経四九一ページ）とし、信仰《しんこう》の透徹《とうてつ》したところ、生も喜《よろこ》びであり、死も喜び、生も遊楽であり、死も遊楽であると説《と》き明《あ》かしております。日蓮大聖人も「歓喜の中の大歓喜」（御書七八八ページ）と断言《だんげん》しておられる。

「戦争と革命《かくめい》の世紀」の悲劇《ひげき》は、人間の幸《こう》・不《ふ》幸《こう》の決定的要因《けっていてきよういん》が外形のみの変革《へんかく》にはないという教訓を明確《めいかく》に残しました。次なる世紀にあっては、従《したが》ってこうした生死観《しょうじかん》、生命観の内《うち》なる変革こそ第一義《だいいちぎ》となってくるであろうと私は確信《かくしん》しております。

10-6 生死《しょうじ》の大道《だいどう》を進む

仏法の目的《もくてき》は三世《さんぜ》にわたる崩《くず》れざる幸福境涯《きょうがい》の確立《かくりつ》であるがゆえに、今世《こんぜ》で仏界《かい》の境涯を固《かた》めることが大事であると呼《よ》び掛《か》けています。

池田先生の指針

「全国代表者会議」(一九九六年三月二十九日、東京)

仏法の出発は、「生」「老」「病」「死」の解決《かいけつ》にあった。

生と死は人生の根本問題《こんぽんもんだい》である。しかし多くの人々は、ここから目をそらして生きている。

御書には仰《おお》せである。

「涅槃経《ねはんぎょう》には『人の命が、この世《よ》にとどまらないことは山の水の流れ去るよりも、すみやかである。今日《きょう》、生きているとしても、明日《あす》の命は保《たも》ちがたい』と説《と》かれている。摩耶経《まやきょう》には『たとえば旃陀羅《せんだら》が羊を追い立てて、(羊が)殺される場に行きつくように、人の命もまた、このように一歩《いっぽ》一歩と死地《しち》に近づいているのである』と。

法華経(譬喩品《ひゆほん》)には『人の住《じゅう》するこの三界《さんがい》は、安泰《あんたい》ではない。火につつまれた家のようである。もろもろの苦悩《くのう》が充満《じゅうまん》して、はなはだ恐《おそ》るべき世界である』等と説《と》かれている。

これらの経文《きょうもん》は、われらの慈父《じふ》である大覚世尊《だいかくせそん》(=釈尊《しゃくそん》)が末代《まつだい》の凡夫《ぼんぷ》を諌《いさ》められ、幼子《おさなご》(=衆生《しゅじょう》)を目覚《めざ》めさせようとされた経文である。

しかしながら、少しも目覚《めざ》める心がなく、道を求《もと》める心を一瞬《いっしゅん》も起こさない。死んで野辺《のべ》に捨《す》てられたならば一夜のうちに裸《はだか》になってしまう身を飾《かざ》るために、時間をかけて、美しい衣服《いふく》を重《かさ》ね着《き》ようと励《はげ》んでいる。命が終われば三日の内に水となって流れ、塵《ちり》となって大地にまじり、煙《けむり》となって天に昇《のぼ》り、あとかたもなく見えなくなってしまう身を養《やしな》おうとして、多くの財産《ざいさん》を蓄《たくわ》えている」（一三八八ジペー、通解）

今もまた、このとおりの姿《すがた》であろう。ますます、ひどくなっているかもしれない。生死《しょうじ》という根本問題《こんぽんもんだい》を避《さ》けて、いかに繁栄《はんえい》したとしても、それは、根なし草であり、砂上《さじょう》の楼閣《ろうかく》である。

「無常《むじょう》の人生」――しかし、ただ無常を自覚しただけでは、しかたがない。世《よ》をはかなんでも価《か》値《ち》はない。

問題は、この「無常《むじょう》の人生」で、どう「永遠《えいえん》の価値《かち》」を創《つく》っていくかということである。それができるというのが法華経である。

日蓮大聖人は、法華経を行《ぎょう》ずる人間の生死《しょうじ》を、簡潔《かんけつ》に、こう教えられている。

「自身法性《じしんほっしょう》の大地《だいち》を生死生死《しょうじ》と転《め》ぐり行《ゆ》くなり」（御書七二四ジペー）と。

すなわち妙法を信仰《しんこう》した者は、法性《ほっしょう》の大地《だいち》、仏《ぶっ》界《かい》の大地の上を、「生」の時も、「死」の時も悠々《ゆうゆう》と前進していく。大白牛車《だいびゃくごしゃ》という壮麗《そうれい》な最高の車に乗《の》って、自在《じざい》に進むのである。

「仏界《ぶっかい》の大地《だいち》」とは、絶対《ぜったい》に崩《くず》れない幸福境涯《きょうがい》のことである。大地のごとく盤石《ばんじゃく》に固めに固めた自分自身の成仏《じょうぶつ》の境涯である。

その境涯《きょうがい》を固めたら、三世永遠《さんぜえいえん》に続く。だから「今世《こんぜ》で頑張《がんば》りなさい」というのである。

自分自身が「法性《ほっしょう》の大地《だいち》」の上を、「生も歓喜《かんき》」

「死も歓喜」と前進する。これが「生死《しょうじ》生死と転《め》ぐり行《ゆ》くなり」である。進むのは「自身の大地」の上である。「他人の大地」で進むわけにはいかない。幸福は絶対《ぜったい》に、自分自身で築《きず》くものである。人から与《あた》えられるものではない。人から与えられたものは崩《くず》れてしまう。

親に頼《たよ》っても、いつか親はいなくなる。夫《おっと》に頼っても、いつ夫が先立《さきだ》つかわからない。また時代の変化で、いつどうなるかわからない。五十年前の戦争（第二次世界大戦）の前後にも無数の悲劇《ひげき》があった。

本当の幸福は、自分自身の力《ちから》、自分自身の智慧《ちえ》、自分自身の福運《ふくうん》、これが根本《こんぽん》である。それを固めるための信心であり、自分自身が強くなるための学会活動である。それが「自身法性《じしんほっしょう》の大地《だいち》を」と説《と》かれた意義《いぎ》である。

「いかなる処《ところ》にて遊《あそ》びたはぶるとも・つつが《恙》あるべからず遊行《ゆぎょう》して畏《おそ》れ無《な》きこと師子王《ししおう》の如《ごと》くなるべし」（御書一一二四㌻）——いかなるところで遊びたわむれても何《なん》の障害《しょうがい》もないであろう。どこに遊びに行こうとも恐《おそ》れがないことは、師子王のごとくなるであろう——。

必《かなら》ず、この御文のようになる。三世永遠《さんぜえいえん》になる。そのための信仰《しんこう》である。

「自身の大地《だいち》」を永遠《えいえん》に進むのである。

死んで「天国」へ行くのでもなく「地の底《そこ》」へ行くのでもない。同じ「大地《だいち》」の上で、また「生死《しょうじ》」「生死」と使命のドラマを演《えん》じる。三世《さんぜ》の果《は》てまで、「広宣流布」の黄金《おうごん》の大道《だいどう》を進むのである。

「わが仏界《ぶっかい》の大地《だいち》の上を、生も歓喜《かんき》、死も歓喜と進め！」「その大地を固めよ！」——これが日蓮大聖人の仏法の深遠《しんえん》な生死観《しょうじかん》である。

10-7 身近《みぢか》な人の死と向き合う

弟子の南条時光《なんじょうときみつ》と、その母に対する日蓮大聖人の励《はげ》ましなどを拝《はい》して、「愛別《あいべつ》離苦《りく》」の苦悩《くのう》を包《つつ》み込《こ》む仏法の英知を語っています。

池田先生の指針

「第二総東京代表協議会」
（二〇〇六年二月二十日、東京）

人間の本来的《ほんらいてき》な「生老病死《しょうろうびょうし》」の苦悩《くのう》をどうすれば乗《の》り越《こ》えていけるか。

そこに確《たし》かな解決《かいけつ》の光を当てたのが仏法の英知である。

「愛別離苦《あいべつりく》」——愛する人との別れもまた、誰《たれ》人《びと》たりとも避《さ》けられない。その点についても仏法は明快《めいかい》な示唆《しさ》を与《あた》えている。

南条時光《なんじょうときみつ》の父は、時光が七歳のときに、若《わか》くして病気で亡《な》くなった。圧迫《あっぱく》を恐《おそ》れず、大聖人に帰《き》依《え》し、一家の宿命転換《しゅくめいてんかん》の道を厳然《げんぜん》と開いた父であった。

大聖人は、時光《ときみつ》の母にあてて、「（亡《な》くなられた夫君《ふくん》は）生きておられたときは生の仏《ほとけ》、今は死の仏です。生死《しょうじ》ともに仏です」（御書一五〇四ページ、通解）と仰《おお》せになられた。

生命は永遠《えいえん》である。妙法に生《い》き抜《ぬ》く生命は、必《かなら》ず必ず、「生も仏《ほとけ》」「死も仏」である。ゆえに、「生も歓喜《かんき》」「死も歓喜」の大境涯《だいきょうがい》を、悠々《ゆうゆう》と堂々と進んでいくことができるのである。

夫《おっと》の心を継《つ》いで、時光《ときみつ》の母は、強盛《ごうじょう》な信心を貫《つらぬ》き、時光ら子どもたちを立派《りっぱ》な後継者《こうけいしゃ》へと育てあげていった。子どもたちも、父から学んだ信心を毅然《きぜん》と受け継いでいった。

その時光《ときみつ》も、当然《とうぜん》、「自分は早くに父を失い、いろいろ教えてもらうことができなかった」との無念《むねん》な思いも抱《いだ》いていたようだ。

その時光《ときみつ》の心を深く知っておられた大聖人は、こう励《はげ》ましておられる。

「この経《きょう》を受持《じゅじ》する人々は、他人であっても同じく霊山《りょうぜん》にまいられて、また会うことができるのです。まして、亡《な》くなられたお父さまも、あなたも、同じく法華経を信じておられるので、必《かなら》ず同じところにお生まれになるでしょう」（御書一五〇八ジペー、通解）と、お約束《やくそく》なされているのである。

妙法で結《むす》ばれた縁《えにし》は永遠《えいえん》である。いわんや、妙法に生きる家族は、同じところに生まれ合わせていくことができる。それが、不可思議《ふかしぎ》なる妙法の力用《りきゆう》なのである。

大聖人の門下には、立派《りっぱ》な最愛《さいあい》の息子《むすこ》に先立《さきだ》たれたことが発心《ほっしん》のきっかけとなって、両親ともに妙法への信仰《しんこう》を深めていった家族もいた。

この両親は、真剣に妙法を行《ぎょう》じ、真心込《まごころこ》めて大聖人にお仕《つか》えしていった。

大聖人は、その信心を讃《たた》えられ、こう仰《おお》せになられている。

「（あなた方の信心のすばらしさは）ただごとではありません。ひとえに釈迦仏《しゃかぶつ》が、あなた方の身《み》に入《い》り替《か》わられたのでしょうか。また、亡《な》くなられたご子息《しそく》が仏《ほとけ》になられて、父母を仏道《ぶつどう》に導《みちび》くために、あなた方の心に入り替わられたのでしょうか」（御書一三九七ジペー、通解）

「あなた方に、もしものことがあるならば、暗《くら》い闇夜《やみよ》に月が出るように、妙法蓮華経の五字が月となって現《あらわ》れ、あなた方の行く手を照《て》らすでしょう。そして、その月のなかには、釈迦仏《しゃかぶつ》・十方《じっぽう》の諸仏《しょぶつ》はもとより、先立《さきだ》たれたご子息《しそく》も現れて、あなた方を導《みちび》いていかれることを確信《かくしん》してください」（御書一三九七㌻、通解）

妙法に結《むす》ばれた生命は、生死《しょうじ》を超《こ》えて、ともどもに、たがいに、励《はげ》まし合い、護《まも》り合い、導《みちび》き合って、絶対《ぜったい》の幸福と勝利の軌道《きどう》を進んでいくのである。

妙法の世界には悲嘆《ひたん》もなければ、悲観《ひかん》もない。妙法を行《ぎょう》ずる家族は、何があっても「常楽我浄《じょうらくがじょう》」の月光に包《つつ》まれていく。そして、その足跡《そくせき》が、あとに続く人々に、計《はか》り知《し》れない希望と勇気を送っていくのである。

10-8 自身の成仏《じょうぶつ》が故人《こじん》の成仏に

御聖訓《ごせいくん》を拝《はい》し、自《みずか》ら成仏《じょうぶつ》を目指《めざ》して行動していくことが、故人《こじん》への真《しん》の追善《ついぜん》となっていくという法理《ほうり》を語っています。

池田先生の指針

「春季彼岸勤行法要」（二〇〇六年三月二十一日、東京）

日蓮大聖人は、「御義口伝《おんぎくでん》」に仰《おお》せである。

「今、日蓮とその弟子たちが、亡《な》くなられた聖《しょう》霊《りょう》を追善《ついぜん》し、法華経を読誦《どくじゅ》し、南無妙法蓮華経と唱《とな》えるとき、題目の光が無間地獄《むけんじごく》にまで至《いた》って、即身成仏《そくしんじょうぶつ》させる。回向《えこう》の文《もん》は、ここから事起《ことお》こる

のである」（御書七一二ページ、通解）

題目の力《ちから》は、計《はか》り知《し》れないほど大きい。私たちが唱《とな》える題目の〝光明《こうみょう》〟は、全宇宙《ぜんうちゅう》のすみずみにまで届《とど》き、無間地獄《むけんじごく》の境涯《きょうがい》で苦しむ衆生《しゅじょう》をも照《て》らし、即身成仏《そくしんじょうぶつ》させていくのである。

「さじき女房御返事《桟敷にょうぼうごへんじ》」には、「この功徳《くどく》は、あなたの父母や祖父母《そふぼ》、さらに無量無辺《むりょうむへん》の衆生《しゅじょう》にも及《およ》んでいくでしょう」（御書一二三一ページ、通解）と仰《おお》せである。

広布に生きる信心の偉大《いだい》な功徳《くどく》は、亡《な》くなった人や、子孫末代《しそんまつだい》にまでも伝わっていく。

真《しん》の追善《ついぜん》は、妙法によるしかない。妙法の功力《くりき》は、今世だけでなく、三世にわたって人々を救《すく》いきっていくからである。

日蓮大聖人の門下に、浄蓮房《じょうれんぼう》という人がいる。その父親は、念仏《ねんぶつ》の信仰者《しんこうしゃ》として亡《な》くなった。この浄蓮房に対して、大聖人は、「父母の遺《のこ》した体《からだ》は子の色心《しきしん》である。今、浄蓮上人《じょうれんしょうにん》が法華経を持《たも》たれた功徳《くどく》は慈父《じふ》の功徳となる」（御書一四三四ページ、通解）と仰《おお》せである。

信心をしなかった親であっても、子である自分が妙法を受持《じゅじ》すれば、その功徳《くどく》は親の功徳ともなる。

私たちが、今こうやって生きているのは父母のおかげである。この体《からだ》は、父母から授《さず》かったものである。自分自身の成仏《じょうぶつ》は、父母の成仏につながっていくのだ。

過去《かこ》がどうかではない。「今」で決まる。先祖《せんぞ》がどうかではない。「自分」がどうかで決まる。

目覚《めざ》めた「一人」が、太陽となって、一家、一族を妙法の光で照《て》らしていけばよいのである。

「自身が仏《ほとけ》に成《な》らなくては、父母さえ救《すく》うことはむずかしい。ましてや、他人を救うことなどできない」(御書一四二九ジペー、通解)との御聖訓《ごせいくん》を深く銘記《めいき》したい。

10-9 妙法で結《むす》ばれた縁は永遠《えいえん》

「大好きだった祖母《そぼ》が亡《な》くなりました。いつか、また会えるでしょうか」という高等部員の率直《そっちょく》な質問《しつもん》に対して答え、温かな励《はげ》ましを送っています。

池田先生の指針

『青春対話』

「会える」と日蓮大聖人は言われている。たとえば、子どもを亡《な》くしたお母《かあ》さんに対して、優《やさ》しく、こう言われている。

「(子どもさんに)やすやすと、お会いになれる方法がありますよ。釈迦仏《しゃかぶつ》に導《みちび》かれて、霊山浄土《りょうぜんじょうど》へ詣《もう》でて、お会いなさい」

「南無妙法蓮華経と唱《とな》える女性《じょせい》が、愛《いと》しく思う子どもに会えないということは絶対《ぜったい》にないと（法華経に）説《と》かれています」（御書一五七六ページ、通解）

霊山浄土《りょうぜんじょうど》で会うということは、〝亡《な》くなった子どもも成仏《じょうぶつ》していますよ。あなたも仏《ほとけ》になれるのだから、同じ仏界《ぶっかい》の世界で一緒《いっしょ》になれるんだよ〟ということでしょう。

それは宇宙《うちゅう》に溶《と》け込《こ》んだ生命が、相手との一体感《いったいかん》を感じるとも言えるし、宇宙の他の仏国土《ぶっこくど》で会えるとも言える。

この前、「宇宙全体《うちゅうぜんたい》の銀河《ぎんが》の数は、約一千二百五十億個」という研究が発表されていた。（一九九九年、アメリカ天文学会で。NASA〈アメリカ航空宇宙局〉のハッブル宇宙望遠鏡の観測をもとにしたもの）

それでも仏法の宇宙観《うちゅうかん》から見れば、まだまだ大きいとは言えない。

勤行で読んでいる法華経寿量品《じゅりょうほん》では、もっともっと広大《こうだい》な宇宙像《うちゅうぞう》が説《と》かれている。実質的《じっしつてき》に「無《む》限《げん》」を表現《ひょうげん》しようとしているとしか思えない、すごさです。

生命体が住んでいる惑星《わくせい》だって、地球だけではない。数限《かずかぎ》りなくある。

そのなかの「仏国土《ぶっこくど》」に、また一緒《いっしょ》に生まれる場合もあるでしょう。また、地球をはじめ、「まだ広宣流布している途中《とちゅう》の星」に一緒に生まれて、悩《なや》んでいる人々をともに救《すく》っていく場合もあるでしょう。全部、自分の自由自在《じゆうじざい》になるのだというのが、法華経の教えです。

生命は永遠《えいえん》です。だから、「死別《しべつ》した」と言っても、ちょっと遠くへ行っただけとも言える。外国へ行って、しばらく会えないみたいなものです。戸田先生も若《わか》いころ、子どもさんを亡《な》くしたのです。こう言われていた。

「私は、年二十三で『ヤスヨ』という子どもをなくしました。女の子であります。一晩《ひとばん》、私は死んだ子を抱《だ》いておりました。そのころ、まだ御本尊様を拝《おが》みませんから、もう悲しくて、抱いて寝《ね》ていました。

そして別れて、私はいま、五十八歳です。彼女《かのじょ》がおれば、当時三歳でありましたから、そうとうりっぱな婦人《ふじん》となっていることと思いますけれども、今世《こんぜ》で会ったといえるか、いえないか……。それは信心の感得《かんとく》の問題です。

私はその子に会っております。今生《こんじょう》で会うというのも、来世《らいせ》で会うというのも、それは信心の問題です」(『戸田城聖全集2』)

これは、子どもを早く亡《な》くした人への励《はげ》ましとして話されたのです。「今世《こんぜ》で、あの子と、また親子の縁《えん》が結《むす》べますか」という質問《しつもん》に答えての言葉です。

戸田先生は、娘《むすめ》さんの後、奥《おく》さんも亡《な》くされた。子どもや奥さんに先立《さきだ》たれて、苦しみ抜《ぬ》いたが、そうやって、ありとあらゆることで苦しんだからこそ、今、大勢《おおぜい》の人を励《はげ》ませるのだ、大衆《たいしゅう》のリーダーとして、人の心がわかる人間になれたのだと言っておられた。

全部、意味があるのです。その時は悲しくて、苦しんで、やりきれなくても、負けないで生《い》き抜《ぬ》いていけば、あとから「ああ、こういう意味があったんだ」とわかります。それが信心の力《ちから》です。また、それが人生の真髄《しんずい》です。

10-10 不慮《ふりょ》の死をどう受け止めるか

小説『新・人間革命』には、ある地方の中心幹部が交通事故《こうつうじこ》で亡《な》くなった際《さい》、山本伸一会長が駆《か》け付《つ》けて皆《みな》を励《はげ》まし、仏法の深き生死観《しょうじかん》を語る場面が綴《つづ》られています。

池田先生の指針

『新・人間革命10』（「言論城」の章）

御書の随所《ずいしょ》で、日蓮大聖人は、「三障四魔《さんしょうしま》」について説《と》かれているが、そのなかに「死魔《しま》」とある。仏法に精進《しょうじん》する人が死ぬことによって、信心への疑《うたが》いと迷《まよ》いを生じさせることなどをいうのである。

人には宿業《しゅくごう》があるが、凡夫《ぼんぷ》には、その宿業の深さはわからない。たとえ、若《わか》くして亡《な》くなったとしても、信心を貫《つらぬ》いた人は、宿業を「転重軽受《てんじゅうきょうじゅ》」（重《おも》きを転じて軽《かる》く受《う》く）しての死なのである。

ともあれ、真《しん》の信仰者《しんこうしゃ》として広宣流布に邁進《まいしん》している人は、いかなるかたちで命を終《お》えようとも、成仏《じょうぶつ》は間違《まちが》いない。

初期の仏典《ぶってん》には、次のような話がある。

――摩訶男《まかなん》（マハーナーマ）という、在家《ざいけ》の信者がいた。彼《かれ》は、もし、街《まち》の雑踏《ざっとう》のなかで、三宝《さんぽう》への念《ねん》を忘《わす》れている時に、災難《さいなん》に遭《あ》って命を失うならば、自分はどこで、いかなる生を受けるのかと、仏陀《ぶっだ》に尋《たず》ねる。

すると、仏陀《ぶっだ》は言う。

「摩訶男《まかなん》よ、たとえば、一本の樹木《じゅもく》があるとする。その樹《き》は、東を向き、東に傾《かたむ》き、東に伸《の》びているとする。もしも、その根を断《た》つならば、樹木は、いずれの方向に倒《たお》れるであろうか」

摩訶男《まかなん》は答えた。

「その樹木《じゅもく》が傾《かたむ》き、伸《の》びている方向です」

仏陀《ぶっだ》は、仏法に帰依《きえ》し、修行《しゅぎょう》に励《はげ》んでいるものは、たとえ、事故《じこ》等で不慮《ふりょ》の死を遂《と》げたとしても、法の流れに預《あず》かり、善処《ぜんしょ》に生まれることを教えたのである。


伸一は、石崎《いしざき》の死について語っていった。

「石崎《いしざき》さんが事故《じこ》で亡《な》くなられたことから、信心をしているのに、どうして、ああいう事故に遭《あ》ってしまったのかと、思われた方もいることでしょう。


生命の深い因果《いんが》というものは、宿命《しゅくめい》というものは、まことに厳《きび》しい。それゆえに、信心をしていても、さまざまな死があります。

牧口先生のように、獄中《ごくちゅう》で亡《な》くなられ、殉教《じゅんきょう》されることもあります。病気や事故《じこ》で、若《わか》くして亡くなることもあるでしょう。

しかし、信心の眼《まなこ》をもって見るならば、そこには、深い、深い、意味がある。

広宣流布に生き抜《ぬ》いてきた人は、地涌《じゆ》の菩薩《ぼさつ》です。仏《ほとけ》の眷属《けんぞく》です。

生命は永遠《えいえん》であり、妙法の原理のうえから、その地涌《じゆ》の菩薩《ぼさつ》が、仏《ほとけ》の眷属《けんぞく》が、救《すく》われないわけがないではありませんか！

後《あと》に残ったご家族も、必《かなら》ず守られます。

信心を貫《つらぬ》いていくならば、広布のために献身《けんしん》されたご主人の、福運《ふくうん》、功徳《くどく》をも身《み》に受け、誰《だれ》よりも幸福になれることは、絶対《ぜったい》に間違《まちが》いないと、私は宣言《せんげん》しておきます」

伸一の大確信《だいかくしん》に触《ふ》れ、皆《みな》の心を覆《おお》っていた、迷《まよ》いの暗雲《あんうん》は晴《は》れ、胸中《きょうちゅう》に、希望《きぼう》の太陽が昇《のぼ》り始めた。

「ご主人がいないから不幸《ふこう》とは限《かぎ》らない。また、栄誉栄達《えいよえいたつ》も、財産《ざいさん》も、決して、幸福を保《ほ》証《しょう》するものではありません。

真実《しんじつ》の幸福、絶対的《ぜったいてき》幸福とは、信心によって、自身が妙法の当体《とうたい》であることを自覚し、人間革命し、仏《ほとけ》の大生命を涌現《ゆげん》していく以外にない。

人は、生まれる時も、死んでいく時も一人である。三世《さんぜ》にわたって自分を守ることができる力《ちから》は、妙法しかありません。

懸命《けんめい》に、広布に走《はし》り抜《ぬ》くならば、三世十方《さんぜじっぽう》の仏《ぶつ》菩薩《ぼさつ》が擁護《ようご》してくれます。したがって、何があっても、何を言われようが、いかに苛《いじ》められようが、絶対《ぜったい》に、紛動《ふんどう》されるようなことがあってはならない。もし、臆病《おくびょう》になり、信心から離《はな》れていくならば、結局《けっきょく》は惨《みじ》めです。

生命は永遠《えいえん》ですが、一生は瞬《また》く間《ま》に終わってしまいます。この世《よ》の使命を自覚し、広布に走り、大福運《だいふくうん》を積《つ》みきっていただきたいんです」

10-11 成仏《じょうぶつ》の証《あか》しは明確《めいかく》に現《あらわ》れる

御聖訓《ごせいくん》を拝《はい》し、信心を根本《こんぽん》に悔《く》いなく生ききった人の臨終《りんじゅう》について語っています。

池田先生の指針

「随筆　新・人間革命」

（「仏法の生死観」、『池田大作全集131』）

かつて私は、フランスの青年たちと共《とも》に、ロワールの地を歩き、レオナルド・ダ・ビンチが生涯《しょうがい》を終えた館《やかた》を訪《おとず》れたことがある。

このルネサンスの巨人《きょじん》が最期《さいご》を迎《むか》えたという寝《しん》室《しつ》には、彼《かれ》の言葉が銅板《どうばん》に刻《きざ》まれていた。

「充実《じゅうじつ》した生命は　長い
充実《じゅうじつ》した日々は　いい眠《ねむ》りを与《あた》える
充実《じゅうじつ》した生命は　静寂《せいじゃく》な死を与《あた》える」

よき一生を悔《く》いなく生ききった人に、死の恐怖《きょうふ》はない。

なかんずく、宇宙《うちゅう》と生命を貫《つらぬ》く永遠《えいえん》の法則《ほうそく》に則《のっと》りながら、人びとのため、正義《せいぎ》のために、戦い進んだ人生が、いかに歓《よろこ》びの山頂《さんちょう》へと到達《とうたつ》していくか。

日蓮大聖人は、仰《おお》せである。

「退転《たいてん》なく修行《しゅぎょう》して、最後、臨終《りんじゅう》の時を待ってご覧《らん》なさい。妙覚《みょうかく》の山に走り登《のぼ》って、四方《しほう》をきっと見るならば、なんとすばらしいことであろうか。法界《ほうかい》は皆《みな》、寂光土《じゃっこうど》であり、瑠璃《るり》をもって地面とし、黄金《おうごん》の縄《なわ》をもって八つの道を仕切《しき》っている。天から四種類の花が降《ふ》ってきて、空には音楽が聞こえ、諸《しょ》仏菩薩《ぶつぼさつ》は常楽我浄《じょうらくがじょう》の風にそよめき、心から楽しんでおられるのである。

我《われ》らも、そのなかに列《つら》なって遊《あそ》び戯《たわむ》れ、楽しむべき時が、間近《まぢか》になっている」（御書一三八六ジペー、通解）と。

これが、宇宙《うちゅう》に律動《りつどう》する仏界《ぶっかい》・菩薩界《ぼさつかい》という「歓喜《かんき》の中の大歓喜」の生命の次元《じげん》である。

大聖人の御在世《ございせ》、広宣流布に不滅《ふめつ》の功労《こうろう》を残した南条家《なんじょうけ》では、時光《ときみつ》の一番下の弟・七郎五郎《しちろうごろう》が、十六歳の若《わか》さで急逝《きゅうせい》した。

心根《こころね》も容姿《ようし》も、それはそれは爽《さわ》やかな、大聖人も将来《しょうらい》を嘱望《しょくぼう》されていた青年であった。

母にとっては、夫《おっと》に先立《さきだ》たれた時、お腹《なか》にいた最愛《さいあい》の子である。

大聖人は、その突然《とつぜん》の死を、深く深く嘆《なげ》かれ、悼《いた》まれながら、成仏《じょうぶつ》は絶対《ぜったい》に疑《うたが》いないことを、何度も何度も断言《だんげん》なされている。

ある追伸《ついしん》では、「（亡《な》き七郎五郎《しちろうごろう》は）釈迦仏《しゃかぶつ》・法華経に身《み》を入《い》れて候《そうら》いしかば臨終《りんじゅう》・目出《めで》たく候いけり」（御書一五六八ジペー）と。

たとえ若過《わかす》ぎる死や、不慮《ふりょ》の死のように見えても、成仏《じょうぶつ》の証《あか》しは明確《めいかく》に現《あらわ》れる。

端的《たんてき》に言えば、多くの人びとによって、心から惜《お》しまれる姿《すがた》である。

そして、残された家族が護《まも》られ、栄《さか》えていく姿《すがた》である。

家族が強く強く生《い》き抜《ぬ》いていく時、その胸《むね》の中に、亡《な》き人は厳然《げんぜん》と生き続けていく。

大聖人は、励《はげ》ましておられる。

「乞《こ》い願《ねが》うところは、悲母《ひも》がわが子を恋《こい》しく思われるならば、南無妙法蓮華経と唱《とな》えられて、亡《な》き夫君《ふくん》と御子息《ごしそく》と同じ所に生まれようと願《ねが》っていきなさい。
一つの種《たね》は一つの種であり、別《べつ》の種は別の種です。同じ妙法蓮華経の種を心に孕《はら》まれるならば、同じ妙法蓮華経の国へ生まれられるでしょう。
父と母と子の三人が顔を合わせられる時、そのお悦《よろこ》びはいかばかりで、いかに嬉《うれ》しく思われることでしょう」（御書一五七〇ジペー、通解）
深遠《しんえん》な法理の上に、おとぎのようなロマンの幸福の世界が広がりゆくのが、仏法である。

⑩-12 生死《しょうじ》の苦悩《くのう》を転《てん》ずるために

生死《しょうじ》の苦悩《くのう》を乗《の》り越《こ》え、永遠《えいえん》の幸福境涯《きょうがい》を開くために、今世《こんぜ》で「心の財《たから》」を積《つ》みゆく仏道修行《ぶつどうしゅぎょう》の大切さを語っています。

池田先生の指針

「沖縄青年部代表者研修会」
（一九八八年二月十九日、沖縄）

仏教の説話《せつわ》に、こんな話がある。
あるとき、釈尊《しゃくそん》のもとに、遠方《えんぽう》からやってきた七人のバラモンの長老の修行者《しゅぎょうしゃ》がいた。彼《かれ》らは一つの房《ぼう》に同居《どうきょ》していた。ところが、彼らはせっかく釈尊のもとに仏道《ぶつどう》を求《もと》めてきながら、毎日、房に集まっては世間話《せけんばなし》に明《あ》け暮《く》れ、笑《わら》い興《きょう》じながら、その日その日を送っていた。

そこで釈尊《しゃくそん》は、七人の修行者《しゅぎょうしゃ》を訪《たず》ねて説《と》いた。

「生きとし生けるすべての人は、五事《ごじ》をたのんで、自《みずか》ら満足《まんぞく》している。五事とは、一には年の若《わか》いことを望《のぞ》み、二には容姿《ようし》が端正《たんせい》であること、三には力《ちから》が十分《じゅうぶん》にあること、四には財産《ざいさん》が豊《ゆた》かであること、五には社会的な身分が高いことを願《ねが》う。

しかし、これらは何《なん》のたのみになろうか。あなたたち七人は、毎日、つまらぬ世間話《せけんばなし》をして笑《わら》い暮《く》らしているが、いったい何をもって安住《あんじゅう》していられるのか」

そして釈尊《しゃくそん》はさらに、人生は無常迅速《むじょうじんそく》であること、人生には生老病死《しょうろうびょうし》の「四苦《しく》」があることを説《と》いて教えた。これを聞いて、七人の修行者《しゅぎょうしゃ》たちは、初めて自分たちはここで何をすべきかを知り、心を改《あらた》めて、修行に励《はげ》むようになったという。

（法句譬喩経）

「お前たちは何をたのみに生きるのか」――これが釈尊《しゃくそん》の問いであった。

この人生を何を糧《かて》として生きるのか。

日蓮大聖人は「蔵《くら》の財《たから》」「身《み》の財」「心の財」という三つの〝人生の宝《たから》〟を示《しめ》されている。（御書一一七三ページ）

この説話の中の「五事《ごじ》」とは、いわゆる「蔵《くら》の財《たから》」「身《み》の財」にあたるといえよう。

財産《ざいさん》はいうまでもなく「蔵《くら》の財《たから》」である。若《わか》さ、容姿《ようし》、健康や能力《のうりょく》などの力《ちから》、地位・身分や名声は「身《み》の財」である。

いずれも人生と生活上の価値《かち》であり、それらを求《もと》めることは一面、当然《とうぜん》のことともいえるかもしれない。しかし問題は、それらがはたして人生の真実の〝宝《たから》〟であり、永遠《えいえん》の〝糧《かて》〟であるかどうかである。

具体例をあげるまでもない。財産《ざいさん》があるために、ねらわれたり、殺されたりする人もいる。美しいために妬《ねた》まれ、また陥《おとしい》れられる女性《じょせい》も少なくない。

名声や力《ちから》があるがゆえに心おごり、人生をあやまる人、地位が高いために、権力《けんりょく》の魔性《ましょう》に心破《こころやぶ》られてしまう人等々、私どももよく目にするところである。こうしたなかには、何ひとつ永遠《えいえん》に続く〝宝《たから》〟はない。

とすれば、「蔵《くら》の財《たから》」「身《み》の財」は、決して真実の幸福をあたえてくれる〝人生の糧《かて》〟とはいえない。少なくとも、それらのみでは、人は本当の満《まん》足《ぞく》の人生を生きることはできない。

人は何《なん》で生きるか。大聖人は「心の財《たから》第一なり」（御書一一七三ジベー）と端的《たんてき》に教えてくださっている。

この「心の財《たから》」とは「信心」である。「信心」こそ人生の永遠《えいえん》の〝宝《たから》〟であり〝糧《かて》〟である。「信心」には、無量《むりょう》の功徳《くどく》、無辺《むへん》の福運《ふくうん》が含《ふく》まれている。国土《こくど》をも変革《へんかく》しゆく宇宙大《うちゅうだい》の力用《りきゆう》が秘《ひ》められている。つきぬ歓喜《かんき》と、絶大《ぜつだい》なる智慧《ちえ》と慈《じ》悲《ひ》との源泉《げんせん》であり、「蔵《くら》の財《たから》」「身《み》の財」をもすべて永遠《えいえん》の幸福へと生かしきっていけるのである。諸君《しょくん》はすでに、この最高の〝人生の糧《かて》〟をもっている。あとは、その無限《むげん》の力《ちから》をどう引きだすかである。

人生は、はやい。逡巡《しゅんじゅん》したり、愚痴《ぐち》や他者への批判《ひはん》にいたずらに時を過《す》ごし、また、自《みずか》らの怠惰《たいだ》に負けてしまったりしているうちに、あっという間《ま》に青春は過ぎ去《さ》ってしまう。

大切な一日一日である。

諸君《しょくん》は現実《げんじつ》のまっただなかで、たくましく生《い》き抜《ぬ》きながら、同時に〝大宇宙《だいうちゅう》〟を仰《あお》ぎ、〝永遠《えいえん》〟に思いをはせる広々とした境涯《きょうがい》で、一日が千年にも千劫《せんこう》にも通じるような、充実《じゅうじつ》の青春と人生を送っていただきたい。

第二部　人間革命の実践《じっせん》

第十一章　人間革命とは何か

11-1 『人間革命』『新・人間革命』の主題《しゅだい》

「人間革命」――この端的《たんてき》な表現《ひょうげん》の中に、池田先生の思想と哲学《てつがく》が凝縮《ぎょうしゅく》されているといえます。

第二部「人間革命の実践《じっせん》」の冒頭《ぼうとう》の本章は、人間革命とは何かをさまざまに示《しめ》した内容《ないよう》を紹介《しょうかい》します。そして、次章からは、人間革命の人生を生きるための具体的な指針《ししん》等を収録《しゅうろく》します。

池田先生の指針

「長野県総会」（一九九四年八月六日、長野）

きょう八月六日は、広島の「原爆《げんばく》の日」である。昨年《さくねん》（一九九三年）のこの日、私は、ここ長野研修道場で、小説『新・人間革命』の執筆《しっぴつ》を開始した。

「一人の人間における偉大《いだい》な人間革命は、やがて一国の宿命《しゅくめい》の転換《てんかん》をも成《な》し遂《と》げ、さらに全人類の宿命の転換をも可能《かのう》にする」――これが、この小説の主題《しゅだい》である。

これは、仏法の「一念三千《いちねんさんぜん》」の法理《ほうり》を、現代的《げんだいてき》に表現したものであるともいえる。

わが一念《いちねん》の変革《へんかく》が、五陰世間《ごおんせけん》の五陰を変え、衆《しゅ》生《じょう》世間の衆生を、ひいては国土《こくど》世間の国土をも変革していくのである。

つまり、一念《いちねん》の変革《へんかく》が、まず、わが生命を変えていく。健康で、力強《ちからづよ》く、無限《むげん》の知恵《ちえ》を発揮《はっき》していく。

その、変革《へんかく》された生命は、周囲の人々をも幸福の方向へと導《みちび》いていく。さらには、社会、自然をも変えていく。豊《ゆた》かで平和な楽土《らくど》へと転換《てんかん》していくのである。

これが「一念三千《いちねんさんぜん》」の法理《ほうり》である。仏法の究極《きゅうきょく》の大哲学《だいてつがく》である。

11-2 仏《ほとけ》の境涯《きょうがい》を確立《かくりつ》する

人間革命とは、何《なん》のために、どのように人間の内面《ないめん》を変革《へんかく》するのか。その究極《きゅうきょく》の目的《もくてき》について、明確《めいかく》に示《しめ》されています。

池田先生の指針

『新・人間革命14』(「智勇」の章)

仏法は、人間の内面《ないめん》を変えることによって、世界を変えていくという哲理《てつり》である。

日蓮大聖人は、こう述《の》べられている。

「衆生《しゅじょう》の心《こころ》けがるれば土《ど》もけがれ心清《こころきよ》ければ土も清しとて浄土《じょうど》と云《い》ひ穢土《えど》と云うも土に二《ふたつ》の隔《へだて》な

し」（御書三八四ジペー）

土《ど》とは、自身が住《す》む社会・自然環境《かんきょう》である。それが清《きよ》らかか、汚《けが》れるかの根本原因《こんぽんげんいん》は、人間の心が清浄《せいじょう》か、汚れているかによるのであり、環境そのものには、もともと「浄土《じょうど》」や「穢土《えど》」などという隔《へだ》てはないとの仰《おお》せである。

つまり、社会変革《しゃかいへんかく》の要諦《ようてい》は、人間自身の一念《いちねん》の革命にあるとの御指南《ごしなん》といってよい。

仏法は説《と》く。

——自身の内《うち》なる、貪《とん》（むさぼり）、瞋《じん》（いかり）、癡《ち》（おろか）の三毒《さんどく》という煩悩《ぼんのう》が、人間の不幸《ふこう》の根本原因《こんぽんげんいん》である。そして、それを打《う》ち破《やぶ》る、大宇《だいう》宙《ちゅう》の根源《こんげん》の力《ちから》であり、尊極無上《そんごくむじょう》の生命が「仏《ほとけ》」なのである。仏法は、その「仏」の生命を、万人《ばんにん》が具《そな》えていると教えている。

「仏《ほとけ》」の生命とは、要約《ようやく》していえば、最高の慈《じ》悲《ひ》、最高の智慧《ちえ》の働きであり、いっさいの生命活動の源泉《げんせん》である。この「仏」の生命の涌現《ゆげん》こそ、苦悩《くのう》や欲望《よくぼう》などに支配《しはい》、翻弄《ほんろう》されている自身を乗《の》り越《こ》え、本来《ほんらい》の自己《じこ》を確立《かくりつ》する原動力《げんどうりょく》となるのである。わが胸中《きょうちゅう》の「仏」を涌現して、「仏の境涯《きょうがい》」を確立《かくりつ》することが、一生成仏《いっしょうじょうぶつ》、すなわち絶対的《ぜったいてき》幸福境涯への道であり、「人間革命」の究極《きゅうきょく》の目的《もくてき》なのである。

では、いかなる方法によって、それが可能《かのう》となるのか。

日蓮大聖人は、末法《まっぽう》の一切衆生《いっさいしゅじょう》のために、大宇《だいう》宙《ちゅう》の根源《こんげん》の法たる「仏《ほとけ》」の大生命を、御本尊として御図顕《ごずけん》になられた。この御本尊を信受《しんじゅ》し、一切衆生の救済《きゅうさい》を、わが使命として生《い》き抜《ぬ》くなかにこそ、自身の「仏」の生命を開く唯一《ゆいいつ》の道があるのだ——。

11-3 二十一世紀のキーワード

高校生からの質問《しつもん》に対して、人間革命とは何かについて、わかりやすく答えています。

池田先生の指針

『青春対話』

「人間革命」といっても、特別《とくべつ》なことではない。たとえば、少年が、まったく勉強しないで遊んでばかりいたのに、「よし、勉強しよう」「将来《しょうらい》のために努力《どりょく》しよう」と決意し、取り組んだ時、その少年の人間革命です。

お母さんが、今の一家《いっか》の幸せだけにとらわれて、これでよし、と思っていたのが、「このまま一生涯《いっしょうがい》、幸せが続くかどうかわからない。もっと壊《こわ》れない幸福を求《もと》めよう」と、信仰《しんこう》をもって一家を支《ささ》えていくようになるのも、お母さんの人間革命です。

お父さんが、自分だけ、家族だけ、友人だけという世界から、もう一歩《いっぽ》脱却《だっきゃく》して、病《や》める人、苦しむ人に慈愛《じあい》の手を差《さ》し伸《の》べ、どのように幸福の人間道《にんげんどう》を歩《あゆ》ませてあげられるか、という運動をするようになるのも、お父さんの人間革命です。

つまり、平凡《へいぼん》から大きく目を開き、より高い、より深い、より広いものへ努力《どりょく》し、献身《けんしん》していく行動を人間革命というのです。

初《はじ》めは、どうしようもないように見えた人が、信仰《しんこう》によって、大きく変わってこそ、多くの人に希望《きぼう》を与《あた》えることもできるのです。

また、苦しくて苦しくてならない時こそ、行き詰《づ》まった時こそ、大きく人間革命できるチャンスなのです。

すぐに、くじけるのならば、くじけるたびに、また決意すればいい。「今度こそは」「今度こそは」と、もがきながら前進する人が、必《かなら》ず人間革命できるのです。

もう一つの次元《じげん》から言うと、人間の世界は、個《こ》性《せい》・癖《くせ》・宿命《しゅくめい》・血縁《けつえん》等、いろいろなことが複雑《ふくざつ》にからみあっている。それらで、がんじがらめになって、なかなか抜《ぬ》け出《だ》せない。目先の小さな悩《なや》みにとらわれ、日々をあくせくしているうちに、人生は、あっという間に終わってしまう。

六道輪廻《ろくどうりんね》で生涯《しょうがい》を終わるのが、ふつうなのです。

しかし、それを突《つ》き破《やぶ》って菩薩界《ぼさつかい》・仏界《ぶっかい》に達《たっ》する行動、つまり、慈悲《じひ》の行動と振《ふ》る舞《ま》いをしていこうというのが、行動革命であり、人間革命です。

これが一家《いっか》、一国、世界へと広がった時、偉大《いだい》なる平和への無血《むけつ》革命となる。

革命にも、いろいろある。政治革命、経済革命、産業革命、科学革命、芸術の革命、流通《りゅうつう》や通信の革命、その他、さまざまです。それらはそれらなりに、意義《いぎ》があり、必要《ひつよう》な場合もある。

しかし、何を変えても、一切《いっさい》を動かしている「人間」そのものが無慈悲《むじひ》で、利己主義《りこしゅぎ》のままでは、世の中がよくなるわけがない。だから人間革命というのは、いちばん根本《こんぽん》の革命であり、人類にとって、いちばん必要《ひつよう》な革命なのです。

これからの世界のいちばんの焦点《しょうてん》です。人生観・社会観・平和観等々、すべて新しい善《ぜん》の方向にもっていける精神《せいしん》そのものが人間革命なのです。

「人間革命」は、二十一世紀のキーワードであると私は信じている。

「革命」は英語で「レボリューション」。「ひっくり返す」という意味です。急激《きゅうげき》な変化を意味している。

人間が少しずつ、年とともに成長するのは自然の流れです。それを一歩、越《こ》えて、急速《きゅうそく》に善《ぜん》の方向に変わっていくのが「人間革命」です。どんどん、よくなる。また一生涯《いっしょうがい》、永遠《えいえん》に、成長していける。「ここまで」という行き詰《づ》まりがない。そのためのエンジンとなり、原動力《げんどうりょく》となるのが信仰《しんこう》です。

道徳《どうとく》の本なら何千年も昔から無数にある。自己《じこ》啓発《けいはつ》の本などもあるが、言葉だけで人間革命でき、宿命《しゅくめい》を変えられるならば、苦労はない。

創価学会は抽象論《ちゅうしょうろん》ではなく、一貫《いっかん》して現実《げんじつ》の人間革命を追求《ついきゅう》している。心を変革《へんかく》し、最高善《さいこうぜん》の方向へもっていく。生きていく。行動していく。

その人間革命は、根本的《こんぽんてき》には、仏《ほとけ》の生命と一体《いったい》のなかで、できる。仏と境智冥合《きょうちみょうごう》することによって、「自分を変える」力《ちから》が、自分の中からわいてくるのです。

人間だけが「向上《こうじょう》しよう」「成長しよう」と思うことができる。ただ流されて生きているだけではなく、もう一歩深い、人間としての方向転換《ほうこうてんかん》をしようと思うことができる。

いわゆる「偉《えら》くなる」というのは、社会の機構《きこう》上《じょう》の話です。人間革命するとは、もっと深い、自分の内面《ないめん》のことです。永遠性《えいえんせい》のものです。社会的な偉さよりも、はるかに偉いことなのです。

人間は人間です。人間以上のものになれるわけではない。だから「人間として」の自分を変えていくことが、いちばん大事なのです。

名声《めいせい》で自分を飾《かざ》り、地位《ちい》で自分を飾り、学歴《がくれき》で飾り、知識《ちしき》で飾り、お金で飾っても、本体《ほんたい》の自分自身が貧《まず》しければ、貧しく、空虚《くうきょ》な人生です。

すべてをはぎ取った、いわば「裸一貫《はだかいっかん》」の自分自身がどうなのか。生命それ自体を変えていくのが人間革命です。

釈尊《しゃくそん》も王子であったが、一切《いっさい》を捨《す》てて、裸一貫《はだかいっかん》の自分になって修行《しゅぎょう》した。人間革命です。日蓮大聖人も、その当時、社会的には最低の存在《そんざい》とされた「旃陀羅《せんだら》が子《こ》」（御書八九一ジベー）であると堂々と宣言《せんげん》されている。

二十世紀は二回も世界大戦を起こしてしまった。何億という人たちが地獄《じごく》の苦しみを味わった。その原因《げんいん》は何《なん》なのか――それを考えた結論《けつろん》が、「人間自身が慈悲《じひ》の存在《そんざい》に変わらなければいけない」ということなのです。

今、ふたたび国家主義《こっかしゅぎ》、権力《けんりょく》主義が強まっていると多くの人が警告《けいこく》している。半世紀前の大悲劇《だいひげき》を皆《みな》が忘《わす》れかけている。だから平和を叫《さけ》びきっている創価学会が大事なのです。

私が入信したのも、戸田先生が戦争中、二年間も牢《ろう》に入り、軍国主義《ぐんこくしゅぎ》と戦《たたか》い抜《ぬ》いた。「それなら、この人は信じられる」と思ったからです。仏法の内容《ないよう》なんか、わからなかった。戸田先生という「人間」を信じたのです。

そして戸田先生との「師弟不二《していふに》の道」こそが、私の「人間革命の道」だったのです。

11-4 人間革命の証《あか》しとは

一九七四年四月二日、戸田先生の十七回忌《かいき》法要《ほうよう》がアメリカの地で厳粛《げんしゅく》に営《いとな》まれました。小説『新・人間革命』には、戸田先生の生命論《せいめいろん》に触《ふ》れながら、山本伸一会長が、法要に参加したアメリカの友に、人間革命の意義《いぎ》やその具体的《ぐたいてき》な指標《しひょう》について、わかりやすく語りかける場面が描《えが》かれています。

池田先生の指針

『新・人間革命19』(「陽光」の章)

戸田城聖《じょうせい》の大きな偉業《いぎょう》の一つは、難解《なんかい》な仏法の法理《ほうり》を、わかりやすく現代的《げんだいてき》に解釈《かいしゃく》し、展開《てんかい》したことにある。

イギリスの哲学者《てつがくしゃ》ホワイトヘッドは、こう訴《うった》えている。

「宗教の諸原理《しょげんり》は永遠的《えいえんてき》なものではあろうが、これらの原理の表《あら》わし方《かた》は絶《た》えず発展《はってん》しなければならない」(『科学と近代世界 ホワイトヘッド著作集6』上田泰治・村上至孝訳、松籟社)

たとえば戸田は、あの獄中《ごくちゅう》にあって、「仏《ほとけ》」とは「生命《せいめい》」であると悟達《ごだつ》し、やがて仏法を生命論《せいめいろん》として展開《てんかい》していった。これによって、仏法は現《げん》代《だい》を照《て》らす、生きた人間哲学《てつがく》としてよみがえったのだ。

また彼《かれ》は、信仰《しんこう》の目的《もくてき》である「仏《ほとけ》の境涯《きょうがい》」に至《いた》ることを、「人間革命」と表現《ひょうげん》した。

この「人間革命」という、新しい概念《がいねん》を導入《どうにゅう》したことによって、仏教界《ぶっきょうかい》で死後の世界の問題であるかのように言われてきた「成仏《じょうぶつ》」が、今世《こんぜ》の人《にん》間完成《げんかんせい》の目標《もくひょう》として明確化《めいかくか》され、深化《しんか》されたのである。

私たちが信心に励《はげ》む目的は、この人間革命にこそあるのだ。

伸一は、青年たちに、日蓮仏法は人間革命の宗教であることを知ってほしかった。

そして、その人間革命のための指標《しひょう》を、具体的《ぐたいてき》に示《しめ》しておこうと思っていたのだ。

彼《かれ》は、参加者に視線《しせん》を注《そそ》ぎながら話を続けた。


「われわれの生命、肉体は即《そく》、南無妙法蓮華経の当体《とうたい》であります。この南無妙法蓮華経の生命を顕《あらわ》していくことが人間革命なのであります。

では、人間革命とは、どのような姿《すがた》、在《あ》り方《かた》となるのか。本日は、その指標《しひょう》を明らかにしておきたいと思います。

その第一は『健康』ということです。私たちは『健康即《そく》信心』をめざして、確《かく》たる信心の証拠《しょうこ》を示《しめ》していきたい。

宿命等《しゅくめいとう》の問題もありますが、健康を損《そこ》ねてしまっては、思《おも》う存分動《ぞんぶんうご》くことができなくなる。

もちろん、生身《なまみ》の体《からだ》である以上、体をこわすこともあるでしょう。しかし〝常《つね》に健康であろう〟という強盛《ごうじょう》な祈《いの》りをもって、わが生命を大宇宙《だいうちゅう》の本源《ほんげん》のリズムに深く合致《がっち》させていくことです。

この祈《いの》りと、規則正《きそくただ》しい生活なくしては、真《しん》の信仰《しんこう》とはいえません」

皆《みな》、食《く》い入《い》るような視線《しせん》を伸一に向けていた。

彼《かれ》が第二に示《しめ》した指標《しひょう》は、「青春」であった。

生涯《しょうがい》、青春の気概《きがい》をもち続けているかどうかが人間革命の証明《しょうめい》である。生き生きと信心に励《はげ》み、わが生命を磨《みが》き抜《ぬ》いていくならば、〝精神《せいしん》の若々《わかわか》しさ〟が失《うしな》われることはない。

彼《かれ》は、第三に「福運《ふくうん》」をあげた。

唱題に励《はげ》み、広宣流布に尽《つ》くし、仏法者として日々の生活に勝利してきた帰結《きけつ》は、福運《ふくうん》となってわが身を、一家《いっか》を、荘厳《そうごん》する。荒《あ》れ狂《くる》う怒濤《どとう》のごとき社会にあって、福運こそが自身を守り、旭日《きょくじつ》の隆盛《りゅうせい》をもたらす力《ちから》となるのである。

第四には「知性《ちせい》」を強調《きょうちょう》した。

人間完成《にんげんかんせい》をめざし、社会の常識《じょうしき》あるリーダーに育っていくならば、知性《ちせい》の輝《かがや》きも増《ま》していかなくてはならない。知性を磨《みが》くことを忘《わす》れれば、社会の敗北者《はいぼくしゃ》となってしまう。

第五に伸一が掲《かか》げたのは「情熱《じょうねつ》」であった。

広宣流布への大情熱《だいじょうねつ》に燃《も》え、生命が躍動《やくどう》していてこそ、真実《しんじつ》の仏法者である。いかなる知性《ちせい》をもっていようが、情熱を失《うしな》ってしまえば〝生《い》ける屍《しかばね》〟といっても過言《かごん》ではない。また、情熱は幸福の要件《ようけん》である。人生の大部分の幸《こう》・不幸《ふこう》というものは、物事に対する情熱をもっているか否《いな》かによって、決まるからだ。

第六に、彼《かれ》は「信念《しんねん》」をあげた。

人間革命とは、確《かく》たる信念《しんねん》の輝《かがや》きといえる。生き方の哲学《てつがく》をもたず、信念なき人生は、羅針盤《らしんばん》なき船に等しい。進むべき方向を見失《みうしな》い、ひとたび嵐《あらし》が吹《ふ》き荒《あ》れると、難破船《なんぱせん》のような運命《うんめい》をたどってしまう。

そして、最後に、第七として「勝利」をあげたのである。

仏法は勝負である。常《つね》に勝利を打ち立てていくなかにこそ、人間革命がある。勝利の人生こそが人間革命の人生なのだ。人生も、広宣流布も、すべて戦《たたか》いである。勝ってこそ、正義《せいぎ》も、真実も実《じっ》証《しょう》されるのだ。

伸一は、この「健康」「青春」「福運《ふくうん》」「知性《ちせい》」「情熱《じょうねつ》」「信念《しんねん》」「勝利」の七項目《こうもく》を人間革命の指《し》標《ひょう》として示《しめ》したあと、さらに、これらを包括《ほうかつ》し、仏法者の規範《きはん》として確立《かくりつ》されなければならないものこそ、「慈悲《じひ》」であると訴《うった》えた。

伸一は、慈悲《じひ》について戸田城聖《じょうせい》の指導《しどう》を通《とお》して論《ろん》じ、「私たち凡夫《ぼんぷ》の場合は、勇気《ゆうき》をもって行動することが慈悲に変わるのである」と力説《りきせつ》。そして、慈悲と勇気の実践《じっせん》である広宣流布に生《い》き抜《ぬ》くことの大切さ、尊《とうと》さを訴《うった》えたのである。

「人間革命といっても、一言《いちごん》すれば、地涌《じゆ》の菩《ぼ》薩《さつ》の使命を自覚《じかく》することが肝要《かんよう》であり喜《よろこ》び勇《いさ》んで広宣流布に生きる姿《すがた》こそが人間革命であります。

たとえ、名誉《めいよ》や財産《ざいさん》があろうとなかろうと、真実の法《ほう》をもって、人のため、社会のために尽《つ》くす人こそ、真実の〝尊貴《そんき》の人〟であり、その人の生命は菩薩《ぼさつ》であります。

最《もっと》も苦しんでいる人に救済《きゅうさい》の手を差《さ》し伸《の》べ、蘇《そ》生《せい》させてきた団体《だんたい》が創価学会です。また、そのために命をなげうってきたのが、三代の会長なのであります」

11-5 信心の真《しん》の功徳《くどく》は人間革命に

創価学会の信仰《しんこう》にこそ人間革命の前進があり、人間革命こそが信心の真《しん》の功徳《くどく》であることが示《しめ》されています。

池田先生の指針

『新・人間革命19』（「虹の舞」の章）

創価学会は、民衆《みんしゅう》の心に「利他《りた》」という生き方の柱《はしら》を打ち立ててきた。

メンバーの多くは、病苦《びょうく》や経済苦《けいざいく》、家庭不和《かていふわ》など、苦悩《くのう》の解決《かいけつ》を願《ねが》って信心を始めた。いわば、自《みずか》らの救済《きゅうさい》を求《もと》めての入会といえる。

しかし、御書に「我《われ》もいたし人《ひと》をも教化候《きょうけそうら》へ」（一三六一ページ）と仰《おお》せのように、日蓮仏法は「自分も信心に励《はげ》み、人にも仏法を教えよ」と説《と》く。

つまり、人びとの幸福を願《ねが》い、広宣流布に生きてこそ、わが幸福が築《きず》かれるというのである。

そこには、「自行《じぎょう》」と「化他《けた》」の融合《ゆうごう》がある。自分自身の煩悩《ぼんのう》が、広宣流布という最極《さいごく》の菩薩行《ぼさつぎょう》を推進《すいしん》する活力源《かつりょくげん》となるのだ。

そして、その「利他《りた》」の実践《じっせん》によって、「利己《りこ》」に凝《こ》り固《かた》まり、汲々《きゅうきゅう》としていた、小さな生命の殻《から》が破《やぶ》られ、自《みずか》らの境涯《きょうがい》が大きく開かれていくのである。

まさに、この「利他《りた》」の一念《いちねん》こそ、「境涯革命《きょうがいかくめい》」「人間革命」を成《な》し遂《と》げる、生命の回転軸《かいてんじく》なのである。

友の幸せを祈《いの》り、懸命《けんめい》に弘教《ぐきょう》に走る同志《どうし》の胸中《きょうちゅう》には、歓喜《かんき》が込《こ》み上《あ》げ、勇気《ゆうき》がうねり、希望《きぼう》が広がっている。病苦《びょうく》や経済苦《けいざいく》などの、さまざまな悩《なや》みを抱《かか》えながらも、あたかも波乗《なみの》りを楽しむかのように、悠々《ゆうゆう》と乗《の》り越《こ》えていくことができる。

信心の本当の大功徳《だいくどく》とは、この「境涯革命《きょうがいかくめい》」「人間革命」である。

自分の境涯《きょうがい》が変わるから、依正不二《えしょうふに》の原理《げんり》で、環境《かんきょう》も変化し、一切《いっさい》の問題が解決《かいけつ》できるのである。

11-6 現実変革《げんじつへんかく》への限《かぎ》りなき挑戦《ちょうせん》

仏法の「諸法実相《しょほうじっそう》」の法理《ほうり》に基《もと》づき、正報《しょうほう》である人間自身の変革《へんかく》は、依報《えほう》である環境《かんきょう》や社会の変革をもたらすことを示し、「自分だけの幸福もなければ、他人だけの不幸《ふこう》もない」と語っています。

池田先生の指針

『法華経の智慧』

私は「戸田先生の弟子」です。そこに私の根本《こんぽん》の誇《ほこ》りがある。

戸田先生は、獄中《ごくちゅう》で法華経を身読《しんどく》された。

「法華経が分かった」と主張するだけの宗教者なら、他にもいたでしょう。教祖《きょうそ》にまでなった者もいた。

しかし戸田先生は違《ちが》っていた。あなたは仏様《ほとけさま》か、と新聞記者たちから聞かれて、「立派《りっぱ》な凡夫《ぼんぷ》だよ」と語っておられた。挫折《ざせつ》と蘇生《そせい》のドラマを演《えん》ずる民衆群《みんしゅうぐん》を抱《だ》きかかえながら、嵐《あらし》のまっただなかに厳然《げんぜん》と立っておられた。

人間革命――先生の人生そのものです。

人間革命――先生はこの一言《ひとこと》に、宗教がおちいりやすい独善《どくぜん》の罠《わな》を打ちくだいて、仏法の最高の智慧《ちえ》と、人間の最高の生き方と、社会の最善《さいぜん》の道とを、見事に合致《がっち》させたのです。

人間革命は即《そく》、社会革命・環境《かんきょう》革命になる。

「諸法実相抄《しょほうじっそうしょう》」で大聖人は、妙楽《みょうらく》の『法華文句《ほっけもんぐ》記《き》』の「依報正報《えほうしょうほう》・常《つね》に妙経《みょうきょう》を宣《の》ぶ」（御書一三五八ページ）との釈《しゃく》をあげられています。依報（＝環境《かんきょう》世界）も、正報（＝主体《しゅたい》となる生命）も、常に妙法蓮華経を顕《あらわ》している、と。

天台も言っている。〝国土にも十如是《じゅうにょぜ》がある〟と。

依報《えほう》も正報《しょうほう》も、別々のものではない。不二《ふに》です。ここから、人間の変革《へんかく》が国土・社会の変革に通じるという原理《げんり》が生まれる。

諸法実相《しょほうじっそう》という仏眼《ぶつげん》から見れば、森羅万象《しんらばんしょう》は一つの生命体です。正報《しょうほう》だけの幸福はありえない。依報《えほう》だけの平和もありえない。

自分だけの幸福もなければ、他人だけの不幸《ふこう》もない。

人を幸福にした分、自分も幸福になるし、だれか一人でも不幸《ふこう》な人がいるかぎり、自分の幸福も完全ではない。こう見るのが諸法実相《しょほうじっそう》であり、ゆえに、「現実変革《げんじつへんかく》への限《かぎ》りなき挑戦《ちょうせん》」が、諸法実相の心なのです。

大聖人は、「立正安国論《りっしょうあんこくろん》」を著《あらわ》されたご心境《しんきょう》を「但偏《ただひとえ》に国《くに》の為法《ためほう》の為人《ひと》の為にして身《み》の為に之《これ》を申《もう》さず」（御書三五ジペー）と述《の》べられています。どんな大難《だいなん》の嵐《あらし》も、この民衆救済《みんしゅうきゅうさい》への炎《ほのお》を消せなかった。

このご精神《せいしん》を受《う》け継《つ》いで、「立正安国《りっしょうあんこく》」の旗を高く高く掲《かか》げ、牧口先生は獄中《ごくちゅう》に殉教《じゅんきょう》なされた。戸田先生は、敗戦《はいせん》の荒野《こうや》に一人立たれた。

「法華《ほっけ》の心は煩悩即菩提生死即涅槃《ぼんのうそくぼだいしょうじそくねはん》なり」「一念《いちねん》三千《さんぜん》は抜苦与楽《ばっくよらく》なり」（御書七七三ジペー）

民衆《みんしゅう》を苦悩《くのう》から救《すく》うために仏法はある。創価学会はある。人類を幸福にするために創価学会は戦《たたか》う。それ以外に存在意義《そんざいいぎ》はありません。

その学会とともに進む人生は、どれほど偉大《いだい》か。どれほど尊《とうと》いか。

諸法実相《しょほうじっそう》の眼《まなこ》で見れば、「いま」「ここ」が、本有《ほんぬ》の舞台《ぶたい》です。本舞台なのです。「此《ここ》を去《さ》って彼《かしこ》に行くには非《あら》ざるなり」（御書七八一ジペー）です。

「宿命《しゅくめい》」とも思えるような困難《こんなん》な舞台《ぶたい》も、すべて、本来の自己《じこ》の「使命」を果《は》たしていくべき、またとなき場所なのです。

その意味で、どんな宿命《しゅくめい》をも、輝《かがや》かしい使命へと転換《てんかん》するのが、諸法実相《しょほうじっそう》の智慧《ちえ》を知った人の人生です。

そう確信《かくしん》すれば希望《きぼう》がわく。出会う人々、出合う経験《けいけん》のすべてが、かけがえのない「宝《たから》」となる。

タゴールは謳《うた》った。

「この世《よ》は味わい深く、大地の塵《ちり》までが美しい」（森本達雄『ガンディーとタゴール』第三文明社）と。

彼《かれ》は子を思う母の心を、こうつづっています。

「坊《ぼう》や、おまえに　きれいな色のおもちゃをもってくるとき、母《かあ》さんにはわかります――どうして雲や水に　あんなに美しい色彩《いろ》の戯《たわむ》れがあるのかが、どうして花々が　色とりどりに染《そ》められているのかが。坊や、おまえに　きれいな色のおもちゃをあげるとき。
おまえを踊《おど》らせようと　歌うとき、母《かあ》さんにはほんとうにわかります――どうして木《こ》の葉《は》のなかに　音楽があるのかが、どうして浪《なみ》たちが　耳を澄《す》ませて聴《き》いている大地の心臓《むね》に　さまざまな声の合唱を送るのかが。おまえを踊らせようと歌うとき」（同前）

子を慈《いつく》しむ母の心には、色鮮《いろあざ》やかな世界が輝《かがや》いている。生き生きとした生命の音律《おんりつ》が響《ひび》いている。愛は、生命の個別性《こべつせい》を超《こ》えて、「不二《ふに》」という生命の実相《じっそう》へと心を開くからです。

ならば全人類を慈愛《じあい》でつつみゆかんとする私どもの人生には、どんなにすばらしい生命の光彩《こうさい》が、音楽が、満《み》ちあふれていくことか。

「諸法実相《しょほうじっそう》」と確信《かくしん》すれば、今いるこの場所が「常寂光土《じょうじゃっこうど》」です。

「生きていること自体が、絶対《ぜったい》に楽しい」

戸田先生が言われた、この大歓喜《だいかんき》の世界を、現《げん》実《じつ》の大地に創《つく》り拡《ひろ》げていく。その晴《は》れやかな「挑《ちょう》戦《せん》の人生」を、法華経は教えているのです。

11-7 生命を鍛《きた》える

池田先生が友情を結《むす》んだロシアの〝児《じ》童芸術《どうげいじゅつ》の母〟ナターリア・サーツさん（国立モスクワ児童音楽劇場総裁）は、若き日、独裁権力《どくさいけんりょく》によって投獄《とうごく》されるなか、同じように冤罪《えんざい》で囚《とら》われた女性たちを励《はげ》ましながら、牢獄《ろうごく》を〝学校〟〝劇場《げきじょう》〟へと変えていきました。ここでは、その生き方を通して、日々、自《みずか》らの人間革命の劇《げき》をつづる意義《いぎ》を語っています。そして、難《なん》を乗《の》り越《こ》えるなかでこそ、真《しん》の人間革命が成《な》し遂《と》げられることを示《しめ》しています。

池田先生の指針

「本部幹部会」（一九九六年十二月十六日、東京）

「心」を変えれば、「環境《かんきょう》」も変わる。仏法でも「依正不二《えしょうふに》」「一念三千《いちねんさんぜん》」と説《と》く。

周《まわ》りを見渡《みわた》せば、獄中《ごくちゅう》にも多彩《たさい》な人材が集まっていた。いつまでも嘆《なげ》いていてもしかたがない。サーツさんは思った。

〝それぞれの持《も》ち味《あじ》を生かして、学びあう機会をつくろう。学校をつくろう〟

〝あの人は化学の講義《こうぎ》ができるだろう。あの人には医学の講義をしてもらおう〟

彼女《かのじょ》自身は、見事な歌声を披露《ひろう》した。あるときは、よく響《ひび》く澄《す》んだ声で、プーシキンの詩を朗読《ろうどく》した。皆《みな》、感動した。勇気《ゆうき》がわいてきた。

暗く閉《と》ざされた牢獄《ろうごく》。だからこそ、静かに勉強できる学校となった。芸術《げいじゅつ》を存分《ぞんぶん》に味《あじ》わう劇場《げきじょう》ともなった。心一つで何《なん》でも変えられる。

〝さあ、今いるこの場所で、楽しく有意義《ゆういぎ》な一日《いちにち》一日を送ろう〟と。

本当に賢明《けんめい》な人は、どんな状況《じょうきょう》でも価値《かち》を創造《そうぞう》する。

いわんや仏法では「心は工《たくみ》なる画師《えし》の如《ごと》し」と説《と》く。「心」は名画家のごとく、一切《いっさい》を自在《じざい》に描《えが》き出《だ》していく。したがって、人生そのものが、「心」の描く「名画」である。「心」が創《つく》り上《あ》げる芸術《げいじゅつ》である。

サーツさんは、皆《みな》と決めていた。「人間は一人きりで悲しんではいけない」と。

一人では悲しみがよけいに深まる。救《すく》いがなくなる。

〝人の間《あいだ》〟と書いて、人間と読む。人間と人間の切磋琢磨《せっさたくま》のなかでこそ、「人間」ができていく。「自分」が豊《ゆた》かになっていく。

時には、組織《そしき》がわずらわしく、「一人きり」になりたいと思う場合もあるかもしれない。しかし実際《じっさい》に一人きりになり、退転《たいてん》してしまえば、どれほど寂《さび》しいか。どれほど、わびしいか。同志《どうし》とともに、喜怒哀楽《きどあいらく》を繰《く》り返《かえ》しながら、にぎやかな〝人間の世界〟で生《い》き抜《ぬ》いてこそ、成長できるのである。

このように、サーツさんは優《すぐ》れた哲学者《てつがくしゃ》であり、人間主義者《にんげんしゅぎしゃ》であった。

人間主義《にんげんしゅぎ》とは、何も高尚《こうしょう》な理論《りろん》である必要《ひつよう》はない。どこまでも人間を信ずること、人間と人間を結《むす》ぼうとすること。ここに人間主義がある。つまり「友情」をつくっていくことである。

友情は強い。学会も、根底《こんてい》は友情である。同志《どうし》愛《あい》である。異体同心《いたいどうしん》の信心の団結《だんけつ》である。それがあって、組織《そしき》の機構《きこう》がある。それを反対にしてはいけない。

組織《そしき》は、友情を、同志愛《どうしあい》を、そして信心を深めるための手段《しゅだん》である。それをあべこべにしたらたいへんである。組織を目的《もくてき》にした場合には、権威《けんい》主義《しゅぎ》の組織悪《そしきあく》になってしまう。

ともあれ、友情を地域《ちいき》に社会に広げゆく学会活動は、毎日《まいにち》毎日、「人生の宝《たから》」を積《つ》んでいるのである。

私どもは信仰者《しんこうしゃ》である。「あの人はすばらしい!」「ああいう人間に、なりたいな!」——人々から、そう思われる人生を生きていただきたい。人生の「人間革命の劇《げき》」を自分らしく、つくっていただきたい。

〝自分が変わる〟ことである。日々、自分らしく、自分の人間革命の劇《げき》をつづっていくのが最高の人生である。その成長の姿《すがた》それ自体が、偉大《いだい》な折伏《しゃくぶく》なのである。

ここで御書を拝《はい》したい。これまで繰《く》り返《かえ》し拝してきた「開目抄《かいもくしょう》」の一節《いっせつ》である。

「我並《われなら》びに我《わ》が弟子《でし》・諸難《しょなん》ありとも疑《うたが》う心なくば自然《じねん》に仏界《ぶっかい》にいたるべし、天《てん》の加護《かご》なき事《こと》を疑はざれ現世《げんせ》の安穏《あんのん》ならざる事をなげかざれ、我が弟子に朝夕教《ちょうせきおし》えしかども・疑いを・をこして皆《みな》すてけんつたなき者のならひは約束《やくそく》せし事を・まことの時はわするるなるべし」(二三四ジペー)

——われ、ならびにわが弟子は、諸難《しょなん》があろうとも、疑《うたが》う心がなければ、必《かなら》ず自然に仏界《ぶっかい》にいたるのである。諸天《しょてん》の加護《かご》がないからといって、(法華経の大利益《だいりやく》を)疑ってはならない。現世が安《あん》穏《のん》でないことを嘆《なげ》いてはならない。わが弟子に朝夕、このことを教えてきたけれども、（大難《だいなん》が起こってみると）疑いを起こして、皆《みな》、信心を捨ててしまったのであろう。愚《おろ》かな者の常《つね》として、約束《やくそく》した事を、（まさに、その約束を守るべき）本当のときには忘《わす》れるのである――

「自然《じねん》に仏界《ぶっかい》にいたる」――この一生《いっしょう》を戦《たたか》い通《とお》せば、必ず、仏《ほとけ》になると仰《おお》せである。だからこそ、どんなにつらいことがあっても、「一生成仏《いっしょうじょうぶつ》」をとげなさい、と。

「一生《いっしょう》はゆめの上《うえ》・明日《あす》をごせず」（御書一一六三ジペー）である。

一生は夢《ゆめ》のようなものである。明日《あす》さえ、どうなるかわからない。自分でどうすることもできない。そのなかで、永遠《えいえん》に自由自在《じゆうじざい》に生《い》き抜《ぬ》ける自分をつくるのが「一生成仏《いっしょうじょうぶつ》」である。そのための信心である。そういう境涯《きょうがい》を、つくれるかどうかが「今世《こんぜ》の勝負」である。

生命の境涯《きょうがい》を変える――これは、科学でも経済でも政治の次元でも、どうしようもない。仏法しかない。その仏法に、私どもは今世《こんぜ》でめぐりあったのである。

「法華経の大利益《だいりやく》を疑《うたが》ってはならない」――長い目で見れば「大利益」は必ずある。一時は悪く見えても、絶対《ぜったい》に「変毒為薬《へんどくいやく》」できる。

「現世が安穏《あんのん》でないと嘆《なげ》いてはならない」――安穏であれば、生命は鍛《きた》えられない。食べたいときに食べ、寝《ね》たいときに寝ていれば堕落《だらく》しかない。難《なん》と戦ってこそ、生命の金剛《こんごう》の大境涯《だいきょうがい》はできる。ゆえに大聖人は「難来《なんきた》るを以《もっ》て安楽《あんらく》と意得《こころう》可《べ》きなり」（御書七五〇ジペー）と仰《おお》せである。

仏道修行《ぶつどうしゅぎょう》に苦労は多いけれども、安穏《あんのん》なだけの人生では、とうてい得《え》られない「人間革命」という大歓喜《だいかんき》がある。だから大聖人は「まことのときにこそ、信心の約束《やくそく》を忘《わす》れてはなりませんよ」と、厳《きび》しく仰《おお》せになっているのである。

11-8 絶《た》えざる向上《こうじょう》への努力《どりょく》を

池田先生とローマクラブの創立者《そうりつしゃ》ペッチェイ博士との対談において、大きなテーマとなったのが人間革命です。そのなかで池田先生が語った、人間革命の重要な観点《かんてん》を紹介《しょうかい》します。

池田先生の指針

『二十一世紀への警鐘』

「人間革命」ということを創価学会の立場で初《はじ》めて言ったのは、戸田城聖《じょうせい》第二代会長です。戸田会長は第二次世界大戦中に日蓮大聖人の仏法の実践《じっせん》を貫《つらぬ》いたために、軍国主義的権力《ぐんこくしゅぎてきけんりょく》によって獄中生活《ごくちゅうせいかつ》を送りましたが、この獄中で一つの体験を得て、生涯《しょうがい》を日蓮大聖人の仏法を弘《ひろ》めることにかけようと決意したのです。この自身の変革《へんかく》を戸田前会長は「人間革命」と名づけました。

これに関《かん》して、戦後、戸田会長が説明《せつめい》したことは、A・デュマの『モンテ・クリスト伯《はく》』を例に挙《あ》げ、これも一つの人間革命ではあるが、それは純粋《じゅんすい》な青年から復讐心《ふくしゅうしん》に燃《も》えた男への人間革命であった。自分の経験《けいけん》したものは、仏法を弘《ひろ》めることによってあらゆる人々を幸福へと導《みちび》こうという心に燃《も》えた男への人間革命であるということでした。

そこには、ただ自分のために生きるという生き方から、一つの信念《しんねん》のために生きるという生き方への転換《てんかん》があります。

私たちの場合、その信念《しんねん》とは、日蓮大聖人の仏法を弘《ひろ》めていくということが根本《こんぽん》なのですが、それはあくまで人々の幸せのために自《みずか》らを捧《ささ》げるということと結《むす》びついています。

また、仏法は、自分の利己的《りこてき》な欲望《よくぼう》や本能的《ほんのうてき》な衝動《しょうどう》に支配《しはい》されない主体性《しゅたいせい》の確立《かくりつ》、それを根幹《こんかん》としてのあらゆる他者との協調《きょうちょう》・調和《ちょうわ》、さらにはすべてを慈愛《じあい》し、その幸福を実現《じつげん》していくべきことを教えています。

この仏法の教える人間の在《あ》り方《かた》をめざして自分を変え、向上《こうじょう》させていくことが、仏法を信仰《しんこう》する者にとっての根本課題《こんぽんかだい》であるわけです。

こうした理想を完全に達成することが、言《い》い換《か》えれば〝成仏《じょうぶつ》〟ですが、成仏を究極目標《きゅうきょくもくひょう》としての仏道修行《ぶつどうしゅぎょう》の過程《かてい》が、そのまま人間革命の歩《あゆ》みであるといってよいでしょう。

全般的《ぜんぱんてき》にいえば、とくに近世以降《きんせいいこう》の人類の歴史は、自然界や社会制度《しゃかいせいど》といった、外《そと》なる世界の変《へん》革《かく》に人類の幸福を左右する根本《こんぽん》の鍵《かぎ》があると考え、それのみに眼《め》を奪《うば》われてきたといえるでしょう。

そして、そのために、人間としての自《みずか》らの生き方を考えず、自分の内《うち》にあるさまざまな心の働きを正しく律《りっ》していく努力《どりょく》を軽視《けいし》し、あるいは忘《ぼう》却《きゃく》してきたといっても過言《かごん》ではないように思います。

現代《げんだい》においてとくに重要になってきているのは、この、人間生命あるいは精神《せいしん》の世界の変革《へんかく》と向上《こうじょう》への努力《どりょく》です。

これを、私たちは「人間革命」と呼《よ》んでいます。

人間存在《そんざい》は、貪欲《とんよく》・瞋恚《しんに》・愚癡《ぐち》といった本然的《ほんねんてき》な生命のもつ衝動《しょうどう》に動かされやすく、また、各人《かくじん》がもっている運命・宿業《しゅくごう》の大波《おおなみ》に翻弄《ほんろう》される小舟《こぶね》のような、はかない存在であるといっても過言《かごん》ではないでしょう。

ちょうど嵐《あらし》にあった小舟《こぶね》が、自《みずか》らは考えもしない方向へ押《お》し流《なが》されていくように、人間も、理性《りせい》では、たとえば自然を大切にしなければならないとわかっていても、生きていくため、目前《もくぜん》の利益《りえき》のために、自然を破壊《はかい》したり汚染《おせん》してしまう場合が多いのではないでしょうか。

あるいは、理性的《りせいてき》には平和を望《のぞ》んでいても、不安や恐怖《きょうふ》にかられて軍備《ぐんび》を強化し、わずかな事件《じけん》がきっかけになって大戦争を起こしてしまったことも、すでに数多く経験《けいけん》してきている事実ではないでしょうか。

そうした衝動的《しょうどうてき》な力《ちから》や、さらに奥深《おくぶか》いところで、ちょうど目に見えない海流《かいりゅう》が小舟《こぶね》を押《お》し流《なが》し、運《はこ》んでいくように、個人《こじん》の人生や社会を動かしている運命的《うんめいてき》な力に対抗《たいこう》するためには、人間主義《にんげんしゅぎ》は、よほど強力《きょうりょく》でなければなりません。

仏教《ぶっきょう》では、万人《ばんにん》の生命の奥底《おうてい》に、宇宙的大我《うちゅうてきたいが》ともいうべき、広大《こうだい》にして力強い実体《じったい》があると説《と》き、これを仏性《ぶっしょう》と呼《よ》びます。そして、この仏性を開き顕《あらわ》して、そのもっている力を現実《げんじつ》の人生と行動に発揮《はっき》していくことを教えたのです。

言うまでもないことですが、人間は、現実《げんじつ》に生きているかぎり、完璧《かんぺき》ではありえません。〝人間革命〟した人も、完璧になったわけではないのです。

すなわち〝人間革命〟とは、自《みずか》らの人生の目的《もくてき》を明確《めいかく》に自覚《じかく》し、その目的をめざして、自身を少しでも完成《かんせい》の状態《じょうたい》に近づけようと努力《どりょく》するようになること、言うなれば、コースの変更《へんこう》であって、ゴールインではないということができます。

ですから、ある時点の、現実《げんじつ》に現《あらわ》れている姿《すがた》だけを見れば欠点は当然《とうぜん》あり、他の人と変わりありませんが、その人の内面《ないめん》は、以前とまるで違《ちが》っていますし、長期的にみれば、他の人との相違《そうい》も認識《にんしき》できるでしょう。

私は〝人間革命〟とはそういうものであると考えています。

第十二章　宿命《しゅくめい》を使命に

12-1 願兼於業《がんけんおごう》の法理《ほうり》

「宿命《しゅくめい》を使命に変える」――この大いなる人間革命の生き方を、池田先生は常々《つねづね》、呼《よ》び掛《か》けてきました。

人生は、誰《だれ》しも、思いがけない試練《しれん》に直面《ちょくめん》することがあります。しかし、宿命《しゅくめい》を使命に変える強い一念《いちねん》の転換《てんかん》があれば、冬は必《かなら》ず春となります。いな、冬をそのまま春としていけるのです。

自分の大切な「命」を、何《なん》のために「使う」のか。使命を深く自覚《じかく》した瞬間《しゅんかん》から、宿命転換《しゅくめいてんかん》と人間革命のドラマは大きく展開《てんかい》していきます。

ここでは、法華経の「願兼於業《がんけんおごう》」の法《ほう》理《り》を通《とお》して、信心に生《い》き抜《ぬ》く人は、いかなる苦悩《くのう》に直面《ちょくめん》しても宿命《しゅくめい》を使命に変えていけると語っています。

池田先生の指針

「山梨最高協議会」（二〇〇六年九月三日、山梨）

戸田先生は、教えてくださった。

「人生に、苦しみというものはある。苦しみがなければ、遊楽《ゆうらく》という楽しみを、しみじみと味《あじ》わえないのである。そこが、よくわかると、生きていること自体が楽しくなる。

それが、信心の極意《ごくい》である」

さらに先生は、こう指導《しどう》しておられた。

「いかなる組織《そしき》や団体《だんたい》でも、大きくなれば、さまざまな問題や事故《じこ》はあるものだ。これは必然《ひつぜん》である。

しかし、それらの問題を解決《かいけつ》しながら、さらに大きく発展《はってん》させていくのが、妙法の力《ちから》であり、価《か》値創造《ちそうぞう》なのである」

苦しみを楽しみに。

困難《こんなん》を飛躍《ひやく》の力《ちから》に。

その原動力《げんどうりょく》が、信心である。学会活動である。大変《たいへん》な戦《たたか》いを乗《の》り越《こ》えた分《ぶん》、宿命《しゅくめい》を転換《てんかん》できる。より大きな自分になれるのである。

「信心をしてきたおかげで、こんなにも健康になりました」――。

私のもとには日々、こういう声が、大勢《おおぜい》の方から寄《よ》せられる。何よりもうれしい。

戸田先生は、病気を抱《かか》えた同志《どうし》に対して、こう励《はげ》まされた。

「石につまずき、大地に倒《たお》れたら、大地に手をついて立ち上がるだろう。

同じように、病気という宿命《しゅくめい》を使命にかえ、信心で乗《の》り越《こ》えていきなさい」

「法華経には、仏《ほとけ》も病気になることが説《と》かれています。天台大師《てんだいだいし》が釈《しゃく》していうには、衆生《しゅじょう》は皆《みな》、病気をもっている。そこで、その衆生を救《すく》うには、仏自身《ほとけじしん》も、病気をもっていないとつきあいにくいからです」

法華経には、「願兼於業《がんけんおごう》」（願《ねが》い、業《ごう》を兼《か》ぬ）の法《ほう》理《り》が説《と》かれている。

菩薩《ぼさつ》は、人々を救《すく》うことを誓《ちか》い、その誓いを果《は》たすために、自《みずか》ら願《ねが》って悪世《あくせ》に生まれてくるというのである。

信心に生き抜《いぬ》く時、いかなる苦悩《くのう》に直面《ちょくめん》しようと、「宿命《しゅくめい》」を「使命」に変えていける。

そして我《われ》らには、ともに戦う同志《どうし》がいる。励《はげ》ましがあり、希望《きぼう》がある。

生き生きとした生命と生命の触《ふ》れ合《あ》い――それが、どれほど、健康長寿《けんこうちょうじゅ》の活力《かつりょく》の源泉《げんせん》となっていることか。

学会こそ、最極《さいごく》の「常楽我浄《じょうらくがじょう》」の安全地帯《あんぜんちたい》なのである。

12-2 地涌《じゆ》の菩薩《ぼさつ》の誓願《せいがん》に生きる

末法《まっぽう》における広宣流布を誓願《せいがん》し、勇敢《ゆうかん》に行動していく「地涌《じゆ》の菩薩《ぼさつ》」の使命に目覚《めざ》めることこそ、自身の生命の本源《ほんげん》を知ることであると、青年に語っています。

『御書と青年』

池田先生の指針

「諸法実相抄《しょほうじっそうしょう》」では、「皆地涌《みなじゆ》の菩薩《ぼさつ》の出現《しゅつげん》に非《あら》ずんば唱《とな》へがたき題目なり」（御書一三六〇ジペー）と言われています。

題目を唱《とな》えられるということ、それ自体が、いかに深い宿縁《しゅくえん》であるか。

大聖人は「日蓮と同意ならば地涌の菩薩たらんか」(同《どう》ジペー)とも仰《おお》せです。

広宣流布に生き、題目を唱《とな》えゆく青年は、皆《みな》、最《もっと》も尊極《そんごく》な地涌《じゆ》の菩薩《ぼさつ》なのです。

友の幸福を願《ねが》い、広宣流布を願って題目をあげていく。学会活動をし、折伏《しゃくぶく》に挑戦《ちょうせん》していく。それ自体が、立派《りっぱ》な「誓願《せいがん》の祈《いの》り」であり、「誓願の実践《じっせん》」なのです。

地涌《じゆ》の菩薩《ぼさつ》は、法華経の涌出品《ゆじゅっぽん》で大地の底《そこ》から現《あらわ》れ、末法《まっぽう》における広宣流布を誓願《せいがん》した。私たちは、その誓願のままに創価学会員として戦《たたか》っているのです。

私たちは、誓願《せいがん》の祈《いの》りで、深く強く結《むす》ばれている。


創価学会は「我《われ》、地涌《じゆ》の菩薩《ぼさつ》なり」との自覚《じかく》で立ち上がった仏勅《ぶっちょく》の団体《だんたい》です。

どれほど尊《とうと》いか。この「地涌《じゆ》の菩薩《ぼさつ》」の覚悟《かくご》がなければ、三類《さんるい》の強敵《ごうてき》をはね返して、悪世末法《あくせまっぽう》に広宣流布を進めることはできません。

地涌《じゆ》の菩薩《ぼさつ》は、最《もっと》も大変《たいへん》な時に、最も大変な場所に勇《いさ》み立《た》って出現《しゅつげん》する。

今、直面《ちょくめん》している困難《こんなん》は、信心の眼《まなこ》で見れば、自《みずか》ら願《ねが》った使命です。そう確信《かくしん》して前進することが、「誓願《せいがん》の祈《いの》り」の証《あか》しです。

仕事のこと、経済苦《けいざいく》、人間関係《にんげんかんけい》の悩《なや》み、病気の克服《こくふく》など、目下《もっか》の課題《かだい》に打ち勝つために、猛然《もうぜん》と祈《いの》ることです。自分自身が、断固《だんこ》として勝利の実証《じっしょう》を示《しめ》していくことが、同じような苦しみに直面《ちょくめん》する友を励《はげ》ます光となる。

「宿命《しゅくめい》」を「使命」に変える。

これが「願兼於業《がんけんおごう》」の祈《いの》りです。勇気を奮《ふる》い起《お》こして、自他共《じたとも》の幸福を祈《いの》ることだ。そこに深い慈悲《じひ》がある。

自分だけでない。人の幸福を祈《いの》る中で、自分の悩《なや》みを悠々《ゆうゆう》と見下《みお》ろせる境涯《きょうがい》が開かれていくのです。

自《みずか》らの悩《なや》みを抱《かか》えながら、それに押《お》しつぶされない。「難来《なんきた》るを以《もっ》て安楽《あんらく》」（御書七五〇ジ ペー）と、広宣流布のため真剣《しんけん》に祈《いの》り、勇敢《ゆうかん》に学会活動に打って出る。

広布の祈《いの》りは、仏《ぶつ》・菩薩《ぼさつ》の祈りです。大きな悩《なや》みを引き受け、大きく祈《いの》った分《ぶん》だけ、大きな境涯《きょうがい》を開くことができる。気がついたら、小さな悩みは全部、包《つつ》まれ、乗《の》り越《こ》えられている。ここに「煩悩即菩提《ぼんのうそくぼだい》」の極理《ごくり》があります。

自分の人生の課題《かだい》を祈《いの》ることと、人々の幸福を願《ねが》う広宣流布への祈りとは、一体です。共《とも》に前進の力《ちから》です。

自分の勝利が、広宣流布の実証《じっしょう》になる。広宣流布を進める創価学会の大発展《だいはってん》を強盛《ごうじょう》に祈《いの》っている人は、どんなことにも負けない自分自身になる。王者のような境涯《きょうがい》を必《かなら》ず開けるのです。

地涌《じゆ》の菩薩《ぼさつ》は、いかなる時も「其《そ》の心に畏《おそ》るる所無《ところな》し」（法華経四六六ジ ペー）である。常《つね》に「随喜《ずいき》の心」を発《おこ》し、舞《まい》を舞《ま》うが如《ごと》く戦《たたか》う。

地涌《じゆ》の使命に目覚《めざ》めることは、汝自身《なんじじしん》の生命の本源《ほんげん》を知ることだ。なぜ生まれてきたのか。なぜ生きゆくのか。その究極《きゅうきょく》の意義《いぎ》を知ることです。

自分の永遠《えいえん》の使命に目覚《めざ》める以上《いじょう》の歓喜《かんき》はない。これほどの充実《じゅうじつ》はない。これに勝《まさ》る誇《ほこ》りはありません。

大聖人は、流罪《るざい》の佐渡《さど》の地で、愛弟子《まなでし》と共《とも》に

「喜悦《きえつ》はかりなし」（御書一三六〇ページ）と宣言《せんげん》されました。

地涌《じゆ》の生命を現《あらわ》すことは、人間の無窮《むきゅう》の内発性《ないはっせい》を開花《かいか》させることです。これは人類の意識《いしき》を根底《こんてい》から変革《へんかく》し、至上《しじょう》の高みへ飛翔《ひしょう》させ、結合《けつごう》させゆく平和の大偉業《だいいぎょう》なのです。

12-3 偉大《いだい》な人間革命のドラマを

小説『新・人間革命』には、日本からブラジルに渡《わた》ったメンバーとの質問会《しつもんかい》で、自身の宿命《しゅくめい》を悲観《ひかん》し、希望《きぼう》を失《うしな》った婦人《ふじん》を、山本伸一会長が励《はげ》ます場面が描《えが》かれています。

池田先生の指針

『新・人間革命1』（「開拓者」の章）

質問会《しつもんかい》も終わりに近づいたころ、会場の最後列《さいこうれつ》で、何度か途中《とちゅう》まで手をあげかけていた婦人《ふじん》がいることに、伸一は気づいた。

彼《かれ》は声をかけた。三十代半《なか》ばと思われる、やつれ切った顔の婦人《ふじん》であった。

「何か質問《しつもん》があるんですね。どうぞ、おっしゃってください」

彼女《かのじょ》は力《ちから》なく立ち上がって言った。

「あのー、私の夫《おっと》は病気で他界《たかい》してしまいました。これからどうやって生きていけばよいのか……」

婦人《ふじん》の一家《いっか》は、契約労働者《けいやくろうどうしゃ》として入植《にゅうしょく》し、農業《のうぎょう》に従事《じゅうじ》していた。しかし、働《はたら》き手《て》の夫《おっと》を失《うしな》ってしまった以上、もう農業を続けることはできない。

彼女《かのじょ》には、まだ小さな何人かの子どもがいた。いっそ死《し》のうかと思っていたところ、同じ入植地《にゅうしょくち》の学会員から仏法の話を聞き、一週間前から信心を始めた。すると、サンパウロ市内の工場に仕事が決まり、住《す》まいも提供《ていきょう》してくれることになったという。

「でも、子どもを抱《かか》えて、何もわからない異国《いこく》の地で生きていくことを思うと、不安で仕方《しかた》ないのです。私は、つくづく業《ごう》が深い女なんだと思います。でも、そんなことを考えると、これから先、まだ何が起こるかわからなくなり、やり切れない気がするんです……」

伸一は、微笑《びしょう》を浮《う》かべて言った。

「大丈夫《だいじょうぶ》、信心をしていく限《かぎ》り、必《かなら》ず幸せになれます。そのための仏法です。

それに、あなたが今、不幸《ふこう》な目にあい、辛《つら》い思いをしているのは、あなたにしかない尊《とうと》い使命を果《は》たすためです。宿業《しゅくごう》なんかに囚《とら》われて、惨《みじ》めな気持ちになっては、いっさいが負けです」

婦人《ふじん》は不可解《ふかかい》な顔で伸一を見た。彼女《かのじょ》は、紹介《しょうかい》者《しゃ》の学会員から、夫《おっと》と死《し》に別《わか》れなくてはならないのは、過去世《かこせ》で罪《つみ》を犯《おか》し、悪い宿業《しゅくごう》を積《つ》んだからだと教えられてきたのである。

確《たし》かに仏教では、人に悪をなしたことによって、悪の報《むく》いを得《え》、不幸《ふこう》な人生を歩《あゆ》まねばならないと説《と》いている。しかし、それだけでは、人間は過去世《かこせ》の罪《つみ》などわからないだけに、茫漠《ぼうばく》とした不安をいだきながら、罪悪感《ざいあくかん》をもって生きねばならないことになる。

また、運命《うんめい》は、既《すで》に定《さだ》められたものとなり、人間を無気力《むきりょく》にしてしまうことにもなりかねない。

日蓮大聖人の仏法は、こうした表面的《ひょうめんてき》な因果応《いんがおう》報《ほう》の枠《わく》を突《つ》き抜《ぬ》けて、根本《こんぽん》の因果を明《あ》かし、久遠《くおん》元初《がんじょ》の、本来の清浄《せいじょう》な生命に立《た》ち返《かえ》る方途《ほうと》を示《しめ》している。その方途が、地涌《じゆ》の菩薩《ぼさつ》の使命を自覚《じかく》し、広宣流布に生きるということである。

伸一は言った。

「仏法には、願兼於業《がんけんおごう》ということが説《と》かれています。これは、仏道修行《ぶつどうしゅぎょう》の功徳《くどく》によって、幸福な環境《かんきょう》に生まれてくるところを、自《みずか》ら願《ねが》って、不幸《ふこう》な人びとの真《ま》っただ中《なか》に生まれ、妙法を弘通《ぐつう》するということです。

たとえば、もともと女王のような何不自由《なにふじゆう》ない生活をしていた人が、信心して幸せになりましたといっても、誰《だれ》も驚《おどろ》きません。しかし、病気で、家も貧しく、周囲《しゅうい》からも蔑《さげす》まれていた人が、信心をすることによって幸福になり、社会のリーダーになれば、仏法の偉大《いだい》さの見事な証明《しょうめい》になります。みんなが、信心したいと思うようになるでしょう。

貧乏《びんぼう》で苦しみ抜《ぬ》いた人が、それを乗《の》り越《こ》えることができれば、生活苦《せいかつく》に悩《なや》むすべての人に、希望《きぼう》を与《あた》えることができます。また、病気に悩んできた人が元気になり、健康になれば、病苦《びょうく》の友の胸《むね》に、勇気《ゆうき》の灯《ひ》をともすことができる。更《さら》に、家庭の不和《ふわ》に泣《な》いた人が和楽《わらく》の家庭を築《きず》き上《あ》げれば、家族の問題で悩んでいる人たちの模範《もはん》となります。

同じように、ご主人《しゅじん》を亡《な》くされ、しかも、言葉も通じない外国の地で、あなたが幸せになり、立派《りっぱ》に子どもさんを育て上げれば、夫《おっと》を亡くしたすべての婦人《ふじん》の鑑《かがみ》となります。信心をしていない人も、あなたを慕《した》い、あなたに指導《しどう》を求《もと》めに来るようになるでしょう。

つまり、苦悩《くのう》が深く、大きいほど、見事《みごと》に仏法の功力《くりき》を証明《しょうめい》することができる。宿業《しゅくごう》とは、使命の異名《いみょう》ともいえるんです。

私も、貧《まず》しい海苔屋《のりや》の息子《むすこ》です。病弱《びょうじゃく》で胸《むね》を病《や》みながら、戸田先生とともに事業《じぎょう》の倒産《とうさん》の苦しさも味《あじ》わってきました。人生の辛酸《しんさん》をなめてきたからこそ、民衆《みんしゅう》のリーダーとして、こうして広宣流布の指揮《しき》がとれるんです」

伸一は、一段《いちだん》と力《ちから》を込《こ》めて言った。

「皆《みな》さんは、それぞれの事情《じじょう》から、たまたまこのブラジルにやって来たと思っているかもしれない。しかし、そうではありません。地涌《じゆ》の菩薩《ぼさつ》として、ブラジルの広宣流布のために、この国の人びとを幸せにし、ここに永遠《えいえん》の楽土《らくど》を築《きず》くために生まれてきたんです。いや、日蓮大聖人に、召《め》し出《いだ》された方々なんです。

この偉大《いだい》なる地涌《じゆ》の菩薩《ぼさつ》の使命を自覚《じかく》し、広宣流布に生きる時、胸中《きょうちゅう》の久遠《くおん》の太陽が輝《かがや》き、過去《かこ》の罪障《ざいしょう》は露《つゆ》のように消《き》え失《う》せ、大歓喜《だいかんき》と幸福の悠々《ゆうゆう》たる人生が開かれていくんです。

あなたの苦しみも、仏法の深い眼《まなこ》から見れば、本来《ほんらい》は富裕《ふゆう》な大女優《だいじょゆう》が、舞台《ぶたい》で悲劇《ひげき》のヒロインを演《えん》じているようなものです。家に帰れば、何不自由《なにふじゆう》ない生活が待っているのと同じです。しかも、人生劇場《じんせいげきじょう》の舞台の上でも、ハッピーエンドになるストーリーなんです。心配はいりません。必《かなら》ず幸せになります。私が断言《だんげん》しておきます。大女優が、悲劇のヒロインを楽しんで演じるように、あなたも、堂々《どうどう》と、その悲しみの淵《ふち》から立ち上がる人間革命の大ドラマを演じてください。

人は皆《みな》、人生という原野《げんや》をゆく開拓者《かいたくしゃ》です。自分の人生は、自分で開き、耕《たがや》していく以外にありません。信心というクワを振《ふ》るい、幸福の種《たね》を蒔《ま》き、粘《ねば》り強《づよ》く頑張《がんば》ることです。広宣流布のために流した汗《あせ》は、珠玉《しゅぎょく》の福運《ふくうん》となり、永遠《えいえん》にあなたを荘厳《そうごん》していきます。どうか、ブラジル一、幸せになってください」

12-4 どんな宿命《しゅくめい》も必《かなら》ず意味がある

「開目抄《かいもくしょう》」を拝《はい》し、「宿命《しゅくめい》を使命に変える」という仏法者の境涯《きょうがい》に立てば、いかなる難《なん》も人間革命の原動力《げんどうりょく》にしていくことができると語っています。

池田先生の指針

『開目抄講義』

大聖人は、（=「開目抄《かいもくしょう》」において）御自身《ごじしん》が受けられている大難《だいなん》は、実は衆生《しゅじょう》を救《すく》う願《ねが》いのために、あえて苦しみを受けていく菩薩《ぼさつ》の願兼於業《がんけんおごう》と同じであるとされています。そして、菩薩が衆生の苦しみを代わりに受けていくことを喜《よろこ》びとしているように、大聖人も今、大難という苦しみを受けているが、悪道《あくどう》を脱《だっ》する未来《みらい》を思えば悦《よろこ》びである、と言われている。

願兼於業《がんけんおごう》こそ悦《よろこ》びであるとの仰《おお》せは、本抄《ほんしょう》（＝「開目抄《かいもくしょう》」）の最後の結論部分《けつろんぶぶん》と一致《いっち》します。

「日蓮が流罪《るざい》は今生《こんじょう》の小苦《しょうく》なれば・なげかしからず、後生《ごしょう》には大楽《だいらく》を・うくべければ大《おおい》に悦《よろこ》ばし」（御書二三七ページ）

願兼於業《がんけんおごう》とは、仏法における宿命転換論《しゅくめいてんかんろん》の結論《けつろん》です。端的《たんてき》に言えば、「宿命を使命に変える」生き方です。

人生に起きたことには必《かなら》ず意味がある。また、意味を見いだし、見つけていく。それが仏法者の生き方です。意味のないことはありません。どんな宿命《しゅくめい》も、必ず、深い意味があります。

それは、単《たん》なる心の在《あ》り方《かた》という次元《じげん》ではない。一念《いちねん》の変革《へんかく》から世界の変革が始まる。これは仏法の方程式《ほうていしき》です。

宿命《しゅくめい》をも使命と変えていく強き一念《いちねん》は、現実《げんじつ》の世界を大きく転換《てんかん》していくのです。

その一念《いちねん》の変革《へんかく》によって、いかなる苦難《くなん》も自身の生命を鍛《きた》え、作り上げていく悦《よろこ》びの源泉《げんせん》と変わっていく。悲哀《ひあい》をも創造《そうぞう》の源泉としゆくところに、仏法者の生き方があるのです。

その真髄《しんずい》の生き方を身をもって教えられているのが、日蓮大聖人の「法華経の行者《ぎょうじゃ》」としての振《ふ》る舞《ま》いにほかならない。

「戦《たたか》う心」が即《そく》「幸福」への直道《じきどう》です。

戦《たたか》うなかで、初《はじ》めて生命は鍛《きた》えられ、真《しん》の創造《そうぞう》的《てき》生命が築《きず》かれていきます。また、いかなる難《なん》があっても微動《びどう》だにせぬ正法《しょうほう》への信《しん》を貫《つらぬ》いてこそ、三世永遠《さんぜえいえん》に幸福の軌道《きどう》に乗《の》ることができる。

　一生成仏《いっしょうじょうぶつ》とは、まさに、その軌道《きどう》を今世《こんぜ》の自分自身の人生のなかで確立《かくりつ》することにほかなりません。

　「戦《たたか》い続ける正法《しょうほう》の実践者《じっせんしゃ》」こそが、大聖人が法華経を通《とお》して教えられている究極《きゅうきょく》の人間像《にんげんぞう》と拝《はい》したい。

　その境地《きょうち》に立てば、難《なん》こそが人間形成《にんげんけいせい》の真《しん》の基《き》盤《ばん》となる。

　「魔競《まきそ》はずは正法《しょうほう》と知るべからず」（御書一〇八七ページ）と覚悟《かくご》して忍難《にんなん》を貫《つらぬ》く正法の実践者《じっせんしゃ》は、必《かなら》ず妙法の体現者《たいげんしゃ》と現《あらわ》れる。そして「難来《なんきた》るを以《もっ》て安楽《あんらく》と意得可《こころうべ》きなり」（御書七五〇ページ）、「大難来《だいなんきた》りなば強盛《ごうじょう》の信心弥弥悦《しんじんいよいよよろこ》びをなすべし」（御書一四四八ページ）という大境涯《だいきょうがい》に生きていくことができるのです。


　大聖人は本抄《ほんしょう》（＝「開目抄《かいもくしょう》」）で、「鉄《くろがね》を熱《やく》にいた《甚》う・きたわざればきず隠《かく》れてみえず、度度《たびたび》せむれば・きずあらはる、麻子《あさのみ》を・しぼるに・つよくせめざれば油少《あぶらすくな》きがごとし」（御書二三二ページ）と仰《おお》せです。

　また、他の御書においても、「宿業《しゅくごう》はかりがたし鉄《くろがね》は炎打《きたいう》てば剣《つるぎ》となる賢聖《けんしょう》は罵詈《めり》して試《こころ》みるなるべし」（九五八ページ）――宿業ははかりしれない。鉄《てつ》は鍛《きた》え打てば剣となる。賢人《けんじん》・聖人《しょうにん》は罵《ののし》られて試《ため》されるものである――、「各各《おのおの》・随分《ずいぶん》に法華経を信ぜられつる・ゆへに過去《かこ》の重罪《じゅうざい》をせめいだし給《たま》いて候《そうろう》、たとへばくろがね《鉄》をよくよくきたへ《鍛》ばきず《疵》のあらわるるがごとし」（一〇八三ページ）――あなたがたは、法華経を懸命《けんめい》に信じてきたので、過《か》去《こ》世《せ》の重罪を責め出しているのである。たとえば、鉄を十分《じゅうぶん》に鍛え打てば内部の疵《きず》が表面に現《あらわ》れてくるようなものである——と仰《おお》せです。

護法《ごほう》の実践《じっせん》で鍛《きた》え上《あ》げられた生命は、謗法《ほうぼう》の悪《あく》業《ごう》という不純物《ふじゅんぶつ》をたたき出し、三世永遠《さんぜえいえん》に不滅《ふめつ》となります。

無始以来《むしいらい》の生死《しょうじ》の繰《く》り返《かえ》しのなか、この一生《いっしょう》で日蓮大聖人の仏法に巡《めぐ》り合《あ》い、謗法《ほうぼう》を責《せ》め、自身の生命を鍛《きた》えあげることで宿命転換《しゅくめいてんかん》が実現《じつげん》し、永《えい》遠《えん》に崩《くず》れない仏界《ぶっかい》の境涯《きょうがい》を胸中《きょうちゅう》に確立《かくりつ》することができる。それが「一生成仏《いっしょうじょうぶつ》」です。

この日蓮仏法の透徹《とうてつ》した実践《じっせん》は、私たちの人生における苦難《くなん》の意味を一変《いっぺん》させます。もはや、苦難は避《さ》けて通るべきマイナス要因《よういん》ではなく、それに打ち勝つことで自分自身の成仏《じょうぶつ》へと向かっていく積極的《せっきょくてき》な要素《ようそ》となるのです。

もちろん、苦難《くなん》の渦中《かちゅう》にいる人にとってみれば、苦難と戦《たたか》うことは楽なことではありません。つらいこと、苦しいことを待ち望《まのぞ》んでいる人などはいません。なければないほうがいいと考えるのが人情《にんじょう》です。

しかし、たとえ現実《げんじつ》に苦難《くなん》に直面《ちょくめん》したとしても、大転換《だいてんかん》の秘法《ひほう》を知って、「悪と戦《たたか》ったからこそ、今、自分は苦難にあっている」と理解《りかい》し、「この苦難を乗《の》り越《こ》えた先には、大《おお》いなる成仏《じょうぶつ》の境涯《きょうがい》が開かれている」と確信《かくしん》していく人は、根本的《こんぽんてき》に強い人生を生《い》き抜《ぬ》くことができる。

この究極《きゅうきょく》の仏法の真実を、生命の奥底《おうてい》で体得《たいとく》しているのが、わが創価学会の同志《どうし》であると確信《かくしん》します。

その証《あか》しに、わが同志《どうし》は、苦難《くなん》に直面《ちょくめん》した時に「強い」。そして何より「明るい」。それは、宿命《しゅくめい》転換《てんかん》という生命の根源《こんげん》の善《ぜん》のリズムを、すでに体《たい》験的《けんてき》に知っているからです。また、自分は経験《けいけん》していなくても、会得《えとく》した他の同志の姿《すがた》に日常的《にちじょうてき》に接《せっ》しているからです。

宿命《しゅくめい》と戦《たたか》いながら広宣流布の信心に立つ人の姿《すがた》には、すでに願兼於業《がんけんおごう》という仏法の究極《きゅうきょく》の真実が映《うつ》し出《だ》されています。

どんな苦難《くなん》も恐《おそ》れない。どんな困難《こんなん》も嘆《なげ》かない。雄々《おお》しく立ち向かっていく。この師子王《ししおう》の心を取り出して、「宿命《しゅくめい》」を「使命」に変え、偉大《いだい》なる人間革命の勝利の劇《げき》を演《えん》じているのが、わが久遠《くおん》の同志《どうし》の大境涯《だいきょうがい》といえます。

したがって、仏法者にとっての敗北《はいぼく》とは、苦難《くなん》が起こることではなく、その苦難と戦《たたか》わないことです。戦わないで逃《に》げたとき、苦難は本当に宿命《しゅくめい》になってしまう。

生ある限《かぎ》り戦《たたか》い続ける。生《い》きて生きて生き抜《ぬ》いて、戦って戦って戦い抜いていく。この人生の真《しん》髄《ずい》を教える大聖人の宿命転換《しゅくめいてんかん》の哲学《てつがく》は、従来《じゅうらい》の宗教の苦難《くなん》に対する捉《とら》え方《かた》を一変《いっぺん》する、偉大《いだい》なる宗教革命でもあるのです。

〝大変《たいへん》な時ほど宿命転換《しゅくめいてんかん》ができる〟〝苦しい時こそ人間革命ができる〟〝いかなる苦難《くなん》があろうと必《かなら》ず最後は転換できる〟――この大確信《だいかくしん》に生《い》き抜《ぬ》いていくのが、日蓮仏法の信心であります。

そして、日蓮大聖人に直結《ちょっけつ》して、この宿命転換《しゅくめいてんかん》の道《みち》を現実《げんじつ》に歩《あゆ》み、宗教革命の大道《だいどう》を世界に開いているのが、わが創価学会であります。

この誇《ほこ》りと喜《よろこ》びをもって、さらに前進していきましょう。

12-5 題目こそ変毒為薬《へんどくいやく》の力《ちから》

題目こそ宿命《しゅくめい》を使命に変える力《ちから》であり、粘《ねば》り強《づよ》く題目を唱《とな》え抜《ぬ》いていけば、いかなる悩《なや》みや悲しみも幸福に変えていくことができると語っています。

池田先生の指針

「ブラジル記念講堂でのスピーチ」
（一九九三年三月三日、ブラジル）

この娑婆世界《しゃばせかい》は「堪忍《かんにん》」の世界とされる。耐《た》え忍《しの》ばねばならない、さまざまなことが、つねにある。そのなかで、どんな悲しみも、どんな苦しみも、どんな宿命《しゅくめい》も、全部、悠々《ゆうゆう》と乗《の》り越《こ》えて、最《もっと》も幸福な境涯《きょうがい》を得《え》ていけるのが、日蓮大聖人の「仏法」であり、創価学会の「信心」である。

自分や家族の病気、また死、経済苦《けいざいく》、人間関係の悩《なや》み、欲《ほ》しいものが得《え》られないつらさ、その他、生きているかぎり、ありとあらゆる戦《たたか》いがあり、苦しみがある。これは避《さ》けようがない。どうしようもない人生の現実《げんじつ》である。

「信心」とは、「唱題」とは、それらをことごとく変毒為薬《へんどくいやく》する力《ちから》である。苦しみの毒が、幸せという薬に変わる。

煩悩即菩提《ぼんのうそくぼだい》で、悩《なや》みが悟《さと》りに変わり、幸福に変わる。悩み、悲しみが大きければ大きいほど、より大きな幸福に変えていける。これが題目の力《ちから》である。ゆえに妙法を唱《とな》える人は、何ものも恐《おそ》れない。恐れる必要《ひつよう》がない。

木も、小さいうちは、少しの風にも揺《ゆ》れる。大《たい》木《ぼく》になれば、どんな嵐《あらし》にも揺るがない。人間も、生命力《せいめいりょく》が弱ければ、少しの悩《なや》みの風にも紛動《ふんどう》されてしまう。

娑婆世界《しゃばせかい》である以上、風を止めることはできない。自分が強くなる以外にない。自分が大木《たいぼく》になれば、どんな大風も平気である。むしろ楽しんでいける。そういう人生、生命へと、人間革命していくための信仰《しんこう》なのである。

目には見えないが、木は毎日、生長《せいちょう》している。私たちの唱題も、目には見えないが毎日、自分自身を福運《ふくうん》の大木《たいぼく》へと育てている。

十年、二十年、学会のなかで信心を貫《つらぬ》いていけば、やがて必《かなら》ず、大樹《たいじゅ》となった福運《ふくうん》が、はっきり目にも見えるようになる。

妙法は宇宙《うちゅう》の最高の宝《たから》である。唱題することは、毎日、わが生命に宝を積《つ》み重《かさ》ねていることになる。

一方《いっぽう》、生命のなかの過去《かこ》の罪業《ざいごう》は、清浄《せいじょう》な水に濁《にご》った水が押《お》し出《だ》されるように、洗《あら》い流されていく。

だから、完全《かんぜん》に清浄《せいじょう》になるには、ある程度《ていど》、時間がかかる。初《はじ》めのうちは、少し濁《にご》った水、すなわち自分の宿命《しゅくめい》との戦《たたか》いがある。それも唱題の力《ちから》で軽く受けているのである。

ゆえに「持続《じぞく》」することである。やがて、すっかり生命が清浄《せいじょう》になれば、どんどん、すべてがよくなってくる。

福徳《ふくとく》に満《み》ち満ちた、何ものにも壊《こわ》されない「絶《ぜっ》対的《たいてき》な幸福」の境涯《きょうがい》に、必《かなら》ずなっていく。

何があっても、楽しい。名声や財宝《ざいほう》がなくても（笑い）満足《まんぞく》である。一瞬《いっしゅん》一瞬が、最高に充実《じゅうじつ》している。喜《よろこ》びに満ち、すべてが美しく見える。何を見ても、ぱっと正邪《せいじゃ》がわかり、本質《ほんしつ》がわかる。何があっても、人のことを考えてあげられる。そういう自分になっていく。

だから、幸福への道は決してむずかしいことではない。広布の世界のなかで、ともかく題目をあげ抜《ぬ》いた人が、最後には勝つ。必《かなら》ず「絶対《ぜったい》の幸福境涯《きょうがい》」、すなわち「仏《ほとけ》」の境涯を得《え》ていけるのである。

根本《こんぽん》は、これひとつ覚《おぼ》えておけば、人生は永遠《えいえん》に盤石《ばんじゃく》である。

12-6 わが宿命転換《しゅくめいてんかん》の劇《げき》が友の希望《きぼう》に

釈尊《しゃくそん》の受難《じゅなん》の意味に触《ふ》れながら、私たちがさまざまな難を乗《の》り越《こ》えることが、後継《こうけい》の同志《どうし》にとっての希望《きぼう》になり、励《はげ》ましになると語っています。

池田先生の指針

「中部総会」(一九八九年一月二十九日、愛知)

なぜ釈尊《しゃくそん》のような仏《ほとけ》が、いわれなき誹謗《ひぼう》を受けなければならなかったのか。

この点について、釈尊《しゃくそん》は、仏典《ぶってん》の中で「それはすべて、未来《みらい》の仏道修行者《ぶつどうしゅぎょうしゃ》のためである」と明《あ》かしている。

すなわち、仏道修行《ぶつどうしゅぎょう》を行っていると、いろいろな人から誹《そし》られたり、迫害《はくがい》を受けたりする。それでイヤになって、信心をやめようとする人も出てくるだろう。そうしたとき〝仏《ほとけ》でさえ、あのような、いわれない誹謗《ひぼう》を受けているではないか〟と思い起こして、自《みずか》らを励《はげ》まし、ふたたび前進していくことができるように、あえて方便《ほうべん》として、今、このような難《なん》を引き起こしている、というのである。

信心に励《はげ》んでいる人が、未来永劫《みらいえいごう》にわたって退《たい》転《てん》しないように、その歯止《はど》めとなるように、仏自《ほとけみずか》らが難《なん》を受けていく——これが仏の慈悲《じひ》である。

私どもの現在《げんざい》のさまざまな難《なん》や労苦《ろうく》も、一面からいえば、すべて末法万年《まっぽうまんねん》にわたる広宣流布のためにあるといってよい。

長い長い未来《みらい》のために、一つの「原点」となるものを示《しめ》し、広布の「図式」と「模範《もはん》」を残《のこ》しゆくためである。

そして〝なるほど、あのときはこうだった。これがいつの時代も変わらない難《なん》の構図《こうず》なのだ。だから負けてはいけない。すべて、信心で乗《の》り越《こ》えていける。だから戦《たたか》おう〟というように、後世《こうせい》の友が、そこから、限《かぎ》りない勇気《ゆうき》と、希望《きぼう》と、励《はげ》ましをくみとっていく源泉《げんせん》ともなるにちがいない。

その意味で、私どもの信心のうえでの数々の苦《く》難《なん》との戦いは、この短い一生という劇場《げきじょう》で、壮大《そうだい》なる広布と人生の永遠《えいえん》の勝利にも通じゆくためのドラマと一大叙事詩《いちだいじょじし》を、演《えん》じ詠《うた》っているといえるかもしれない。

また広げていえば、幹部《かんぶ》であっても当然《とうぜん》、病気になったり、家族に不幸《ふこう》があったりする場合がある。しかし、それは病気で苦しんでいる人や、家族に事故《じこ》があって悩《なや》んでいる人にとっては、〝私も負けないで頑張《がんば》ろう〟との大いなる励《はげ》ましともなるにちがいない。

ともあれ、御聖訓《ごせいくん》に照《て》らし、難《なん》と戦《たたか》い、妙法広宣に懸命《けんめい》に進む勇者《ゆうしゃ》には、仏《ほとけ》の加護《かご》は厳然《げんぜん》とある。広布に励《はげ》む仏子《ぶっし》を、必《かなら》ず守っていく――これが釈尊《しゃくそん》の御心《おこころ》であり、そして大聖人の大慈大悲《だいじだいひ》であられる。

その強盛《ごうじょう》な祈《いの》りは、全宇宙《ぜんうちゅう》の仏界《ぶっかい》の力用《りきゆう》を揺《ゆ》り動《うご》かし、さらに一切《いっさい》の菩薩《ぼさつ》、二乗《にじょう》、諸天《しょてん》の働《はたら》きとも共鳴《きょうめい》しあいながら、所願満足《しょがんまんぞく》の大勝利の人生を開いていくことを、皆《みな》さま方は確信《かくしん》していただきたい。

12-7 人生勝利の逆転劇《ぎゃくてんげき》を！

池田先生は随筆《ずいひつ》のなかで、宿命《しゅくめい》を使命に転換《てんかん》して偉大《いだい》な人間革命の人生を開《ひら》いていったアメリカSGIの婦人部《ふじんぶ》の友に光を当て、讃《たた》えています。その人でなければ果《は》たせない尊《とうと》い使命を担《にな》った菩薩《ぼさつ》の集いが、創価学会なのです。

池田先生の指針

「随筆　人間世紀の光」

（「〝母の勝利〟を讃う」、『池田大作全集135』）

日本中の街々《まちまち》で、世界中の国々で、わが尊《とうと》き広布の母たちは、強く、また強く、断固《だんこ》として生《い》き抜《ぬ》いている。

そうした一人に、アメリカSGIの婦人部《ふじんぶ》の方がおられる。日本で国際結婚《こくさいけっこん》した彼女《かのじょ》が、幼《おさな》い長男を連《つ》れて渡米《とべい》したのは、一九六六年のことであった。

軍人《ぐんじん》の夫《おっと》がベトナムへ従軍《じゅうぐん》すると、彼女《かのじょ》は、英《えい》語《ご》も不自由《ふじゆう》なか、力仕事《ちからしごと》などで生計を立てた。夫の帰還後《きかんご》も経済苦《けいざいく》は続いた。

やがて次男を授《さず》かったが、自分で体を動かせない、重いハンディキャップを背負《せお》っていた。医師《いし》からは施設《しせつ》に預《あず》けるように告《つ》げられたが、彼女《かのじょ》は自《みずか》らの手で育ててみせると決めた。

洋服、着物、鍋《なべ》……売れる物は全部売った。それでも食事代にも事欠《ことか》いた。

なぜ、こんなに苦しまねばならないのか。宿命《しゅくめい》の波浪《はろう》はあまりにも厳《きび》しかった。

しかし、日本で地区の幹部《かんぶ》として戦《たたか》ってきた彼女《かのじょ》は、絶対《ぜったい》に逃《に》げなかった。昼は働《はたら》き、夜は広布の最前線《さいぜんせん》を必死《ひっし》に走《はし》り抜《ぬ》いた。

ある晩《ばん》、彼女《かのじょ》は、いつもの如《ごと》く仏前《ぶつぜん》に端座《たんざ》した。朗々《ろうろう》たる祈《いの》りが深夜に及《およ》んだころ、豁然《かつぜん》と光が差《さ》し込《こ》む思いがした。

〝私は誉《ほま》れある学会員だ。私には御本尊がある。何も怖《こわ》いものはない。絶対《ぜったい》に幸福になれないわけがない〟

「歓喜の中の大歓喜」（御書七八八㌻）の涙《なみだ》があふれた。

今、ここで、生活に戦《たたか》い、人生に戦い、広宣流布に戦う――その生命に幸福の旭日《きょくじつ》は赫々《かっかく》と昇《のぼ》りゆくのだ。

「我《わ》れ等《ら》は仏《ほとけ》に疑《うたが》いなしとをぼせば・なに《何》の

なげきか有《あ》るべき」（御書九七六ジペー）とは、大聖人が女性《じょせい》の門下に贈《おく》られた一節《いっせつ》である。

法華経には、「願兼於業《がんけんおごう》」という透徹《とうてつ》した法理《ほうり》が説《と》かれる。菩薩《ぼさつ》は、苦悩《くのう》の人びとと同苦《どうく》するがゆえに、人びとを救《すく》うことを誓《ちか》い、自《みずか》ら願《ねが》って悪《あく》世《せ》に生まれてくるというのだ。

いかなる苦悩《くのう》をもち、いかなる境遇《きょうぐう》にあろうが、その人でなければ果《は》たせぬ尊《とうと》き使命がある。それを深く自覚《じかく》した時、すべては変わる。

久遠《くおん》の「大願《だいがん》」を果《は》たすために、私たちは、今ここに生まれてきた。宿命《しゅくめい》は即《そく》、使命となり、わが勝利の逆転劇《ぎゃくてんげき》を荘厳《そうごん》する舞台《ぶたい》となるのだ。

いかに現実《げんじつ》が多事多難《たじたなん》であろうとも、ここから離《はな》れて、幸福の大地はどこにもない。

そうした強き母の後《うし》ろ姿《すがた》を見て育った長男は、名門のエール大学の卒業《そつぎょう》を、見事《みごと》に首席《しゅせき》で勝ち取った。

体を動かせないといわれた次男も、今や走ることさえできるようになり、会合にも参加《さんか》されている。

この一月、七十九歳になった彼女《かのじょ》は毅然《きぜん》と語る。

「全然《ぜんぜん》、年をとった気はしません。広布のために、一生涯《いっしょうがい》、創価の正義《せいぎ》と真実を叫《さけ》び続けます！」

母は勝ったのだ！

いずこの地でも、「この母ありての広布かな」と、どんなに讃《たた》えても讃えきれない、偉大《いだい》なる母たちの大行進曲が、来《く》る日も来る日も奏《かな》でられている。

私と妻《つま》は、広布に戦い、生きゆく女性《じょせい》たちの無《む》限《げん》の幸福の人生を、真剣《しんけん》に懸命《けんめい》に祈《いの》りゆく毎日だ。

創価の太陽の母たちよ！「勇気」と「正義《せいぎ》」と「勝利」の歓声《かんせい》を、さらに響《ひび》かせゆくのだ。

そして強く愉快《ゆかい》な賢《かしこ》き声を、一段《いちだん》と朗《ほが》らかに共《きょう》鳴《めい》させながら、前進されんことを、私は、一生《いっしょう》涯《がい》、祈《いの》りゆくものである。

12-8 最《もっと》も苦しんでいる人が仏《ほとけ》になる

宿業《しゅくごう》を自《みずか》らが「地涌《じゆ》の菩薩《ぼさつ》」として立てた誓願《せいがん》ゆえの悩《なや》みと捉《とら》え、宿命《しゅくめい》を使命に変える「一念《いちねん》の転換《てんかん》」の重要性《じゅうようせい》を教えています。

池田先生の指針

『法華経の智慧』

戸田先生も、「初《はじ》めから立派《りっぱ》過《す》ぎたのでは人々の中に入っていけないから、われわれは仏法を弘《ひろ》めるためにわざわざ貧乏《びんぼう》や病気の姿《すがた》をとって生まれてきたんだよ」「人生は芝居《しばい》に出ているよう\なものだよ」と、しばしば言われていた。

また、「戸田は妻《つま》を失《うしな》い、娘《むすめ》まで亡《な》くした。事《じ》業《ぎょう》も失敗《しっぱい》した。そういう苦悩《くのう》を知っているからこそ、創価学会の会長となったのだ」とも言われていた。

苦労《くろう》もない、悩《なや》みもないというのでは民衆《みんしゅう》の心が分かるわけがない。

人生の辛酸《しんさん》をなめた人であってこそ、人々を救《すく》うことができるのです。

自分の苦しみを「業《ごう》」と捉《とら》えるだけでは、後ろ向きになる。

それを、あえて「使命のために引き受けた悩《なや》みなのだ」「これを信心で克服《こくふく》することを自分が誓《せい》願《がん》したのだ」と、捉《とら》えるのです。

願兼於業《がんけんおごう》は、この「一念《いちねん》の転換《てんかん》」を教えている。

宿命《しゅくめい》を使命に変えるのです。

自分の立てた誓願《せいがん》ゆえの悩《なや》みであるならば、絶《ぜっ》対《たい》に乗り越《の》《こ》えられないはずがない。

インドの国父、マハトマ・ガンジーは言っています。

「私がもし生まれてくるとしたら、不可触民《ふかしょくみん》として生まれてきたい。悲しみや苦悩《くのう》や彼《かれ》らに与《あた》えられた侮辱《ぶじょく》を分かちあい、自《みずか》らと不可触民をその悩《なや》める境遇《きょうぐう》から救《すく》い出すよう努《つと》めるために」（*The Collected Works of Mahatma Gandhi*, vol.23, Publications Division, Ministry of Information and Broadcasting, Government of India.）

この心は「願兼於業《がんけんおごう》」に通じると思う。慈悲《じひ》です。「ともに生きる」ということです。

いちばん苦しんでいる人の中に、生まれてくるのです。

いちばん苦しんでいる人の中に、仏《ほとけ》はいるのです。

いちばん苦しんでいる人を、いちばん幸福にするために仏法はあるのです。

12-9 人類の新しき道標《どうひょう》

小説『新・人間革命』のあとがきで、小説『人間革命』『新・人間革命』を貫《つらぬ》く主題《しゅだい》に触《ふ》れて、宿命転換《しゅくめいてんかん》の原理《げんり》を明確《めいかく》に示《しめ》すとともに、宿命を使命としゆく人間革命の哲学《てつがく》こそ「第三の千年」の人類の新しき道標《どうひょう》となると展望《てんぼう》しています。

池田先生の指針

『新・人間革命30〈下〉』（あとがき）

小説『人間革命』も、『新・人間革命』も、その主題《しゅだい》は、ともに「一人の人間における偉大《いだい》な人間革命は、やがて一国《いっこく》の宿命《しゅくめい》の転換《てんかん》をも成《な》し遂《と》げ、さらに全人類《ぜんじんるい》の宿命の転換をも可能《かのう》にする」である。

では、「宿命《しゅくめい》の転換《てんかん》」は、いかにしてなされるのか——。

その方途《ほうと》を示《しめ》したのが、戸田先生の「獄中《ごくちゅう》の悟《ご》達《だつ》」である。

先生は、牢獄《ろうごく》にあって、法華経の真理《しんり》を知りたいと、精読《せいどく》と唱題を重《かさ》ねた。そのなかで、法華経に説《と》かれた虚空会《こくうえ》の会座《えざ》に、自身も日蓮大聖人と共《とも》に連《つら》なり、末法《まっぽう》広宣流布の付嘱《ふぞく》を受けた地涌《じゆ》の菩薩《ぼさつ》であることを悟達する。その大歓喜《だいかんき》のなか、生涯《しょうがい》を広宣流布に捧《ささ》げることを誓《ちか》う。

御聖訓《ごせいくん》に、「日蓮と同意《どうい》ならば地涌《じゆ》の菩薩《ぼさつ》たらんか」（御書一三六〇ジペー）と仰《おお》せのごとく、大聖人の御遺命《ごゆいめい》のままに、広宣流布に生きる私たちは、まぎれもなく地涌の菩薩である。

しかし、広布の聖業《せいぎょう》を果《は》たす、その尊貴《そんき》な菩薩《ぼさつ》である私たちが、なぜ、さまざまな苦しみの宿業《しゅくごう》をもって生まれてきたのか——。

法華経法師品《ほっしほん》には次のようにある。

「薬王《やくおう》よ。当《まさ》に知るべし、是《こ》の人《ひと》は自《みずか》ら清浄《しょうじょう》の業報《ごっぽう》を捨《す》てて、我滅度《われめつど》して後《のち》に於《お》いて、衆生《しゅじょう》を愍《あわ》れむが故《ゆえ》に、悪世《あくせ》に生《う》まれて、広《ひろ》く此《こ》の経《きょう》を演《の》ぶ」（法華経三五七ジペー）——善業《ぜんごう》を積《つ》んで善処《ぜんしょ》に生まれるべき人が、仏《ほとけ》の滅後《めつご》に衆生を哀《あわ》れんで、あえて、願《ねが》って悪業《あくごう》をもって悪世に生まれ、法《ほう》を弘《ひろ》めるというのである。妙楽大師《みょうらくだいし》は、この文《もん》を、「願《がん》兼於業《けんおごう》」（願、業を兼《か》ぬ）と釈《しゃく》している。

まさに、この原理《げんり》のままに、私たちは、苦悩《くのう》する人びとを救《すく》うために、誓願《せいがん》して、病苦、経済苦《けいざいく》、家庭不和《かていふわ》、あるいは孤独《こどく》や劣等感《れっとうかん》等々、さまざまな宿命《しゅくめい》をもって悪世末法《あくせまっぽう》に出現《しゅつげん》したのである。

しかし、南無妙法蓮華経と唱《とな》え、自行化他《じぎょうけた》にわたる信心に励《はげ》み、広布に生きるならば、地涌《じゆ》の菩《ぼ》薩《さつ》の満々《まんまん》たる生命が、仏《ほとけ》の大生命が涌現《ゆげん》する。いかなる苦難《くなん》、困難《こんなん》の障壁《しょうへき》も乗《の》り越《こ》える智慧《ちえ》が、勇《ゆう》気《き》が、力《ちから》が、希望《きぼう》が、歓喜《かんき》が、わが生命にみなぎる。そして、「宿命《しゅくめい》」の嵐《あらし》を敢然《かんぜん》と勝《か》ち越えることで、仏法《ぶっぽう》の正義《せいぎ》と偉大《いだい》なる功力《くりき》を証明《しょうめい》し、広宣流布を進めていくことができるのである。いな、そのためにこそ、勇《いさ》んで苦悩《くのう》を担《にな》ってきたのだ。

つまり、「宿命《しゅくめい》」と「使命」とは表裏《ひょうり》であり、「宿命」は、そのまま、その人固有《こゆう》の尊《とうと》き「使命」となる。ならば、広布に生《い》き抜《ぬ》く時、転換《てんかん》できぬ「宿命」など絶対《ぜったい》にない。

皆《みな》が、地涌《じゆ》の菩薩《ぼさつ》であり、幸福になる権利《けんり》がある。

皆《みな》が、人生の檜舞台《ひのきぶたい》で、風雪《ふうせつ》の冬を陽光《ようこう》の春へ、苦悩《くのう》を歓喜《かんき》へと転《てん》ずる大《だい》ドラマの主人公《しゅじんこう》であり、名優《めいゆう》であるのだ。

小説『新・人間革命』では、この「『宿命《しゅくめい》』は『使命』である」ことを基調《きちょう》に、物語《ものがたり》を展開《てんかい》してきた。

仏法の精髄《せいずい》の教えは、物事《ものごと》を固定的《こていてき》に捉《とら》えるのではなく、「煩悩即菩提《ぼんのうそくぼだい》」「生死即涅槃《しょうじそくねはん》」「変毒《へんどく》為《い》薬《やく》」等々《とうとう》、一切《いっさい》を転換《てんかん》しゆく生命のダイナミズムを説《と》き明《あ》かしている。そして、苦悩《くのう》する人間の生命の奥深《おくふか》く、「仏《ほとけ》」を見る。「仏」すなわち、人間のもつ尊極《そんごく》の善性《ぜんせい》、創造性《そうぞうせい》、主体性《しゅたいせい》を覚醒《かくせい》させ、発現《はつげん》していく道を示《しめ》している。その生命の変革作《へんかくさ》業《ぎょう》を、私たちは「人間革命」と呼《よ》ぶ。

社会も、国家も、世界も、それを建設《けんせつ》する主体《しゅたい》者《しゃ》は人間自身である。「憎悪《ぞうお》」も「信頼《しんらい》」も、「蔑《べっ》視《し》」も「尊敬《そんけい》」も、「戦争《せんそう》」も「平和《へいわ》」も、全《すべ》ては人間の一念《いちねん》から生まれるものだ。したがって、「人間革命」なくしては、自身の幸福も、社会の繁栄《はんえい》も、世界の恒久平和《こうきゅうへいわ》もあり得《え》ない。この一点を欠《か》けば、さまざまな努力《どりょく》も砂上《さじょう》の楼閣《ろうかく》となる。

仏法を根幹《こんかん》とした「人間革命」の哲学《てつがく》は、「第三の千年」のスタートを切った人類の新しき道標《どうひょう》となろう。

「不滅《ふめつ》の魂《たましい》には、同じように不滅の行《おこな》いが必要《ひつよう》である」（Лев Толстой : Полное собрание сочинений, Том 45, ТЕРРА.）とは、文豪《ぶんごう》トルストイの箴言《しんげん》である。

小説『新・人間革命』の完結《かんけつ》を新しい出発として、創価の同志《どうし》が「山本伸一」として立ち、友の幸福のために走り、間断《かんだん》なき不屈《ふくつ》の行動をもって、自身の輝《かがや》ける『人間革命』の歴史《れきし》を綴《つづ》られんことを、心から念願《ねんがん》している。

この世《よ》に「不幸《ふこう》」がある限《かぎ》り、広宣流布という人間勝利の大絵巻《だいえまき》を、ますます勇壮《ゆうそう》に、絢爛《けんらん》と織《お》り成《な》していかねばならない。ゆえに、われらの「広布誓願《こうふせいがん》」の師弟旅《していたび》は続く。

（指導選集［中］に続く）

池田大作先生の指導選集［上］
幸福への指針
二〇二〇年十一月十八日　発行
編　者　池田大作先生指導選集編集委員会
発行者　松岡　資
発行所　聖教新聞社
〒一六〇-八〇七〇　東京都新宿区信濃町七
電話　〇三-三三五三-六一一一（代表）
印刷所　光村印刷株式会社
製本所　牧製本印刷株式会社
落丁・乱丁本はお取り替えいたします

定価はカバーに表示してあります
ISBN978-4-412-01673-6